Erich von Däniken
Die Götter waren Astronauten!

Erich von Däniken

Die Götter waren Astronauten!

Eine zeitgemäße Betrachtung
alter Überlieferungen

C. Bertelsmann

Umwelthinweis:
Dieses Buch und der Schutzumschlag wurden
auf chlorfrei gebleichtem Papier gedruckt.
Die Einschrumpffolie (zum Schutz vor Verschmutzung)
ist aus umweltschonender und recyclingfähiger PE-Folie.

1. Auflage
© 2001 by C. Bertelsmann Verlag, München,
einem Unternehmen der Verlagsgruppe Random House GmbH
Umschlaggestaltung: Design Team München
Satz und Repro: Uhl + Massopust, Aalen
Druck und Bindung:
Mohn Media Mohndruck GmbH, Gütersloh
Printed in Germany
ISBN 3-570-00031-1
www.bertelsmann-verlag.de

INHALT

Zum Thema 7

1. Kapitel
Eine Bibelstunde anderer Art 13

2. Kapitel
Lügen um Fátima 84

3. Kapitel
Wälder voller Stupas 139

4. Kapitel
Die Waffen der Götter 180

Nachgedanken 263
Anhang 269
Anmerkungen 271
Personenregister 280
Orts- und Sachregister 283
Bildnachweis 288

ZUM THEMA

Es ist runde 55 Jahre her und geschah in der Primar-schule der Stadt Schaffhausen in der Schweiz. Ich war gerade einmal zehn Jahre alt und hörte aus dem Munde unseres Religionslehrers, im Himmel habe ein Kampf stattgefunden. Eines Tages sei der Erzengel Luzifer mit seinen Heerscharen vor den Thron des lieben Gottes ge-treten und habe erklärt: »Wir dienen Dir nicht mehr!« Daraufhin habe der allmächtige Gott dem starken Erz-engel Michael befohlen, den Luzifer mitsamt seinen Auf-sässigen aus dem Himmel zu schmeißen. Diesen Auftrag erledigte Michael mit einem flammenden Schwert. Seither – so unser Religionslehrer – sei Luzifer zum Teufel gewor-den, und alle seine Anhänger schmorten in der Hölle.

An jenem Abend war ich zum ersten Mal in meinem jungen Leben so richtig nachdenklich. Der Himmel, so hatte man uns Kindern beigebracht, sei der Ort der abso-luten Glückseligkeit, sei der Ort, wo alle Guten nach dem Tode hinkommen. Der Ort auch, wo alle Seelen inniglich mit Gott vereint seien. Wie konnte in derart paradiesi-schen Gefilden ein Streit entstehen? Wo vollkommenes Glück herrscht, wo die Vereinigung mit Gott perfekt ist, da kann doch keine Opposition, kein Krach aufkommen.

Warum nur sollte sich Luzifer mit seinen Engeln plötzlich gegen den allmächtigen, allgütigen Gott auflehnen?

Auch meine Mutter, die ich um Aufklärung bat, wusste keinen Rat. Bei Gott, so meinte sie sorgenvoll, sei eben alles möglich. So muss es wohl sein. Selbst das Unmögliche.

Später, im Gymnasium, wo wir Latein lernen durften, begriff ich, dass das Wort Luzifer aus den zwei Worten Lux (Licht) und ferre (tun, tragen) zusammengesetzt ist. Luzifer heißt eigentlich Lichtmacher, Lichtbringer. Ausgerechnet der Teufel soll der Lichtbringer sein? Meine neue Erkenntnis aus dem Lateinischen machte die Angelegenheit noch verwirrender.

20 Jahre später hatte ich das Alte Testament, wie die Christen die uralten Überlieferungen nennen, gründlich studiert. Da las ich beim judaischen Propheten Jesaja (um 740 v. Chr.):

»Wie bist du vom Himmel gefallen, du strahlender Morgenstern! Wie bist du zu Boden geschmettert, du Besieger der Völker! Du hattest bei dir gesprochen: Zum Himmel empor will ich steigen, hoch über den Sternen Gottes meinen Sitz aufrichten, ich will thronen auf dem Götterberg…«[1]

Die Sprüche des Propheten Jesaja mögen im Laufe der Jahrtausende mehrfach verändert worden sein. Doch was mag er ursprünglich im Sinn gehabt haben? Auch in der so genannten »Geheimen Offenbarung« des Apokalyptikers Johannes vernimmt man im 12. Kapitel, Vers 7 eindeutige Hinweise auf Kämpfe im Himmel:

»Und es entstand Krieg im Himmel, sodass Michael und seine Engel Krieg führten mit dem Drachen. Und der Drache führte Krieg und seine Engel; und sie vermochten nicht standzuhalten, und eine Stätte für sie war im Himmel nicht mehr zu finden.«

Eigenartig. Dass es sich bei diesen Schlachten im Himmel nicht um freie Erfindungen handeln kann, belegen die großen Überlieferungen anderer Völker. Im Ägyptischen Totenbuch, jener Sammlung von Texten, die man den mumifizierten Leichen ins Grab legte, damit sie sich im Jenseits richtig verhalten, ist nachzulesen, wie Ra, der mächtige Sonnengott, gegen die abtrünnigen Kinder des Weltalls gekämpft habe. Gott Ra, so steht geschrieben, habe sein »Ei« während der Schlacht nie verlassen.[2]

Kämpfe im Himmel? Im Weltall? Oder meinten unsere unwissenden Vorfahren lediglich die Gefechte zwischen Gut und Böse, die nur im Innern des Menschen stattfinden? Stellten sie sich vielleicht den atmosphärischen Kampf während eines Gewitters als Schlacht im Weltraum vor? Die dunklen Wolken gegen die Sonne? Oder lag der Ursprung dieses verwirrenden Denkens in einer Sonnenfinsternis, wo etwas Schreckliches die Sonne aufzufressen scheint? Alle diese natürlichen Erklärungen helfen nicht weiter, wie ich noch zeigen möchte. Wäre die Schlacht zwischen Luzifer und Michael nur im altjüdischen Bereich zu finden, so könnte man darüber hinweggehen. Sie ist es aber nicht, und nur allzu oft weisen die uralten Geschichten erstaunliche Gemeinsamkeiten auf.

So wurden in tibetischen Klöstern über Jahrtausende hinweg Texte aufbewahrt, die man Dzyan nennt. Irgendein Originaltext, von dem man nicht weiß, ob er noch existiert, muss wohl Pate für die vielen Dzyan-Fragmente gestanden haben, die in indischen Tempelbibliotheken auftauchten. Es handelt sich um Hunderte von Sanskrit-Blättern, eingebettet wie ein Sandwich zwischen zwei Holzbrettern. Dort ist nachzulesen, in der »vierten Welt« sei den Söhnen befohlen worden, ihre Ebenbilder zu erschaffen. Ein Drittel der Söhne habe sich geweigert, diesen Befehl auszuführen:

»Die älteren Räder drehen sich hinab und hinauf. Der Mutterlaich erfüllt das Ganze. *Es fanden Kämpfe statt zwischen den Schöpfern und den Zerstörern, und Kämpfe um den Raum...* Mache deine Berechnungen, Lanoo, wenn du das wahre Alter deines Rades erfahren willst.«[3] (Hervorhebung durch den Autor)

In meinem letzten Buch behandelte ich Teile der griechischen Mythologie.[4] Auch die beginnt mit einem Kampf im Himmel. Die Kinder des Ouranos lehnten sich gegen die himmlische Ordnung und den Erschaffer auf. Es kam zu fürchterlichen Schlachten – Göttervater Zeus ist nur *einer* der Sieger. Gegen Zeus wiederum kämpfte Prometheus, und zwar »im Himmel«, denn Prometheus war derjenige, der dort oben das Feuer stahl und es auf die Erde brachte. Prometheus – Luzifer. Der Lichtbringer?

Auf der anderen Seite der Erdkugel, weit weg von Griechenland, liegt Neuseeland. Schon vor über hundert Jahren befragte der Ethnologe John White die alten Priester der Maori nach ihren Legenden. Und auch die beginnen mit einem Krieg im Weltall.[5] Ein Teil der Göttersöhne lehnte sich gegen ihren Vater auf. Der Anführer jener Weltraumkrieger hieß Ronga-mai, und nach der siegreichen Schlacht ließ er sich auf der Erde verwöhnen:

»Seine Erscheinung war wie ein leuchtender Stern, wie eine Feuerflamme, wie eine Sonne. Wenn er sich herniedersenkte, wurde die Erde aufgewühlt, Staubwolken verhüllten den Blick, der Lärm dröhnte wie Donner, aus der Ferne wie das Rauschen einer Muschel.«

Diese Schilderungen lassen sich nicht in der Psychologenkiste ablegen. Hier ist eine Ur-Erinnerung festgehalten worden. Im Drona Parva[6], der ältesten indischen Überlieferung, werden die Schlachten im Weltraum genauso beschrieben wie in den altjüdischen Sagen außerhalb des Alten Testamentes[7]. Auch dort wird von »heiligen Rädern« gesprochen, »in denen die Cherubime leben«. Natürlich nicht irgendwo, sondern »im Himmel« und »zwischen den Sternen«.

Die Etymologen versichern, man müsse all dies symbolisch betrachten.[8] Diese seltsamen Geschichten[9]) seien nur Mythen. Nur? An welchem Stammbaum sollen wir dann emporklettern, wenn in der Mythologie unserer Vorfahren bloß Symbolik steckt? Und wenn schon Symbolik: Wofür stehen die Symbole? Das Wörtchen Symbol kommt vom griechischen *symballein* und bedeutet »zusammenwerfen«. Wenn Mythen nur symbolisch aufzufassen sind, hätte ich doch gerne gewusst, was da zusammengeworfen wurde. Der Versuch, im Unverbindlichen der Mythen zu verharren, bringt uns keinen Schritt weiter. Wir sind eine Gesellschaft geworden, die ohne weiteres die widersprüchlichsten Überlieferungen glaubt. Glauben im Sinne der Religion. Aber wir sind offenbar nicht willens, einige Tatsachen zu akzeptieren. Wenn ich behaupte, die Heilige Schrift, vor allem die ersten Bücher Mose, strotzen nur so von Widersprüchlichkeiten und Gräuelgeschichten, und der Gott, der mit Moses gesprochen habe, könne niemals als wahrer Gott der Schöpfung betrachtet werden, so ist man entrüstet und verlangt empört Beweise. Und liefere ich die, so beziehe ich dafür öffentliche Prügel. Weshalb? Weil man den Glauben nicht angreifen soll. Natürlich nur *den* Glauben der großen Religionsgemeinschaften. Greife ich hingegen den Glauben einer kleinen Gruppe an, so gilt diese Regel nicht mehr.

Die Menschheit ist in einem neuen Jahrtausend angekommen. Für mich ist es verantwortungsbewusster, die alten Märchen zu analysieren und frische Ziele anzupeilen.

1. Kapitel

EINE BIBELSTUNDE ANDERER ART

Das einzige Mittel gegen Aberglauben ist die Wissenschaft.

(Henry T. Buckle)

Dass Menschen an Gott zweifeln, oft verzweifeln, ist wohl unbestritten. Jeder kennt die Frage: Wie konnte Gott das zulassen? Etwa die Millionen geschundener und ermordeter Juden im Zweiten Weltkrieg. Oder die Folteropfer aller Diktaturen. Wie konnte Gott zulassen, dass unschuldige Kinder gequält und getötet wurden? Wie konnte er Naturkatastrophen zulassen, die Hunger und Leid über viele Völker brachten? Wie konnte er zulassen, dass in seinem Namen Christen verfolgt, auf qualvolle Weise Menschen abgeschlachtet wurden, dass christliche Eiferer durch schier unvorstellbare, grauenhafte Foltermethoden andere Christen in den Tod beförderten, Hexen oder angeblich vom Teufel besessene? Die Liste der Fragen, wie Gott all das zulassen konnte, ist endlos – und die Antworten, mit denen wir das Unfassbare schlucken, sind immer die gleichen. Gott habe, so redet man uns ein, für die geschundenen Opfer einen besonderen Platz im Himmel reserviert. Dort, im jenseitigen Reich, würden sie belohnt. Gottes Ratschluss sei unerfindlich, aber weise. Der Mensch denkt und Gott lenkt. Wir sollten, so versichern gutgläubige Theologen, die Frage nach dem Warum nicht stellen. Gott allein wisse, warum.

Mag sein. Doch derselbe Gott soll – so die christliche, jüdische und muslimische Überlieferung – den Menschen »nach seinem Ebenbilde geschaffen haben«. Nachzulesen bei Moses, gültig für die drei großen Weltreligionen:

»Und Gott sprach, lasset uns Menschen machen *nach unserem Bilde, uns ähnlich*; die sollen herrschen über die Fische im Meer und die Vögel des Himmels, über das Vieh und alles Wild des Feldes und über alles Kriechende, das auf der Erde sich regt. *Und Gott schuf den Menschen nach seinem Bilde, nach dem Bilde Gottes schuf er ihn.*« (1. Mos. 1, 26 ff., Hervorhebungen durch den Autor)

Wenn der Mensch Gottes Ebenbild ist, sollte er auch intelligent sein. Denn niemand wird wohl bestreiten, dass das, was wir als Gott verstehen, die höchste aller denkbaren Intelligenzen sein muss. Intelligente Lebensformen haben nun mal die Angewohnheit, Fragen zu stellen und nach Antworten zu suchen. Eine Intelligenz glaubt keinen Firlefanz. Und wenn wir *nicht* Gottes Ebenbild sind, so bleibt doch die Tatsache, dass wir nun einmal intelligent sind. Mit oder ohne »Gottes Ebenbild«. Mit Intelligenz ist hier Kultur im weitesten Sinne gemeint, die den Tieren abgeht. Und noch etwas: Gott müsste nicht nur die Potenz aller Intelligenz sein, sondern selbstverständlich auch fehlerlos. Doch *der* Gott, der uns im Alten Testament begegnet, ist nicht fehlerlos. Nachdem Gott den Menschen als Mann und Weib geschaffen hatte, sah er: »Es war sehr gut.« (1. Mos. 1, 31) Das möchte ich von einem göttlichen Werk auch annehmen. Doch derselbe Herr, der die Menschen schuf, bedauerte kurz darauf seine Tat:

»Da reute es den Herrn, dass er den Menschen geschaffen hatte auf Erden, und es bekümmerte ihn tief ... Ich will die Menschen, die ich geschaffen habe, vom Erdboden vertilgen, die Menschen sowohl als das Vieh, auch die kriechenden Tiere und die Vögel des Himmels; denn es reut mich, dass ich sie gemacht habe.« (1. Mos. 6, 6 und 7)

Unfassbar! Zuerst erschafft der fehlerlose Gott Tier und Mensch, stellt fest, dass es gut sei, und anschließend bereut er seine Tat wieder. Göttlich?

Eine andere Minimaleigenschaft, die Gott zugestanden werden muss, ist die Zeitlosigkeit. Ein wahrer Gott steht außerhalb der Zeit. Er wird es nie nötig haben, Experimente anzusetzen, um dann darauf zu warten, wie sie ausgehen. Doch exakt dies geschieht im Alten Testament. Mehrmals. Nachdem Gott die Menschen geschaffen hatte, verpflanzte er sie ins Paradies. Dort durften Adam und Eva alles tun bis auf das eine: Sie durften den Apfel nicht essen. Es ist völlig belanglos, ob der Apfel nur als ein Synonym für etwas ganz anderes steht: für die Sünde oder den ersten Sex. Es herrschte ein Verbot. Der zeitlose Gott musste doch von vornherein wissen, dass seine Geschöpfe das Verbot missachten würden – was sie auch prompt tun, woraufhin der tief beleidigte Gott die geplagten Stammeltern aus dem Paradies jagt. Die christliche Kirche setzte dieser Unlogik noch eins drauf: Die gesamte Nachkommenschaft von Adam und Eva wird mit einer ominösen Erbsünde belastet, die nur mittels eines Blutopfers durch Gottes Sohn getilgt werden kann. Eine schauderhafte Vorstellung.

Ich bin – und ich wiederhole dies in jedem Buch – ein gottesgläubiger und gottesfürchtiger Mensch. Ich bete auch. Täglich. Mein armes Gehirn ist nicht fähig, Gott zu definieren – das haben Klügere versucht -, und dennoch ist Gott für mich etwas ganz Außergewöhnliches und bestimmt Einzigartiges. Ich bin mir mit den großen Weltreligionen einig: Es kann nur einen Gott geben. Und das, was wir Gott nennen, muss fehlerlos sein, zeitlos, allgegenwärtig und allmächtig. Dies sind die minimalen Eigenschaften, die wir in tiefem Respekt Gott zugestehen müssen. Dabei wird es nie möglich sein, Gott zu umschreiben oder den göttlichen Geist irgendwo in der Zeitlinie festzunageln.

Die Wissenschaft erklärt uns, am Anfang sei der Wasserstoff gewesen, oder der Urknall: Big Bang. Und wodurch entstand der Big Bang? Was war vor dem Urknall? Dieser Urknall, so erfahren wir von den superklugen Astrophysikern, habe sich vor rund 15 Milliarden Jahren ereignet und nur gerade den Bruchteil einer Sekunde gedauert. Aber erklären können wir diesen Sekundenbruchteil nicht. Aus nichts entsteht nun mal nichts, da helfen auch noch so ausführliche mathematische Formeln nicht weiter. Albert Einstein (1879–1955) formulierte neben der Relativitätstheorie auch seine weniger bekannte Gravitationstheorie. Beide erklären den Makrokosmos, sozusagen unser »großes Universum«.

Dann kam ein anderes Genie aus der Physik, Werner Heisenberg (1901–1976), und entwickelte Formeln der Quantenphysik, die bis heute nur wenige Fachleute verstehen. Mit der Quantenphysik lässt sich das Verhalten des Mikrokosmos erklären. Was geschieht hinter den subatomaren Teilchen? Beim Urknall müssten eigentlich beide Vorstellungen, die Gravitationstheorie und die Quantenphysik, zusammentreffen. Doch die mathematischen Theorien, mit denen versucht wird, beides zu verbinden, sind nur noch absurde Zahlen und Formeln ohne Sinn. Nichts will zusammenpassen. Eine plausible Theorie, die man vermutlich »Quantengravitation« nennen würde, gibt es nicht. Die Brutkammer des Universums blieb bislang verschlossen. Gleichzeitig mit dem Urknall entstanden auch Raum und Zeit, die es vorher nicht gegeben haben soll. Was aber existierte, *bevor* Raum und Zeit zu werden begannen?

Raum und Zeit entstanden gleichzeitig, haben unsere messerscharf analysierenden Astrophysiker herausgefunden. Für diese epochale Erkenntnis wurden unzählige Berechnungen angestellt und Computer gefüttert. Internationale Konferenzen wurden organisiert und tief greifende Vorträge gehalten. Unsere Wissenschaft hätte die Antwort leichter haben können. Nachzulesen im Dialog *Timaios* des Philosophen Platon, niedergeschrieben vor rund 2500 Jahren:

»So entstand denn die Zeit gleichzeitig mit dem Weltall, auf dass beide, zugleich erschaffen, auch zugleich wieder aufgelöst werden…«

Von der Frage ausgehend, was Gott ist, könnten wir genauso gut weiter fragen: Wer (oder was) hat Gott erschaffen? Wir kommen an kein Ende – oder besser: keinen Anfang. Die Menschen machten aus Gott eine väterliche Figur, eine Person, die befiehlt und straft, lobt und tadelt. Dies ist die Schöpfung ganz bestimmt nicht. Theologen argumentieren, wir müssten diesem Wesen der Schöpfung auch die Fähigkeit zugestehen, sich jederzeit in eine Person verwandeln zu können, menschliche Form annehmen zu können. Das mag wohl sein. Doch selbst dann müsste diese Gott-Person ihre göttlichen Eigenschaften behalten. Natürlich sind mir die Gottesvorstellungen der verschiedenen Religionen und Philosophenschulen bekannt, und letztlich haben alle einen gemeinsamen Nenner: Was immer Gott ist, »es« müsste ewig, zeitlos, fehlerlos und allgegenwärtig sein. Von Albert Einstein stammt der Satz: »Der liebe Gott würfelt nicht.«

Der aus dem Alten Testament schon. Und er kennt in nachweisbaren Fällen die Zukunft nicht. Nachzulesen beispielsweise beim Propheten Esra (hebräisch: Hilfe). Esra war einer der wenigen Propheten, der um 458 v. Chr. aus babylonischer Gefangenschaft nach Jerusalem zurückkehrte. Im Alten Testament gibt es gerade mal ein Kapitel von Esra, doch die apokryphen Texte enthalten mehr. Da fragt Esra den lieben Gott – oder dessen Gesandten – nach den Zeichen, die da kommen würden und nach seinem eigenen Leben. Die Antwort:

»Die Zeichen, nach denen du frägst, kann ich dir nur zum Teil sagen. Über dein Leben dir etwas zu sagen bin ich nicht imstande, *ich weiß es selber nicht.*«[10] (Hervorhebung durch den Autor)

Nun gehört Esra zeitlich längst nicht mehr zu Moses, und es mag sein, dass er seine Gespräche mit irgendjemandem führte. Nur nicht mit Gott. Doch *der* Gott zu Adam und Evas Zeiten schien auch nicht zu wissen, was läuft. Nachdem Eva ihrem Gatten Adam den Apfel serviert hatte, versteckte er sich »aus Scham« im Gebüsch. Gott aber weiß nicht, wo Adam geblieben ist:

»Und Gott, der Herr, rief den Menschen und sprach zu ihm: Wo bist du?« (1. Mos. 3, 9)

Adam versichert dem Herrn, dass er ihn zwar kommen hörte, sich aber aus Scham versteckte. Jetzt will der Herr wissen, wer Adam denn gesagt habe, dass er nackt sei. Und ob er gar von dem Baume gegessen habe, der verboten sei. Darauf Adam:

»Das Weib, das du mir zugestellt hast, das hat mir von dem Baume gegeben, da habe ich gegessen.« (1. Mos. 3, 11 ff.)

Dieser Version zufolge war Gott eindeutig nicht im Bilde. Er wusste nicht, wo Adam steckte, und er hatte keine Ahnung, dass Eva ihren Adam zum Apfelschmaus verführt hatte. Bibelgläubige meinen, derartige Passagen dürften nicht wörtlich genommen werden, alles sei nur bildlich gemeint. Bitte – aber die »bildliche Unlogik« reimt sich auch in der Fortsetzung nicht.

Nachdem Adam spitzgekriegt hatte, wie Sex zu bewerkstelligen war, gebar Eva ihre Söhne Kain und Abel. Abel wird Schäfer, Kain Ackerbauer, zwei krisenfeste und stets subventionierte Berufe. Die beiden Knaben bringen dem Herrn ein Opfer dar. Und was macht der fehlerlose Gott? Wohlgefällig sieht er auf Abel und sein Opfer, auf Kain aber und sein Opfer sieht er nicht (1. Mos. 4, 4).

Bis zu diesem Zeitpunkt hatten weder Kain noch Abel Anlass für zweierlei Maß gegeben. Kein Wunder, dass Kain mürrisch auf den parteiischen Gott reagiert:

»Und der Herr sprach zu Kain: Warum ergrimmst du, und warum blickst du so finster?« (1. Mos. 4, 6)

Ein allwissender Gott hätte es wissen müssen. Aber dieser verhindert nicht mal, dass Kain seinen unschuldigen Bruder Abel umbringt. Er muss sich sogar erkundigen:

»Da sprach der Herr zu Kain: Wo ist dein Bruder Abel? Er aber sprach: Ich weiß nicht. Bin ich denn meines Bruders Hüter?« (1. Mos. 4, 9)

Obschon »der liebe Gott« Kain anschließend bestraft, wird er doch zum Stammvater eines phänomenalen Geschlechts, das biblische Geschichte schreiben sollte. Doch Kain ist nicht der einzige Mörder vor Gottes Augen, der spätere Moses ist mit dem gleichen Makel behaftet. Auf Moses komme ich noch.

Geradezu dramatisch entwickelt sich die biblische Überlieferung im 6. Kapitel:

»Als aber die Menschen anfingen, sich auf der Erde zu mehren, und ihnen Töchter geboren wurden, sahen die Gottessöhne, dass die Töchter der Menschen schön waren, und sie nahmen sich zu Weibern, welche sie nur wollten… Zu jenen Zeiten, und auch nachmals noch, als die Gottessöhne zu den Töchtern der Menschen sich gesellten, und diese ihnen Kinder gebaren, waren die Riesen auf Erden. Das sind die Recken der Urzeit, die hochberühmten.« (1. Mos., 6ff.)

Über die Riesen will ich mich nicht mehr auslassen, das tat ich bereits im letzten Buch.[4] Und auch die Frage nach jenen »Gottessöhnen« ist von mir oft aufgeworfen worden.[9] Mir ist nur unbegreiflich, wie Bibelgläubige, die doch sonst auch alle möglichen Sätze aus der Heiligen Schrift predigen, diese entscheidende Stelle ignorieren. Da wird klipp und klar von »Gottessöhnen« gesprochen. Der Gelehrtenstreit, der seit Menschengedenken um dieses Wörtchen tobt und Tausende von Seiten an widersprüchlichen Kommentaren hervorbrachte, kann mir nur noch ein mattes Lächeln entlocken. Mal wird das Wort »Gottessöhne« mit »gefallene Engel« übersetzt, dann als »abtrünnige Geistwesen« interpretiert oder als »Wächter des Himmels« gedeutet. Es ist zum Davonlaufen! Ein einziges Wörtchen verdreht den Glauben ins Gegenteil. Die Fachleute allerdings, die Hebräisch lesen, wissen ganz genau, was die betreffenden Silben bedeuten: die Herniedergestiegenen.

Letztlich bleibt auch dieser Theologenstreit um die Bedeutung des Wörtchens »Gottessöhne« belanglos. Denn ob sie nun als »abtrünnige Engel« oder »Wächter des Himmels« interpretiert werden, der liebe Gott musste vorher wissen, was sie tun. Offensichtlich hatte er keine Ahnung. Und diejenigen, welche aus den »Gottessöhnen« gerne »Geistwesen« machen, sollten ihre unheilige Schrift doch weiterlesen. Sie trieben Sex mit den Menschen. Geister tun dies nicht.

Der Wirrwarr in der Genesis ist komplett. Traurig stimmt mich nur, dass Abermillionen von Menschen glauben, der widersprüchliche Gott, von dem da die Rede ist, sei identisch mit dem grandiosen Geist, durch welchen das Universum entstand. Und dies nicht etwa nur im Volksglauben, nein, auch in der theologischen Fachliteratur, die jeden Widerspruch durch eine unfassbare Rabulistik zurechtbiegt und rechtfertigt, gilt der Gott des Alten Testaments als universeller, einziger Gott mit sämtlichen göttlichen Eigenschaften. Der berühmte Jesuit und Professor für Theologie, Karl Rahner, immerhin Lehrvater für ganze Heerscharen von jungen Priestern, versicherte, dass die Geschichte des Alten Testaments »von *dem* Gott ausging, der sich in Jesus Christus endgültig geoffenbart hat«.[11] Die Schrift des Alten und des Neuen Testaments, so Rahner, habe denselben Urheber. Gott habe mit dem Volke Israel einen »besonderen Bund geschlossen«, der aber von »ewigen Zeiten her« nur als Prolog auf Christus hin geplant gewesen sei. Ach ja, und das Alte Testament sei von allem Anfang an eine »von Gott gesteuerte, offene Bewegung auf das endgültige Heil zu«.

Zwar wird von den erfindungsreichen und wortstarken Theologieprofessoren eingesehen, dass das Alte Testament aus Texten zusammengesetzt ist, die zu verschiedenen Zeiten entstanden und von vielen Autoren verfasst wurden. Patriarchenberichte seien gesammelt worden, die aus einer fernen Vergangenheit stammten. Sogar »Kunstgriffe« der verschiedenen Theologenschulen – jede nach ihrer Zeit – werden zugegeben. Etwa die Unterstellung, die Geschichtswerke Israels, beispielsweise die der Jahwisten oder die der Nachfolger Davids, hätten nur dem Zweck gedient, den Thron Salomons oder die Inbesitznahme Palästinas durch Israel zu legitimieren. Angesichts derartiger Behauptungen braucht man sich nicht zu wundern, wenn Juden und Christen so schwer zusammenfinden. Trotz all dieser Zugeständnisse und Verdrehungen herrscht in Theologenkreisen die abstruse Rechthaberei, die historischen Erzählungen der Bibel seien »ausnahmslos Vollzugsberichte eines Wortes Gottes. Dieses Schema ist allgemein gültig.« So der Theologieprofessor Jacques Guillet.[11]

Wie hätten wir's denn gerne? Das Alte Testament soll eine »von Gott gesteuerte Bewegung auf das endgültige Heil zu« (Rahner) sein. Dieses Schema sei »allgemein gültig« (Guillet). Und – damit auch ja kein Zweifel aufkomme – die Geschichte des Alten und des Neuen Testaments gehe von dem einzigen Gott aus, der sich in Jesus Christus geoffenbart habe, »sodass die Schrift des Alten und des Neuen Testaments denselben Urheber haben« (Rahner). Gleichzeitig sollen viele Patriarchenberichte »aus einer sehr fernen Vergangenheit« stammen und trotzdem »ausnahmslos Vollzugsberichte eines Wortes Gottes« sein.

Das einzige Mittel gegen diesen hochgestochenen theologischen Unsinn ist wohl die Aufklärung. Man soll mir nicht vorschreiben, wie ich etwas zu sehen habe. Ich kann ja lesen.

Die Geschichte von der Sintflut und Noahs Arche ist allgemein bekannt und wurde in früheren Büchern von mir bereits behandelt. Für den Neu-Leser nur dies: Was über die Sintflut bei 1. Mos. 6, 9ff. zu lesen ist, stammt aus viel älteren, babylonischen und sogar sumerischen Texten.[12, 13] Irgendwer in grauer Vorzeit hat also dem Buch der Bücher, der Heiligen Schrift, dem Wort Gottes, eine Geschichte einverleibt und dazu noch den Namen Noah erfunden, die aus völlig anderen Quellen stammt. Und trotzdem – so die Theologie – handle es sich beim Alten Testament um »ausnahmslos Vollzugsberichte eines Wortes Gottes« (Jacques Guillet).

Nach der Flut und der Landung der Arche auf einem Berg bringt Noah dem Herrn ein Opfer dar und (1. Mos. 8, 21): »Der Herr roch den lieblichen Duft.« Nicht viel anders trägt es sich im Gilgamesch-Epos zu. Der Überlebende, Utnapischtim mit Namen, opfert auf dem Berg ein Lamm, Körner, Zedernholz und Myrte: »Die Götter rochen den Duft, angenehm stieg den Göttern der Duft in die Nase. Wie Fliegen sammelten sich die Götter über dem Opfer.«[13]

Seltsame Götter, die sogar einen Braten riechen können!

Nach dem angenehmen Duft beschließt der Gott des Alten Testaments, er wolle »hinfort nicht mehr die Erde um des Menschen Willen verfluchen« (1. Mos. 8, 21 ff.). Und er wolle hinfort »nicht mehr schlagen, was da lebt«. Er fordert Noah und seine Söhne auf, fruchtbar zu sein, sich zu mehren und die Erde zu füllen. Ausdrücklich werden sämtliche Tiere dem zukünftigen Menschen unterstellt:

»Furcht und Schrecken vor euch komme über alle Tiere der Erde, über alle Vögel des Himmels, über alles, was auf Erden kriecht, und über alle Fische im Meer: in eure Hand sind sie gegeben.« (1. Mos. 9, 2 ff.)

Tierschützer werden diesem göttlichen Gebot wohl nie Folge leisten können.

In der älteren Parallelstory des Gilgamesch-Epos riechen gleich mehrere Götter den Braten und versammeln sich über der Arche. Die Götter streiten untereinander und beschimpfen den Gott Enlil, der die Flut herbeigeführt habe. »Du Herrschergott, du Gewaltiger, wie konntest du nur so unbedachtsam die Sturmflut erregen?«[13] Schließlich steigt »der Gott der Erde und Länder hinein in das Schiff«, führt Utnapischtim mitsamt seiner Frau aus der Barke, legt ihnen die Hände auf und segnet sie. (Eine zusätzliche Sintflut-Geschichte mit ähnlichem Inhalt wird im *Enuma elis*, dem babylonischen »Lehrgedicht von der Schöpfung«, beschrieben.[14])

Wer immer hier als Gott angesehen wurde, der Schöpfer des Universums war's mit Sicherheit nicht. Altes Testament und Gilgamesch-Epos schildern dasselbe Ereignis.

Mit dem entscheidenden Unterschied allerdings, dass im Gilgamesch-Epos ein Augenzeuge zu Wort kommt und der Bericht in der ersten Person – der Ich-Form – niedergeschrieben wurde. Utnapischtim ist der Überlebende der Flut. Wie Noah in der Bibel. Nur ist dort die Geschichte in der dritten Person nacherzählt worden.

Auch der Gott des Alten Testaments segnet seine Schützlinge und besiegelt mit ihnen und für alle Nachkommen einen »ewigen Bund«:

»Niemals wieder sollen die Wasser zu einer Sintflut werden, die alles Fleisch verderbe.« (1. Mos. 9, 12)

Eigentlich eine beruhigende Feststellung, wenn sie aus Gottes Mund stammen würde. Die Erdbewohner aller Zeiten müssten sich nie mehr vor einem Meteoriteneinschlag ins Meer fürchten. Wie die Astronomen heute wissen, wären derartige Einschläge durchaus möglich – mit vernichtenden Folgen für die ganze Menschheit. Aber vom Schöpfer des Universums, jener unverständlichen Intelligenz des Ursprungs, stammt das Versprechen eben nicht. Die alten Texte im Gilgamesch-Epos und im Alten Testament sprechen von anderen Göttern. Göttern? Ist im Alten Testament nicht von *einem* Gott die Rede? Diese Illusion musste ich schon in früheren Büchern zerstören. Das hebräische Wort, das in der Genesis für »Gott« steht, lautet »Elohim«. Dabei handelt es sich um einen *Mehrzahlbegriff*. Es gibt keine »Elohim« in der Einzahl. Gemeint sind »die Götter«. Das mag ernüchternd sein – wahr bleibt es trotzdem.

Die jüdische, die islamische und die christliche Weltreligion bauen auf die Bücher Mose. Im Islam werden die alten Geschichten um Moses und Salomon (Suleiman) als respektvolle Überlieferungen behandelt. Die Thora-Gelehrten der jüdischen Weltreligion haben stets nicht nur geglaubt, sondern ihre alten Überlieferungen waren immer auch Gegenstand der Interpretation und des Suchens. Nachzulesen beispielsweise in den vielen Midrasch-Büchern. (Die unter dem Namen Midraschim bekannten Literaturwerke enthalten die Forschungen von hervorragenden jüdischen Gelehrten vieler Jahrhunderte. Midrasch ist das Werk der Auslegung, der Suche nach dem Sinn.[15, 16]) Einzig das Christentum zimmerte aus den Texten des Alten Testaments ein »Wort Gottes. Allgemein gültig und ausnahmslos Vollzugsberichte eines Wortes Gottes« (Rahner).

Nun ist keine Religion »einfach da«. Jede Religion hat eine Geschichte, eine Art von Urreligion, denn die Menschen sollten sich schließlich an die Aussagen der Vorväter halten können. Von diesem Urglauben existieren keine schriftlichen Berichte. Es hat wohl Jahrhunderte gedauert, bis die verschiedenen Geschichten zu einer Story komprimiert wurden. Jede dieser Geschichten wird vermutlich irgendwo einen Kern Wahrheit enthalten, doch alle Geschichten zusammen als das »Wort Gottes« zu bezeichnen, ist wohl eher eine Beleidigung der unendlichen Schöpferkraft. (Sofern sich die Intelligenz hinter der Schöpfung überhaupt von mikroskopischen Geschöpfen wie den Menschen beleidigen lässt.) Die im Alten Testament zusammengefassten Überlieferungen reden zwar von Göttern, die irgendwann und irgendwo wirkten, doch passen sie nicht unter den großen Hut eines intelligenten Ursprungsgeistes.

Der Gott des Alten Testaments schließt mit Abraham gleich mehrfach »ewige Bünde« (1. Mos. 13, 15 / 1. 15, 5 / 1. 15, 18). *Ein* wirklich göttlicher Bund hätte gereicht. Immer wieder werden Brandopfer und »Hebeopfer« verlangt. Mir ist unerfindlich, was ein metaphysischer Gott damit hätte anfangen können. Und dann die unappetitliche Geschichte von Sodom und Gomorrha. Sie der intelligenten Schöpferkraft von Gott zu unterstellen, gleicht einer Blasphemie.

Zuerst vernimmt der biblische Gott, in Sodom und Gomorrha würden die Menschen schreckliche Sünden begehen. Aber sicher ist er nicht, »darum will ich hinab und sehen, ob sie wirklich ganz so gehandelt haben, wie das Geschrei über sie verlautet, das zu mir gedrungen ist« (1. Mos. 18, 21 ff.). Gott weiß nicht Bescheid. Traurig. Dann teilt Gott sein Vorhaben dem Abraham mit, und der beginnt mit ihm zu hadern. Göttlich? Schließlich schickt Gott zwei Engel nach Sodom, die sollen den Lot und seine Familie vor der Vernichtung der Städte retten (1. Mos. 19, 1 ff.). Zuerst wünschen diese Engel, auf einem öffentlichen Platz zu übernachten (weshalb benötigen Engel überhaupt Schlaf?), doch Lot bittet sie inständig, dies zu unterlassen und sich in seinem Hause auszuruhen. Das wiederum passt der schwulen Meute von Sodom nicht, und alsogleich umzingeln sie Lots Haus und verlangen die Herausgabe der beiden Engel, »um ihnen beizuwohnen«. Die Bedrängnis muss groß gewesen sein, denn Lot bietet den sexuellen Lüstlingen seine beiden jungfräulichen Töchter an: »Macht mit ihnen, was euch gefällt.« Das interessierte die Sodomiten nicht. Sie beginnen Lots Haus zu bestürmen und die Tür einzuschlagen. Erst jetzt werden die beiden Engel aktiv. Mittels irgendeiner Geheimwaffe »schlugen sie die Sodomiten mit Blindheit, klein und groß, sodass sie sich umsonst abmühten, die Türe zu finden« (1. Mos. 19, 10 ff.).

Die Situation spitzt sich dramatisch zu. Die beiden Engel bedrängen den Lot und seine Familie, jetzt schleunigst die Stadt zu verlassen. Lot zögert immer noch. Da greifen die Engel zu Gewalt. Sie zerren Lot, seine Frau und die beiden Töchter aus dem Haus:

»Rette dich! Es gilt dein Leben! Sieh nicht hinter dich

Familie Lot muss Sodom verlassen.

und bleibe nirgends stehen im ganzen Umkreis. Ins Gebirge rette dich, dass du nicht weggerafft werdest.« (1. Mos. 19, 17)

Trotz dieses dringlichen Appells jammert Lot immer noch. Anstatt ins Gebirge will er hartnäckig in das kleine Städtchen Zoar, weil er sich dort sicherer fühle. Resigniert ob soviel Sturheit, erklären die Engel:

»Schnell, rette dich dorthin; denn ich kann nichts tun, bis du dort hingekommen bist.« (1. Mos. 19, 22)

Der Herr aber – der liebe Gott? – ließ Schwefel und Feuer auf Sodom und Gomorrha regnen, »von dem Herrn

27

vom Himmel herab, und vernichtete so die Städte und den ganzen Umkreis und alle Bewohner der Städte und was auf dem Lande gewachsen war«.

Offensichtlich gedieh in den Städten Sodom und Gomorrha eine missratene Brut. Aber hätte der Allwissende nicht vorher wissen müssen, was ihm ins Haus stand? Und weshalb die Eile, die Drängelei? Lief irgendein Countdown, den weder die Engel noch Gott stoppen konnten? Was für ein Gott?

Meine Bibellektion soll nicht mehr und nicht weniger als eine Beobachtung festhalten: Es wird eine Gottesgestalt geschildert, die Fehler macht, die sich irrt, die Reue empfindet, die zu blutigen Vernichtungsaktionen fähig und nicht zeitlos ist. All dies sind ungöttliche Attribute, die nicht zur Vorstellung von einem über den Dingen stehenden, allwissenden Wesen passen. Es hilft nicht weiter, hier nach einer Definition von Gott zu verlangen, denn so und nicht anders wird Gott nun mal im Alten Testament geschildert, und die Menschen werden angehalten, an diese Schilderungen als Gottes Wort zu glauben.

Am Rande dies: Die Vernichtung von Sodom und Gomorrha war nicht die einzige Zerstörung von sündigen Städten, die irgendwelche Götter veranlassten. Im indischen Mahabharata wird das Gleiche geschildert, mit einigen besonderen Zutaten:[17] Bestürzt liest man von einer Waffe, welche die Städte mit dem ganzen Umkreis verglühte. Ein schauerlicher Anblick habe sich geboten, die Leichen hätten nicht mehr wie Menschen ausgesehen, die verglühten Körper seien nicht mehr erkennbar gewesen. Alle Nahrung sei giftig geworden, und niemals zuvor hätten Menschen eine derart grauenhafte Waffe gesehen, geschweige denn davon gehört.

Während die Zerstörung von Sodom und Gomorrha mit zwei Sätzen beschrieben wird, ist die Schilderung im

8. Buch des Mahabharata detaillierter. In beiden Fällen musste ein Gott für die entsetzliche Vernichtung geradestehen. Der Gott aller Religionen? Dabei geht es mir nicht darum, Satz für Satz, Wort für Wort die alten Überlieferungen verstehen zu wollen. Es geht um Vorstellungen aus einer sehr weit zurückliegenden Vergangenheit. Irgendein Gott oder Götter wüteten, brachen ein misslungenes Experiment ab oder unterstützten mit ihren überlegenen Waffen eine bevorzugte Menschengruppe. Diese Götter kamen stets aus dem Himmel. Die gängige Lehrmeinung, unsere Vorfahren hätten sich ihre Götter nun mal im Himmel vorstellen *müssen*, weil der Himmel mit seinen Gestirnen für sie das Unendliche, das Unerreichbare gewesen sei, hält keiner kritischen Betrachtung stand. Es gab schließlich auch unzählige Gestalten, die aus der Finsternis der Unterwelt kamen. Die Beschreibungen der Götterkämpfe im Himmel und das Verhalten jener himmlischen Wesen auf Erden sind weder poetisch noch psychologisch erklärbar. Dazu sind sie – wie ich noch zeigen möchte – viel zu präzise. Zudem haben die himmlischen Götter gesprochen. Sie gaben Anweisungen, Befehle und oft auch Instruktionen technischer Natur. Der Gott des Alten Testaments liefert hierfür hervorragende Beispiele.

Der verlangt von Abraham die Opferung seines einzigen Sohnes, »den du lieb hast« (1. Mos. 22 ff.). Kurz vor der Vollendung der fürchterlichen Tat schickt er Engel vom Himmel, um das Unfassbare zu verhindern. Die Theologen erklären diesen Widerspruch mit einer Prüfung. Gott habe sehen wollen, ob Abraham auch bereit sei, für ihn seinen geliebten Sohn abzuschlachten. Das hätte er aber schon vorher wissen müssen. Als Belohnung für die Nicht-Tat, welche nur durch das Eingreifen der Engel verhindert wurde, segnete Gott Abraham und versprach ihm, sein Geschlecht »so zahlreich zu machen wie die Sterne am Himmel, wie den Sand am Gestade des Meeres« (1. Mos. 22, 16). Ein Versprechen, das zumindest in der Startphase nur durch Vielweiberei verwirklicht werden konnte. Davon wimmelt es im ersten Buch Mose (Beispiele: 1. Mos. Kap. 25 / 29 / 34).

Im zweiten Buch Mose, Exodus (Auszug) genannt, spielt Moses die Hauptrolle. Ein Mann aus dem Hause Levi habe eine Levitin geheiratet, und die habe ein hübsches Knäblein geboren. Drei Monate nach der Geburt habe sie das Kind nicht mehr vor den Ägyptern verbergen können und deshalb ein Kästchen aus Schilfrohr geflochten, in welches sie das Kindlein legte. Natürlich war das Kästchen mit Asphalt und Pech wasserdicht gemacht worden. Eine Tochter des Pharaos habe das Kästchen aus dem Nil gezogen und den Jungen schließlich adoptiert.

Eine rührende Geschichte, die sich ursprünglich aber genauso gut im fernen Indien abgespielt haben kann. Dort nämlich, im Buch *Adi Parva* des Mahabharata, steht das Gleiche. Die unverheiratete Kunti war vom Sonnengott heimgesucht worden. Als Folge dieser ungewöhnlichen Begattung gebar sie einen Sohn, bildhübsch, denn sein Antlitz leuchtete wie die Sonne. Die ehemalige Jungfrau Kunti fürchtete jedoch die Schande, weshalb sie eine wasserdichte Schachtel bastelte und das Kleinkind heimlich im Fluss aussetzte. Eine brave Frau namens Adhirata angelte die Schachtel aus dem Wasser, zog das Knäblein wie ihr eigenes Kind auf und nannte es Karna.

Eine dritte Story des gleichen Inhalts wurde im letzten Jahrhundert von Professor George Smith im Hügel von Kuyunjik, dem einstigen Ninive, im wahrsten Sinne des Wortes ausgegraben. Dort entdeckten die britischen Archäologen nämlich eine Tontafelbibliothek des Assyrerkönigs Assurbanipal, darunter die Lebensgeschichte des Königs Sargon I. (um 2400 v. Chr.). Auch von ihm wird behauptet, dass er als Knäblein in einen verpechten Binsenkorb gelegt worden sei, der den Euphrat hinabschwamm. Das seltsame Schifflein wurde von einem Wasserträger namens Akki gefunden und das Knäblein schließlich von einer Prinzessin großgezogen. Zwischen der Geschichte von Moses und jener von Sargon liegen mindestens 1000 Jahre. Wie viele Jahre zwischen jener Geschichte der indischen Jungfrau Kunti und der Geschichte von Moses liegen, ist nicht mehr feststellbar.

Gottes Wort? Wer hat von wem abgeschrieben?

Als Moses herangewachsen war, sah er zu, wie seine hebräischen Brüder Fronarbeiten leisten mussten. Dabei wurde er Zeuge, wie ein ägyptischer Aufseher einen Hebräer schlug:

»Und er schaute sich nach allen Seiten um, und als er sah, dass kein Mensch zugegen war, erschlug er den Ägypter und verscharrte ihn im Sande.« (2. Mos. 12 ff.)

Am darauffolgenden Tage beobachtete Moses, wie sich zwei Hebräer stritten. Moses versuchte zu schlichten, doch der Hebräer erwiderte:

»Wer hat dich zum obersten Richter über uns gesetzt? Gedenkst du mich auch zu töten, wie du den Ägypter getötet hast?«

Moses bekam es mit der Angst zu tun, war sein gestriger Mord am ägyptischen Aufseher offenbar bekannt geworden. Er flüchtete ins Land Midian, erhielt dort das junge Mädchen eines (angeblichen) Priesters und zeugte mit ihr seinen Sohn Gerson. Dem war wohl keine besondere Rolle in der Bibel zugedacht, denn mit einer Ausnahme (2. Mos. 18, 2) verschwand er sang- und klanglos.

Während Moses die Schafe seines Schwiegervaters hütete, kam er auch an den Gottesberg Horeb und erlebte, wie aus einem Dornbusch Feuerflammen schlugen, ohne den Busch zu verbrennen. Der neugierige Moses trat näher und hörte zu seiner Verblüffung eine Stimme aus dem Dornbusch. Die forderte ihn auf, die Schuhe auszuziehen und näher zu treten, denn er befinde sich auf heiligem Boden. Schließlich sagte die Stimme, sie sei der Gott seiner Väter Abraham, Isaak und Jakob. »Da verhüllte Moses sein Antlitz; denn er fürchtete sich, Gott anzuschauen.« Gott verkündete Moses, er kenne das Leid der Israeliten, die in ägyptischer Knechtschaft lebten, und er sei »herniedergestiegen«, um die Israeliten in ein schönes weites Land zu führen, in dem Milch und Honig flössen.

So weit, so gut, sollte man annehmen. Der liebe Gott beauftragt zwar einen Mörder, die Israeliten aus Ägypten zu führen, doch bei Gott hat alles seinen Sinn. Er schickt den Moses zum Pharao, um die Freilassung seiner Landsleute zu fordern, und als der sich weigert, überzieht er Ägypten mit verschiedenen Plagen.

»Aber ich weiß, dass euch der König von Ägypten nicht ziehen lassen wird, es sei denn, er werde gezwungen. Darum werde ich meine Hand ausstrecken und Ägypten mit all meinen Wundertaten schlagen.« (2. Mos. 3, 19 ff.)

Bevor die Plagerei beginnt, befiehlt Gott aber noch, die Ägypter zu bestehlen. Die Israeliten sollten nicht mit leeren Händen gehen, sondern sich vorher diverse Schmuckstücke und Kleider ausleihen, um so »die Ägypter zu berauben« (2. Mos. 3, 22 und 12, 35–37). Genauso steht's in der Bibel und passt natürlich überhaupt nicht zu den Geboten, die Gott später demselben Volk auferlegt. Du sollst nicht stehlen noch begehren deines Nächsten Gut. Hier wird auch einer der Gründe sichtbar, weshalb der Pharao die Israeliten nicht so ohne weiteres ziehen lassen wollte.

Im weiteren Verlauf der Geschichte spielte Aaron die zweite Hauptrolle. Wer war Aaron? Die *Jüdische Enzyklopädie* [18] weiß Bescheid: Aaron war der älteste Sohn

Moses spricht mit Gott.

des Hebräers Amram vom Stamme Levi. Moses, sein zweiter Sohn, war drei Jahre jünger und beider Schwester Miriam einige Jahre älter. Aaron, Großenkel des Hohepriesters Levi, übte in seinem Stamm ein priesterliches Amt aus. Während Moses am ägyptischen Hof erzogen wurde, lebte Aaron bei Verwandten im östlichen Grenzland von Ägypten und war als hervorragender Redner bekannt. Als Moses vom Herrn den Befehl empfing, die Israeliten aus der ägyptischen Gefangenschaft zu führen, rief er seinen Bruder Aaron um Hilfe.

Moses war nämlich keineswegs redegewandt, er brauchte einen offiziellen Sprecher, der dem Pharao die Forderungen Israels überzeugend vortrug. Während der kommenden Jahre des Exodus avancierte Aaron zum Stellvertreter von Moses und zum Hohepriester; er stand unter besonderem Schutz des »Herrn aus der Wolkensäule«. Wann immer Probleme auftauchten, die einen technisch begabten Verstand forderten, war Aaron zur Stelle. Er galt auch als Magier, der Vorgänge zu bewirken vermochte, die der Masse wie Wunder erschienen. Einmal, so steht's bei Moses, schleuderte Aaron vor dem großen Pharao seinen Stab auf den Boden, und der verwandelte sich augenblicklich zu einer lebendigen Schlange. Als die höfischen Zauberer den Trick nachmachten, fraß Aarons Schlange alle anderen auf (2. Mos. 6, 10–12). Mit demselben Zauberstab wurden Ägyptens Gewässer in eine stinkende, rote Flut verwandelt, wurden Millionen ekliger Frösche und widerlicher Stechmücken im Nu zur Landplage im Pharaonenreich.

Spektakulär war schon der Auftritt von Moses und Aaron am Hof des Pharaos. Außerhalb der Bibel, in den *Jüdischen Legenden*, wurde überliefert, dass Moses und Aaron sich vor der Begegnung mit dem Pharao gefürchtet hätten. Plötzlich sei der Erzengel Gabriel erschienen und hätte das Brüderpaar – mitten durch die Wachen – in den Palast geführt. Obwohl die Wachen ihrer Unachtsamkeit wegen streng bestraft worden seien, habe sich der rätselhafte Vorgang beim nächsten Besuch wiederholt: Moses und Aaron gelangten ungehindert vor den Thron des Pharaos. Eigentlich mussten sie den stolzen Herrscher Ägyptens ungeheuerlich beeindrucken, denn »sie glichen Engeln, ihr Äußeres reflektierte und glänzte wie die Sonne, die Pupillen ihrer Augen waren wie das Leuchten des Morgensterns, ihre Bärte wie junge Palmzweige, und wenn sie sprachen, züngelten Flammen aus ihrem Munde«.[19] In der Tat eine sagenhafte Inszenierung.

Es kam, wie es geschrieben steht. Moses, unterstützt von seinem Bruder Aaron und den magischen Zaubereien seines Gottes, gewann gegen alle Intrigen des Pharaos. Der liebe Gott ließ über Ägypten sogar eine Finsternis kommen und auf geheimnisvolle Weise alle Erstgeburten der Ägypter töten. Endlich gab der Pharao auf und ließ die Israeliten ziehen. Und was machten die?

Die haderten und schimpften unentwegt über Moses, Aaron und ihren neuen Gott. Weshalb nur? Gott hatte doch vor ihren Augen unglaubliche Wundertaten verrichtet. Trauten die Israeliten dem Zauber immer noch nicht?

Laut Bibel betrug der Treck 600 000 Personen, »die Kinder nicht gerechnet. Auch viel fremdes Volk zog mit ihnen, dazu Schafe und Rinder, eine gewaltige Menge Vieh« (2. Mos. 12, 37 und 38). Auch wenn die Zahl 600 000 maßlos übertrieben sein mag oder erst von späterer Schreibern stammte, musste der Treck straff organisiert sein. Damit die Menschenmasse nicht ziellos umherirrte, zog »der Herr vor ihnen her, am Tage in einer Wolkensäule, um ihnen den Weg zu zeigen, und des Nachts in einer Feuersäule, um ihnen zu leuchten« (2. Mos. 13, 21). Inzwischen hatten die Ägypter gemerkt, dass sie von den Israeliten bestohlen worden waren, und der Pharao schickte sein Heer gegen die Israeliten. Das nächste Wunder war fällig. »Da machte sich der Engel Gottes auf, der vor dem Heere Israels einherzog, und trat hinter sie; und die Wolkensäule vor ihnen ging weg und stellte sich hinter sie.« Schließlich trocknete der israelitische Gott einen Streifen des Meeres aus und ließ anschließend die gesamte ägyptische Streitmacht mit Ross und Wagen darin ertrinken, »sodass nicht einer von ihnen am Leben blieb« (2. Mos. 14, 28). Jetzt endlich glaubten die Israeliten ihrem

35

Gott und auch seinem Knecht Moses. Dieser Glaube sollte jedoch nicht lange währen.

Weshalb nur wirft in unserer Gesellschaft niemand die Frage auf, von was für einem Gott hier eigentlich die Rede ist? Er bevorzugt eine Volksgruppe, die überhaupt nicht an ihn glaubt! Durch magische Wundertaten wird dieses Volk gefügig gemacht, wobei es keine Rolle spielt, wenn sich die Gegenseite wehrt, weil sie bestohlen wurde. Die Erstgeburten der Ägypter werden getötet, darunter Tausende von völlig unschuldigen Kindern. Eine Säule, mal hell leuchtende Wolke, dann beängstigendes Feuer, setzt sich an die Spitze der ungläubigen Bewegung, und ein ägyptisches Heer wird ertränkt, ohne dass ein Soldat das Schwert gezückt hätte. Dabei soll nicht übersehen werden, dass die Feuersäule das ägyptische Heer *absichtlich* ins Verderben laufen ließ.

Sicher ist für Gott nichts unmöglich, und er mag mit seinen Geschöpfen tun, was er will, nur sollte er dann dem Menschen ein Vorbild sein und »seinem Ebenbilde« nicht Gebote geben, an die er selbst sich nicht hält. Zudem erscheint mir der ganze Zauber mit den Plagen, die über Ägypten kamen, entweder erfunden oder der allgegenwärtigen Schöpfung des Universums unwürdig. Der Koran, die heilige Schrift der Muslime, präzisiert dies lapidar: »Wenn er [Allah] etwas beschließt, so spricht er nur: es werde – und es ist« (Sure 2, Vers 118). Das sehe ich genauso.

Man dürfte annehmen, nach den Wundertaten, mit denen Gott sowohl den Ägyptern als auch den Israeliten seine Macht demonstrierte, sei endlich Ruhe eingekehrt, und jedermann wisse, wer Herr im Hause sei. Doch dem ist nicht so. Israels Kinder murren dauernd wider ihren Gott (2. Mos. 15, 24 oder 16, 2). Sie sind überhaupt nicht überzeugt, es hier mit einem allmächtigen Wesen zu tun zu

haben. Da hat selbst der Herr ein Einsehen, und er beschließt, sich dem störrischen Volk zu zeigen:

»Als Aaron der ganzen Gemeinde Israels dies befahl,
wandten sie sich nach der Wüste hin, und siehe, die *Herrlichkeit des Herrn erschien in der Wolke*.« (2. Mos. 16, 10)
Logischerweise brauchten Mensch und Vieh in der
Wüste Wasser und Nahrung. Für beides sorgte der Herr.
Er ließ Quellen sprießen und am Abend ganze Scharen
von Wachteln über dem Treck abstürzen. Und jeden Morgen lag auf dem Wüstenboden »etwas Feines, Körniges
auf der Erde«. Die Israeliten wussten nicht, was es war,
doch Moses, vom Herrn vorher instruiert, belehrte sie.
Manna heiße das Zeug und es sei ein Himmelsbrot, von
Gott geschickt. Ärgerlich war nur, dass das Himmelsbrot
verfaulte, wenn es nicht sogleich verarbeitet wurde, und in
der Hitze schmolz es wie Butter (2. Mos. 16, 20 und 21).
Was eigentlich ist Manna?

Der Gelehrtenstreit darüber dauert schon Jahrhunderte. Gemeinhin wird angenommen, Manna sei ein
Sekret der Schildlaus *Coccus manniparus*, die an der im
Mittelmeergebiet vorkommenden Tamariske *Tamarix
mannifera* saugt. Der Pflanzensaft der Tamarisken ist
reich an Kohlehydraten, und was die Insekten nicht ab-
sorbieren, wird in Form durchsichtiger Tropfen ausge-
schieden, die an der Luft zu weißen Kügelchen erstarren,
die Fruchtzucker und geringe Mengen an Pektin (wie es
zur Zubereitung von Gelee genommen wird) enthalten.
Der Stoff wird auch von Ameisen gesammelt und in ihre
Hügel getragen. Beduinen verwenden diese Art von
Manna heute noch als Honigersatz. Sie nennen es *man*.

Obwohl zwischen diesem Stoff und dem biblischen
Manna eine Ähnlichkeit besteht, fehlen ihm die charak-
teristischen Merkmale der von Moses gerühmten Kost. *Man*
enthält kein Eiweiß, während Manna im zweiten Buch

Mose als »Brot« und Grundnahrungsmittel beschrieben wird. Außerdem wird *man* nur während einiger Monate gefunden und zudem in derart geringen Mengen, dass ein in der Wüste wanderndes Volk niemals satt geworden wäre. Andere meinen, Manna entspreche der Flechtenart *Aspicilia esculenta* (Manna-Flechte). Doch diese Flechte wächst in Tundren und auf Alpenweiden, in der Wüste ist sie kaum zu finden. Für die Israeliten soll es sich aber um ein tagtäglich frisch zur Verfügung gestelltes Nahrungsmittel gehandelt haben.

Eine dritte Lösung des Manna-Problems wurde im Frühjahr 1976 in der Wissenschaftszeitschrift *New Scientist* publiziert.[20] Autoren waren die Briten George Sassoon und Rodney Dale, die ihre Recherche später in Buchform veröffentlichten.[21] Der Lösungsvorschlag der beiden Engländer ist derart faszinierend und gleichzeitig überzeugend, dass ich die Geschichte kurz darstellen möchte.

Zu den erbauenden und rätselhaften Texten der alten Juden gehörten nicht nur die Bücher der Thora oder die Midraschim, sondern auch die Kabbala, eine Mischung alter geheimer Texte. Seit dem 12. Jahrhundert wird die Kabbala als Sammelbegriff für die esoterischen Lehren des Judentums verwendet. Der Begriff wird vom Hebräischen *QBLH* (jenes, das empfangen wird) abgeleitet. Ein Teil dieses Kompendiums traditioneller jüdischer Mystik ist in den drei Büchern des *Sepher-ha-Zohar* (Buch des Glanzes) zu finden, das Simon Bar Jochai im 2. Jahrhundert niedergeschrieben haben soll. Die moderneren Versionen der Kabbala sind vom spanischen Juden Moses Ben Schemtob de Leon (13. Jahrhundert) aus alten Schriften übertragen worden. Aus anderen Quellen, dem aramäischen *Cremona Codes* (1558), stammen die lateinische *Kabbala Denudata* (1644) und die englische Version der *Kabbala Unveiled* (1892).

Das Buch Zohar. Hier steht die Geschichte von der Manna-Maschine.

Im *Buch Zohar* der Kabbala (Unterabteilung *Hadra Zuta Odisha*) werden der Bundeslade, die Moses auf Anweisung seines Gottes konstruieren musste, rund 50 Seiten gewidmet. Die Art der Auftragserteilung im Zohar ist mehr oder weniger identisch mit der Schilderung bei Moses im 2. Buch, Kapitel 25, Verse 10ff. Doch dann wird's seltsam. Im Buch Zohar soll Moses nicht nur eine Lade bauen, sondern auch noch ein Geschöpf mit dem komischen Namen »der Uralte der Tage«. Beides, Bundeslade und »Uralter der Tage«, kamen ins heilige Zelt und wurden von den Israeliten auf ihrer langen Wanderung mitgenommen. Den Auf- und Abbau besorgte eine besonders geschulte Priesterschaft: die Leviten. Was steht im *Buch Zohar* über diesen »Uralten der Tage«? Hier ein kurzer, verwirrender Ausschnitt (ab Vers 51 des *Hadra Zuta Odisha*):

»Der obere Schädel ist weiß. In ihm ist weder Anfang noch Ende. Das hohle Ding seiner Säfte ist ausgedehnt und zum Fließen bestimmt… Von diesem hohlen Ding für den Saft des weißen Schädels fällt der Tau jeden Tag in den Kleingesichtigen… Und sein Kopf ist gefüllt und vom Kleingesichtigen fällt er auf ein Feld von Äpfeln [oder Blasebälgen]. Und das ganze Feld von Äpfeln fließt von jenem Tau. Der Uralte der Tage ist geheimnisvoll und verborgen. Und die obere Weisheit ist im Schädel verborgen, der gefunden worden ist [gesehen wurde]. Und von diesem zu jenem ist der Uralte nicht geöffnet… Und es gibt keinen Menschensohn, der es kennt. [Ist niemandem verständlich]… Drei Köpfe sind ausgehöhlt. Dieser in jenem und dieser über dem andern… Und alle seine Haare und seine Schnüre sind verborgen und glatt im Behälter. Und der Hals kann nicht ganz gesehen werden… Es gibt einen Pfad, der in der Teilung der Haare vom Gehirn fließt…«

Über viele Seiten geht es so weiter. Man glaubt, ein kindliches Kauderwelsch vor sich zu haben, doch der Linguist George Sassoon entwirrte das Durcheinander. Sassoon liest auch Aramäisch und war in der Lage, vielen unverständlichen Begriffen einen Sinn zu geben. Was sollte das sein, ein »Uralter der Tage« mit mehreren Köpfen, Schnüren, Tau, speziellen Gehirnen und Lichtquellen im Bauche? Nach der Beschreibung im *Buch Zohar* bestand dieser »Uralte der Tage« aus einem männlichen und einem weiblichen Teil. Diese beiden Teile ließen sich zerlegen und von den Levitenpriestern reinigen. Komisch. Wie sollte etwas Göttliches zerlegt und wieder zusammengesetzt werden können? George Sassoon eliminierte einige Randbemerkungen im Text und merkte bald, dass hier nicht von einem Lebewesen, sondern von einer Maschine die Rede war. Diese Apparatur produzierte etwas, das tagtäglich frisch zur Verfügung stand. Manna?

Dies war der Moment, als George Sassoon die Hilfe eines Biologen brauchte. Rodney Dale ist Biologe und zudem einer, der es verstand, verwirrende biologische Abläufe technisch zu übersetzen. Schließlich stieß noch der wissenschaftliche Zeichner Martin Riches zum Team, und bald war der »Uralte der Tage« als biochemische Maschine enttarnt.

Der verwirrende Kabbala-Text ergibt einen verblüffenden Sinn: Der »Uralte der Tage« hatte zwei Schädel, einen über dem andern; beide wurden von einem äußeren Schädel umgeben. Der obere Schädel enthielt das obere Gehirn, auf dem Tau destilliert wurde. Das untere Gehirn enthielt das himmlische Öl. Der »Uralte« besaß vier Augen, eines davon leuchtete sehr grell von innen heraus, die drei anderen leuchteten schwach und zwar von links nach rechts schwarz, gelb und rot. Wie es sich für einen »Uralten« gehört, besaß er einen umfangreichen Bart in 13 verschiedenen Formen. Viele Haare wuchsen aus dem

Gesicht heraus und unten wieder ins Gesicht hinein. Diese Haare waren weich, und das heilige Öl rann durch sie hindurch.

Dann gab es einen »kleinen Schädel« (der Kleingesichtige), in dem sich auf der einen Seite Feuer, auf der anderen Luft entwickelte. Irgendein Öl floss vom oberen in den unteren Schädel und wechselte dort seine Farbe von weiß nach rot. Durch die »Schnüre« floss etwas Honigartiges hinunter in einen Hoden. War ein Hoden voll, so floss der überschüssige Honig in einen zweiten Hoden. Der linke Hoden wurde täglich durch den »Penis« entleert und dann gereinigt, der rechte Hoden füllte sich täglich mehr und wurde nur am Sabbat entleert und am darauffolgenden Tag gereinigt. Doch was sollte das Ganze?

Beim oberen Teil des »Uralten der Tage« handelte es sich um ein Destilliergerät mit einer welligen, gekühlten Oberfläche, über die Luft geführt und Wasser kondensiert wurde. Über die »Schnüre« (Leitungen) kam das Wasser in einen Behälter mit einer starken Lichtquelle. Die bestrahlte eine Algenkultur – wahrscheinlich eine vom Typ Chlorella. Es gibt Dutzende Chlorella-Arten, deren Gleichgewicht aus Eiweiß, Kohlehydraten und Fett je nach Wachstumsbedingungen verändert werden kann. Die Algenkultur zirkulierte in einem Röhrensystem, das einen Austausch von Sauerstoff und Kohlendioxid mit der Atmosphäre ermöglichte und die überschüssige Wärme ausströmen ließ. Der Chlorella-Schlamm wurde in einen anderen Behälter geleitet, wo er so behandelt wurde, dass die Stärke teilweise in Malzzucker hydrolisierte, der dann, leicht erhitzt, den Geschmack von Honigwaffeln erzeugte. Wie steht's bei Moses?

»Es war weiß wie Koriandersamen und hatte einen Geschmack wie Honigkuchen.« (2. Mos. 16, 31)

Das Trockenprodukt wurde in zwei Gefäße geleitet (die

»Hoden«). Eines davon diente dem Tagesbedarf, das andere füllte sich allmählich, damit für den Sabbat ein Vorrat vorhanden war. Während der wöchentlichen Sabbatpause stand die Apparatur still und wurde gewartet, damit sie ab Sonntag wieder einsatzbereit war.

Dieses Manna war ein eiweißhaltiges Grundnahrungsmittel, vergleichbar mit Mehl, aus dem sich im heißen Wüstensand diverse Brot- oder Fladenarten backen ließen. Hergestellt wurde es durch eine wunderbare, hochtechnische Apparatur. Das aus dem Tau der Nacht gespeicherte Wasser mischte sie mit kleinen Teilen der Chlorella-Algen. Wird diese Algenart bestrahlt, so vermehrt sie sich innerhalb von 24 Stunden in schier unglaublicher Weise. Die Maschine hatte pro Tag und Familie ein *Omer* zu liefern, und da zu dieser Zeit nur noch etwa 600 Familien zu versorgen waren, müsste die Leistung der Manna-Maschine etwa 1,5 Kubikmeter pro Tag betragen haben. (Ein *Omer* war ein hebräisches Hohlmaß und entsprach etwa drei Litern.) Doch wo ist denn dieses Wunderwerk von Manna-Maschine geblieben?

Die Priester der Leviten wussten als Einzige, wie die Apparatur zu warten und zu reinigen war. Moses' Bruder Aaron war Chef der Leviten, und er hatte seine Instruktionen direkt vom Herrn erhalten. Sowie die Maschine nicht mehr korrekt gewartet wurde, gab's kein Himmelsbrot mehr. Der Prophet Josua beklagt dies: »An eben diesem Tage hörte das Manna auf« (Jos. 5, 12). Nach der Einnahme von Jericho wurde die Apparatur in Silo aufgestellt (1. Sam. 4, 3). Später erbeuteten die Philister die Manna-Maschine, gemeinsam mit der Bundeslade. Denn die war, Sassoon und Dale zufolge, nichts anderes als der Generator (der Energielieferant) für die Manna-Maschine. Tatsächlich wurden der »Uralte der Tage« und die Bundeslade im heiligen Zelt stets nebeneinander aufgestellt (1. Sam 6,

43

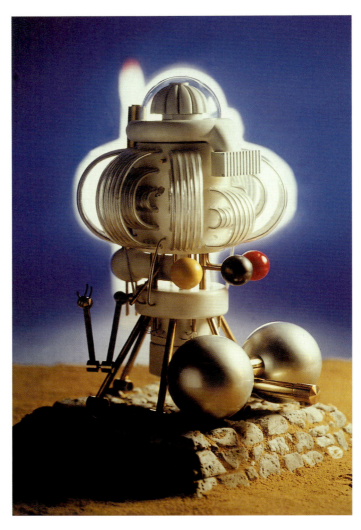

Die Manna-Maschine nach Dale und Sassoon.

7+8). Wen wundert's, dass es bei unsachgemäßer Betreuung dieser Bundeslade immer wieder zu tödlichen Unfällen kam, selbst unter den geschulten Fachkräften der Leviten (1. Sam. 5, 11+12 oder 2. Sam 6, 3–7). Die Philister ihrerseits, welche die Apparatur erbeutet hatten, wussten nicht, wie sie mit Bundeslade und Manna-Maschine umgehen sollten. Viele von ihnen starben an schrecklichen Krankheiten, weil sie ohne Schutz zu nahe an das technische Ungetüm gerieten. Voller Angst schickten die Philister ihr Beutegut wieder zurück nach Israel. Gratis. König Salomon (der Weise) ließ im Tempel ein spezielles Heiligtum für die Bundeslade und die Manna-Maschine bauen. Damals funktionierte längst nichts mehr, und weder Salomon noch David gelang es, das Zauberwerk wieder in Betrieb zu setzen. Schließlich klaute ein Sohn von Salomon Teile der Apparatur und brachte sie seiner Mutter, der Königin von Saba. So steht es in allen Einzelheiten geschrieben im Buch der Äthiopischen Könige.[22]

Und heute? Die Überreste liegen tief im Boden unter der Marienkathedrale in der äthiopischen Stadt Axum.

Man mag die Rekonstruktion einer Manna-Maschine aus der Kabbala belächeln, pfiffig und wissenschaftlich blitzsauber nachgezeichnet bleibt sie trotzdem. Viele Einzelteile dieses Puzzles sind nicht in der Bibel zu finden, wenn auch »das Wort Gottes« so manche Hinweise liefert, die stutzig machen müssen. Wer weiß schon, dass zum Transport der Bundeslade *zwei* Karren nötig waren? Nachzulesen im Zweiten Buch Samuel, Kapitel 6, Vers 3:

»Und sie setzten die Lade Gottes auf einen neuen Wagen… Ussa aber und Achjo führten den neuen Wagen.«

Derselbe Ussa starb später »wie vom Blitz getroffen«, als er die Lade während des Transports an einer falschen Stelle berührte. Eine göttliche Strafe? Wofür? Weil er versucht hatte, den Sturz der Bundeslade vom Karren zu verhindern?

Über die Bundeslade selbst herrscht auch in Theologenkreisen nur Rätselraten. Zuerst musste Moses exakt nach den Anweisungen seines Herrn eine kuriose Kiste basteln (2. Mos. 25, 10). Diese Anweisungen können aber nicht nur mündlicher Art gewesen sein, denn der liebe Gott besaß sogar ein Original davon:

»Und siehe zu, dass du alles genau nach dem Vorbilde machst, das dir auf dem Berg gezeigt werden soll.« (2. Mos. 25, 40)

Der Zweck dieser seltsamen Kiste ist umstritten. Der Theologe Reiner Schmitt hält die Lade »für ein Behältnis für einen heiligen Stein«.[23] Dem widerspricht der berühmte Theologe Martin Dibelius und meint, es handle sich um einen »wandelnden, leeren Gottesthron, oder um einen fahrbaren Götterwagen, auf dem eine Gottheit steht oder sitzt«.[24] Der Theologe R. Vatke sah es wieder anders. In der Bundeslade sei »nichts gewesen, weil Gott in ihr gewohnt« habe.[25] Harry Torczyner meinte, in der Bundeslade seien die Gesetzestafeln transportiert worden.[26] Das wiederum stellt Martin Dibelius infrage. Es gibt sogar Passagen in der Bibel, da zog die Bundeslade »drei Tagereisen weit vor ihnen her, um eine Ruhestätte für sie zu erkunden« (4. Mos. 10, 33). Wusste der Herr nicht schon vorher, wo die Israeliten lagern sollten? Und so weiter! Das Thema ist endlos. Wer sich einmal die Mühe macht, im über 1000 Seiten dicken Theologiewerk von Otto Eißfeldt zu schmökern, ahnt, wovon ich schreibe.[27]

Die Bundeslade war ein lebensgefährlicher Gegenstand, dies ist nicht nur in den Büchern Mose nachzulesen, sondern auch die Thora-Gelehrten wissen das. Der Philosoph und Mathematiker Lazarus Bendavid (1762–1832), ehemaliger Direktor einer jüdischen Schule, schrieb schon vor 150 Jahren:

»…dass die Stiftshütte zu Moses' Zeiten einen ziemlich vollständigen Apparat elektrischer Instrumente enthalten habe. Lebensgefahr muss nach den Talmudisten immer mit diesem Gange in das Allerheiligste verbunden gewesen sein. Der Hohepriester trat ihn stets mit einer gewissen Ängstlichkeit an und machte sich einen guten Tag, wenn er glücklich zurückkam.«[28]

Welche Art von Gott aber, und dies ist die Kardinalfrage in diesem Kapitel, lässt von seinen obersten und geheimsten Dienern (Moses und Aaron) schon eine spezielle Kiste bauen, für die es ein Original gab? Einen »Uralten der Tage« auseinander nehmen und reinigen? Eine hochgefährliche Apparatur transportieren, die nachweislich zu mehreren Todesfällen führte? Hätte der allgegenwärtige Geist des Universums ein solches Theater nötig? Man mag einwenden, all dies seien reine Interpretationsfragen und Gott habe uns Menschen angehalten, tief zu glauben. Exakt hier aber liegt der Hund begraben. Sollen wir stur an einen Gott glauben, der voller Widersprüche und Fehler steckt? Wäre dies der Zweck von Gottes Wort, so besäße jede Sekte einen Blankoscheck, an *ihre* Auslegung der Bibel glauben zu müssen. Denn jede Gruppierung ist selbstverständlich ehrlichen Herzens der Überzeugung, *ihre* Auslegung der Heiligen Schrift, *ihre* Übersetzung sei die einzig wahre. Nach meinem Empfinden widerspricht es zudem der göttlichen Intelligenz, seine Geschöpfe an etwas glauben zu lassen, von dem sie erkennen müssen, dass es so nicht gewesen sein kann. Der Befehl: Ihr sollt glauben, auch wenn ihr die Irrtümer erkennt, ist in tiefstem Sinne unintelligent. Der Weg zum so genannten »Heil« kann nicht darin liegen, an Missverständnissen und Unsinnigkeiten festzuhalten. Der Schöpfergeist des Univer-

Einzug der Bundeslade in Jerusalem.

sums ist zudem zeitlos. Er wüsste, dass seine intelligenten Geschöpfe in der Zukunft nach neuen Erklärungen für die alten Widersprüche suchen würden. Wenn es überhaupt ein »Heil« im göttlichen Prinzip gibt, dann liegt es in der Erkenntnis. »Glauben ist ein Komfort, denken eine Anstrengung« (Ludwig Marcuse, 1894–1971).

Der im Alten Testament beschriebene Gott verfügte über Machtmittel, die weit über das hinausgingen, was die Menschen der damaligen Zeit verstanden. Wie wir aus der Gegenwart wissen, empfindet ein technologisch unterentwickelter Stamm jede fortgeschrittene Waffe als Magie.

Darüber habe ich bereits früher ein Buch geschrieben.[9] Im Alten Testament geht es nicht anders zu. Da kommt es zu einem Kampf zwischen den Israeliten und den Amalekitern. Moses schickt seine Kämpfer unter der Leitung von Josua in die Schlacht, während er selbst gemeinsam mit Aaron und Hur auf einen nahen Hügel steigt. Wozu?

»Solange nun Moses seine Arme hochhielt, hatte Israel die Oberhand; wenn er aber seine Arme sinken ließ, hatte Amalek die Oberhand. Da jedoch die Arme Moses schwer wurden, nahmen sie einen Stein und legten denselben unter ihn, und er setzte sich darauf, während Aaron und Hur seine Arme stützten, der eine auf dieser, der andere auf der anderen Seite. So blieben seine Arme fest, bis die Sonne unterging.« (2. Mos. 17, 11 ff.)

Die Israeliten gewannen die Schlacht, und der liebe Gott sprach zu Moses, er wolle das Andenken Amaleks »ganz und gar austilgen unter dem Himmel«.

Was für eine Situation! Mangels fehlender Indizien wissen wir nicht, welche Waffe Moses von seinem strategischen Hügelplatz aus bediente, doch muss es wohl ein schweres Gerät gewesen sein. Seine engsten Vertrauten müssen seine Arme abstützen. Und die Gegner werden vollständig »ausgetilgt«. Göttlich?

Der absolute Höhepunkt der Begegnungen zwischen Moses und seinem Gott ereignet sich im 19. und 20. Kapitel des Exodus. Zuerst steigt Moses »hinauf zu Gott«. Der beauftragt Moses, seinem Volke zu verkünden, sie hätten doch nun gesehen, was er den Ägyptern angetan habe und wie er sie »auf Adlersflügeln getragen und hierher gebracht« habe. Deshalb solle das Volk nur noch auf seine Stimme hören und seinen Bund halten. »So sollt ihr von allen Völkern mein Eigentum sein.« Müßig zu fragen, warum der Schöpfergeist des Universums ein »Eigentum«

49

haben will. Da aber das unschlüssige Volk immer noch zaudert, beschließt der Herr: »Siehe, ich werde im dichten Gewölke zu dir kommen, damit das Volk es hört, wenn ich mit dir rede, und dir für immer vertraut.« Schließlich, so befiehlt der Herr, wolle er übermorgen vor den Augen des ganzen Volkes auf den Berg Sinai hinabfahren. Dies aber scheint nicht so ohne weiteres möglich gewesen zu sein, denn zunächst einmal muss Moses eine Grenze um den Berg ziehen:

»Und ziehe eine Grenze rings um den Berg und sprich zu ihnen: Hütet euch, auf den Berg zu steigen oder auch nur seinen Saum zu berühren; denn wer den Berg berührt, der ist des Todes. Keine Hand soll ihn berühren; er soll gesteinigt oder erschossen werden; sei es Tier oder Mensch, er soll nicht am Leben bleiben!« (2. Mos. 19, 12)

Einige Verse später wird nachgelegt:

»…warne das Volk, dass sie nicht zu dem Herrn vordringen, ihn zu sehen; sonst müssten viele unter ihnen umkommen.« (2. Mos. 19, 21)

Das Verbot gilt auch für die Priester, »damit der Herr nicht eine Lücke reiße unter ihnen«.

Wenn es noch eines Hinweises bedurft hätte, dass Moses nicht mit dem allgegenwärtigen Geist des Universums sprach, sondern mit irgendetwas anderem, so liefern ihn diese Sätze. Warum kann sich der unvergleichliche und einzigartige Gott nicht selbst schützen? Wovor überhaupt? Weshalb diese Grenze um den Berg? Warum die fürchterlichen Todesdrohungen? Der Herr hätte doch wissen müssen, dass die »nach seinem Ebenbilde« Geschaffenen nun mal neugierig sind. Wenn er schon – aus welchen Gründen auch immer – nicht wünschte, dass Menschen oder gar Tiere in seine Nähe kommen, weshalb legt er dann keine Art Schutzschirm um den Berg? War er dazu nicht fähig?

50

Natürlich sehen die Theologen dies völlig anders. Sie hatten auch Jahrtausende Zeit, sich für das Banale etwas Kompliziertes auszudenken. Der liebe Gott habe eine Grenze ziehen wollen zwischen profan und heilig, zwischen gewöhnlich und außergewöhnlich. Das Profane habe nun mal außerhalb eines heiligen Bereiches zu liegen. Später außerhalb des Tempels. Innerhalb eines heiligen Bezirkes befinde sich das Unfassbare, das Geheime, dem sich die Menschen nicht nähern dürften und das sie ohnehin nicht verstehen würden. Der heilige Bezirk – so *Der Große Brockhaus*[29] – enthalte das unendlich Überlegene, das Unfassbare, die überweltliche Macht.

So wird es wohl sein. Heilige Grenzen, Orte der Ehrfurcht, gab und gibt es bei sämtlichen Kulten und Religionen von der fernen Vergangenheit bis in die Gegenwart. Woher aber kommt der Ursprung dieses Denkens? Bei Moses legt der Herr die Grenzen um den Berg fest. Hätte es nicht genügt, jene Menschen (und Tiere), welche die magische Linie überschreiten, mit Schlägen zu strafen? Sie durch eine unüberwindliche Barriere davon abzuhalten, sich in die heilige Zone zu begeben? Offenbar war dies bei Moses nicht durchführbar. Weshalb? Weil der Herr auf den Berg herniederfuhr. Und wie!

»Der Berg Sinai aber war ganz in Rauch gehüllt, weil der Herr im Feuer auf ihn herabgefahren war. Und der Rauch stieg von ihm auf wie von einem Schmelzofen, und der ganze Berg erbebte stark …, als nun der Herr auf den Berg Sinai herabgefahren war, auf die Spitze des Berges …« (2. Mos. 19, 18 ff.)

»Als aber das ganze Volk die Donnerschläge und Blitze, den Posaunenschall und den rauchenden Berg wahrnahm, da fürchtete sich das Volk und zitterte und blieb in der Ferne stehen.« (2. Mos. 19, 16)

Wer hätte bei dieser Demonstration nicht gezittert?

Der Herr fährt auf den heiligen Berg hernieder.

Einen heiligen Bezirk abzugrenzen, war eigentlich reichlich überflüssig. Jetzt endlich schien das störrische Volk begriffen zu haben, dass der Gott Israels über eine gewaltige Machtfülle verfügte, dass er der wahre Gott war und Moses' Wort absolute Gesetzeskraft hatte. Diese Einsicht hielt nur sehr kurz. Moses schritt in die Wolke hinein, »in der Gott war«, und empfing von ihm die Zehn Gebote. Wir alle haben sie irgendwann einmal im Religionsunterricht lernen müssen. Es sind wunderbare Regeln des Zusammenlebens, die sogar im gesamten Universum für alle intelligenten Lebensformen vernünftig wären. Und

Grund für voneinander abweichende Auslegungen liefern eigentlich nur die ersten zwei Gebote. Da befiehlt der Herr:

»Du sollst keine anderen Götter neben mir haben.« (2. Mos. 20, 3)

Weshalb? Gab's denn noch andere? Sicher verehrten die Völker in jener geschichtslosen Zeit verschiedene Naturgötter wie die Sonne, den Mond, die Gestirne etc. Und sie beteten auch selbstgemachte Idole an. Doch Götter, Herniedergestiegene (hebräisch »Elohim«)? Wer war denn außer dem Gott der Israeliten noch herniedergestiegen? Im Zweiten Buch der Könige, Kapitel 17 bis 21, werden die verschiedensten Götter aufgeführt, welche »andere Völker« damals verehrten. Und im fünften Buch Mose wimmelt es von brutalen Vernichtungen derjenigen Völker, die »andere Götter« verehrt hatten. Der Gott in den Büchern des Alten Testamentes duldete keinerlei Nebenbuhler. Und er befahl auch ausdrücklich, sich kein Abbild von Gott zu machen:

»Du sollst dir kein Gottesbild machen, keinerlei Abbild, weder dessen, was oben im Himmel, noch dessen, was unten auf Erden, noch dessen, was in den Wassern unter der Erde ist.« (2. Mos. 20, 4)

Also auch kein Abbild von ihm selbst. Das war ohnehin nicht möglich, denn die Menschen bekamen diesen eifersüchtigen Gott nie zu Gesicht. Immerhin aber durften sie gleich mehrmals »die Herrlichkeit des Herrn«, irgendein leuchtendes, rauchendes, lärmendes, Sand aufwirbelndes und obendrein sehr gefährliches Gebilde bestaunen. Doch der Gott des Alten Testamentes wünschte, dass sich die Menschen auch davon kein Bild machten. Warum nur? Wäre es der göttlichen Mystik nicht dienlich gewesen, wenn Menschen dieses rätselhafte Ding gezeichnet hätten? Befürchtete der Herr, die Menschen der fernen Zukunft könnten derartige Zeichnungen als etwas Technisches identifizieren?

Wir wissen es nicht, denn alles bleibt letztlich eine Frage der Interpretation, der Deutung oder eben: der Betrachtung aus einer anderen Zeit. Heute ergeben die im Alten Testament beschriebenen Bilder eine recht klare Vorstellung von dem, was sich damals abspielte. Doch exakt dies müsste dem allgegenwärtigen Gott in seiner Zeitlosigkeit doch ebenfalls bekannt sein. Daran führt kein Weg vorbei, wenn dem Wesen Gott Zeitlosigkeit zugestanden wird.

Die Herniederfahrt der Herrlichkeit Gottes soll sich auf dem Berg Sinai, dem Jebel Musa (Mosesberg), vollzogen haben. »Wie von einem Schmelzofen« soll der Berg geraucht haben. Wie lassen sich derartige Aussagen verifizieren? Müsste man am Jebel Musa nicht verrußte oder gar geschmolzene Felspartien finden? Schließlich »erbebte der ganze Berg stark«. So etwas lässt doch Spuren zurück? Zudem wird die Landung als lebensgefährlich beschrieben, niemand durfte die heilige Grenze überqueren. Wäre das Unheimliche mit heutigen Messinstrumenten vielleicht feststellbar?

Grundsätzlich ja, doch keiner tut es. Der Jebel Musa auf der Halbinsel Sinai liegt im heutigen Ägypten und wird von Touristen besucht. Der Berg selbst gleicht einer ausgetrockneten, zerklüfteten Steinwüste. Ein Volksgeigerzähler liefert im besten Falle vage Messdaten über Radioaktivität. Doch wer sagt denn, dass die Gefahr radioaktiver Natur war? Zudem kennt niemand das Jahr, in welchem sich der Herr auf den Berg herniedergelassen haben soll. Theologen reklamieren, man kenne die Lebensdaten von Moses, und das Alte Testament sei chronologisch sauber angelegt. Leider stimmt das nicht. Die Chronologie des Alten Testamentes steckt voller Widersprüche, ist

54

allein frommes Wunschdenken. Um Ungereimtheiten am Mosesberg festzustellen, müsste man den Zeitraum kennen, in welchem das Ereignis stattfand, und ganz andere Messinstrumente einsetzen als nur simple Geigerzähler. Zudem sind sich die Gelehrten nicht einmal einig, ob der liebe Gott tatsächlich auf den Jebel Musa »herniedergefahren« sei. Der italienische Archäologe Dr. Emmanuel Anati meint, in Wirklichkeit habe sich das dramatische Ereignis auf dem Berg Har Karkom im heutigen Südisrael abgespielt. Anders sieht es der britische Archäologe Lawrence Kyle, der den heutigen Hallat-al-Bedr in Saudi-Arabien als heiligen Berg identifiziert. Auch Professor Dr. Kamal S. Salibi belegt in einem aufregenden und blitzsauber recherchierten Buch, dass sich die gesamte Moses-Geschichte nie und nimmer auf der Halbinsel Sinai abspielte, sondern in Saudi-Arabien.[30] Wie kommt man darauf?

Jedermann weiß, dass die Israeliten während ihrer Wanderung mehrmals über den Jordan zogen. Gemeint ist das Jordan-Flüsschen in Israel. In Wahrheit ist der Jordan ein Gebirgszug in der saudi-arabischen Provinz Asir. Jedem ist bekannt, dass Moses sein Volk aus ägyptischer Knechtschaft befreite. Schließlich vernichtete der Herr das ägyptische Heer. Kurios bleibt nur, dass es weder in altägyptischen Inschriften noch in Überlieferungen irgendeine Spur von israelitischen Gefangenen gibt. Geschweige denn Hinweise auf einen Exodus oder die Vernichtung des ägyptischen Heeres. Nicht einmal der griechische Historiker Herodot, der längere Zeit in Ägypten weilte und jede Kleinigkeit, jedes Datum der ägyptischen Geschichte vermerkte, erfuhr etwas über Israel, über einen hebräischen Stamm in ägyptischer Knechtschaft, über einen Auszug des Volkes aus Ägypten, geschweige denn über eine »göttliche« Vernichtung der ägyptischen Armee. Jeder hat schon von den Posaunen von Jericho gelesen, mit denen die Mauern der alten Stadt zum Einsturz gebracht wurden. Doch weiß die Archäologie längst und völlig zweifelsfrei, dass das vom Propheten Josua geschilderte Ereignis schon von der Datierung her nie und nimmer auf jenes Jericho im heutigen Palästina passt. Bibelgläubige Theologen haben sehr vieles zurechtgebogen, um die Geschichten im Alten Testament glaubwürdig zu machen. Wann und wo immer in Palästina eine Ruine, eine Inschrift, ein Wasserloch, eine Tonscherbe oder ein mürber Fetzen alten Stoffes gefunden wurden, war man augenblicklich dabei, jede Kleinigkeit in angebliche Beweise für die Richtigkeit des Bibelwortes umzufunktionieren. Was es wirklich auf sich hat, bemerkte *Der Spiegel* in einer Kritik an drei bibel-archäologischen Werken: »In allen drei Bänden wimmelt es nur so von archäologischen Pseudo-Erkenntnissen.«[31] Wenig in den Moses-Büchern passt zur Halbinsel Sinai – vieles hingegen passt zu Saudi-Arabien, auch die Namen von Bergen sowie die Gräber.

130 Kilometer südlich der Stadt Taif (Saudi-Arabien, Provinz Asir) liegt der Dschebel Ibrahim (2595 m), der Berg Abrahams. Weitere 150 Kilometer südlich davon findet man Salomons ureigenste Gegend: Al Suleiman. Auf dem Gipfel des Dschebel Shada liegen die Reste eines Altars aus der Steinzeit mit unentzifferbaren Inschriften: *Musalla Ibrahim* – Abrahams Gebetsplatz. Südöstlich von Abha (Asir) liegt der 2100 Meter hohe Dschebel Harun, Arons Berg. Viele Stammväter und Propheten des Alten Testaments liegen in den Bergen Saudi-Arabiens und dem angrenzenden Jemen beerdigt. Noch 1950 wurden Touristen auf dem Dschebel Hadid in die Gruften von Kain und Abel geführt. Das Grab des Patriarchen Hiob liegt auf der mittleren Spitze des Dschebel Hesha im Nordjemen, und die Gruft des Propheten Hud gehört bis heute zu den gro-

ßen arabischen Heiligtümern. Sie liegt nördlich von Tarim im Hadramaut-Gebirge.

Das alles ist sehr verwirrend und wäre im Grunde genommen auch nicht so wichtig, wenn nicht unzähligen Menschengeschlechtern bis auf den heutigen Tag eingetrichtert würde, das Alte Testament habe sich im Sinai und in Palästina abgespielt. So gibt es denn auch im heutigen Israel und Palästina diverse Prophetengräber, obwohl die Herren selbst der Bibel zufolge niemals dort begraben sein können. Beispiel Moses. Im fünften Buch Mose, Kapitel 34 sagt der Herr, dies sei das Land, das er Abraham, Isaak und Jakob zugeschworen habe. »Aber dort hinüber sollst du nicht kommen…, und Moses, der Knecht des Herrn, starb daselbst im Land Moab…, und niemand kennt sein Grab bis auf den heutigen Tag.«

Weshalb pilgern dann jährlich über 100 000 Menschen zum Mosesgrab in Palästina? Einst träumte der Sultan Saladin, Allah habe die sterblichen Überreste von Moses vom unbekannten Grab nach Palästina gebracht. Dieser Traum reichte, um ein Heiligtum mit einem Mosesgrab entstehen zu lassen. 1265 ließ der Sultan Baibars über dem Grab eine Moschee errichten, und im 15. Jahrhundert bauten die Mamelucken eine prächtige Herberge mit 400 Räumen daneben. Heute ist das Mosesgrab eine der großen Wallfahrtsstätten des Islam – nur liegt Moses dort nicht begraben. So ist das mit den Beschreibungen im Alten Testament und den Widersprüchen in der harten Wirklichkeit.

Auch die Lage von Aarons Grab ist Thema von Verwirrspielen. 2100 Meter hoch südöstlich von Abha (Saudi-Arabien, nahe der Provinzhauptstadt von Asir) liegt der Dschebel Harun mit Aarons Grab. Einen zweiten Begräbnisort findet man auf der Spitze des Berges Ohod bei Medina.[32] Ein drittes Grab liegt in Moseroth im heutigen Israel, ein viertes Mal ruht Aaron auf einem Berggipfel bei der Stadt Petra in Jordanien. Dieses Grab habe ich vor Jahren selbst besucht.[33] Laut Bibel starb Aaron auf der Spitze des Berges Hor:

»Dann brachen die Israeliten, die ganze Gemeinde, von Kades auf und kamen zum Berge Hor. Und der Herr redete mit Moses und Aaron am Berge Hor, an der Grenze des Landes Edom, und sprach: Aaron soll nun zu seinen Stammesgenossen versammelt werden; denn er soll nicht in das Land kommen, das ich den Israeliten bestimmt habe, weil ihr meinen Worten am Haderwasser ungehorsam gewesen seid. Nimm Aaron und seinen Sohn Eleasar und führe sie auf den Berg Hor. Dann sollst du Aaron die Kleider ausziehen und sie seinem Sohn Eleasar anlegen; Aaron aber wird daselbst sterben. Und Moses tat, wie der Herr geboten hatte: Sie stiegen vor den Augen der ganzen Gemeinde auf den Berg Hor. Und Moses zog Aaron die Kleider aus und legte sie seinem Sohn Eleasar an; und Aaron starb daselbst auf dem Gipfel des Berges. Als die ganze Gemeinde sah, dass Aaron verschieden war, beweinte ihn das ganze Haus Israel dreißig Tage lang.« (4. Mos. 22ff.)

In den *Jüdischen Legenden*[19] kursiert eine andere Variante über Aarons Tod. Auf dem Berge Hor soll sich plötzlich eine Höhle geöffnet haben, und Moses habe seinen Bruder aufgefordert hineinzutreten. Dann habe Moses gesagt, es sei unvernünftig, in den Priesterkleidern eine schmutzige Höhle zu betreten, und so habe sich Aaron seiner Kleider entledigt. Moses übergab sie sogleich Eleasar, und Aaron begriff, dass hier sein Sterbelager sein sollte. Da Aaron nackt vor der Höhle stand, schwebten acht himmlische Kleidungsstücke heran und bedeckten Aarons Blöße. In der Legende ist alles möglich. Darin fliegt sogar Aarons Totenbett durch die Luft, und Aaron stirbt durch einen Kuss von Gott.

Der Islam sieht das noch ein bisschen anders: »Mousa und Haroun [Moses und Aaron] erblickten einmal eine Höhle, welcher Licht entströmte. Sie gingen hinein und fanden darin einen goldenen Thron mit der Inschrift: Bestimmt für denjenigen, dem er passt. Da er Mousa zu klein vorkam, setzte Haroun sich darauf. Sofort erschien der Todesengel und nahm seine Seele in Empfang. Er war 127 Jahre alt.«[34]

Es ist ziemlich sinnlos, im Heiligen Land die Gräber der ehrwürdigen Patriarchen und biblischen Propheten zu besuchen. Zwar gibt es sie mehrfach, nur: Die verehrten Bibelgrößen liegen nicht darin. Symptomatisch für das Chaos, das Muslime, thora- und bibelgläubige Menschen anrichteten, ist das Grab des legendären Abraham. Seine Wirkungsstätte war der Ort Mambre, zwei Kilometer nördlich der Stadt Hebron im heutigen Israel. Die hügelige Region ist der klassische Boden der Abraham-Erzählung, denn hier sollen sich vor Jahrtausenden unglaubliche Dinge abgespielt haben. Der Bibel zufolge hatte sich Abraham mit seinen Herden und Zelten hier niedergelassen und dem Herrn einen Altar errichtet. Von hier aus jagte er mit 318 Knechten den babylonischen Kriegern nach, um Lot und seine Familie zu befreien. Mambre war sogar der Ort der denkwürdigen Begegnung zwischen Gott und Abraham, denn hier versprach der Herr, Abrahams Nachkommen würden so zahlreich wie die Sterne am Himmel sein. Letztlich befahl Gott in Mambre auch die rituelle Beschneidung. Abraham, mit seinen damals 99 Jahren jenseits von Gut und Böse, ging beispielhaft voran und ließ sich die Vorhaut wegschneiden – zusammen mit seinem 13-jährigen Sohn Ismael.

Es muss vor langer, langer Zeit aufregend zugegangen sein in Mambre. Eines Tages saß Abraham vor seinem Zelt, als drei Fremde auftauchten. Gastfreundlich, wie der

Stammvater war, ließ er ein zartes Kälbchen schlachten und die Fremden großzügig bewirten. Dabei entging dem Sohn Isaak nicht, dass die Fremden »keine Abkömmlinge von der Art der Erdbewohner« waren.[35] Im Testament des Abraham, einer altjüdischen Überlieferung, werden die Besucher als »himmlische Männer« bezeichnet, die vom Himmel herabfuhren und auch wieder dorthin verschwanden.

Nun meldet die Bibel, Abraham habe sich für 400 Lot Silber »gegenüber von Mambre« ein Grundstück mit einer Grabhöhle gekauft (1. Mos. 23, 9ff.). Dort habe er sich und sein Weib Sara beerdigen lassen. In der Familiengruft sollen auch noch seine Söhne Isaak und Jakob mit ihren Frauen Rebekka und Lea beigesetzt worden sein. Klar?

Nichts ist klar. Im fünften Buch Mose, Kapitel 34 sagt der Herr, dies sei das Land, das er Abraham, Isaak und Jakob zugeschworen habe, aber dort hinüber solle er (bezogen auf Moses) nicht kommen.

Weshalb hinterfragt eigentlich niemand diesen Unsinn? Wie kann der Herr Abraham ein Land zuschwören, das seine Nachfahren in der Zukunft erhalten würden, wenn doch derselbe Abraham bereits seit Urgedenken dort – in Mambre! – wirkte?

Und was ist mit Abrahams Familiengruft? Im Zentrum der Stadt Hebron erhebt sich heute die wuchtige, rechteckige Haram-al-Ibrahimi-Moschee, ein wunderbares Heiligtum für Muslime, Juden und Christen. Zu beiden Seiten des Mittelraums liegen Krypten, unter denen sich Isaaks und Rebekkas Gräber befinden sollen. Durch Messinggitter leuchten sattgrüne Tücher, die mit goldenen arabischen Schriftzeichen bestickt sind. Die Schrift besagt: »Dies ist das Grab des Propheten Abraham. Er ruhe in Frieden.« Vier kleine weiße Säulen tragen einen Marmoraufbau wie einen Baldachin, bedeckt mit einer dunklen Holzplatte.

Darunter sollen 68 steile Stufen zu Abrahams Grabstätte hinunterführen. Die Moschee zählt zu den heiligsten Stätten der Muslime Doch Abrahams Grab ist unzugänglich. Bereits zu Zeiten der Kreuzritter (11.–13. Jahrhundert) stand an dieser Stelle eine islamische Moschee. Was sich noch früher dort befand, ist unbekannt. Die Kreuzfahrer verwandelten die Moschee in ein christliches Kloster. Hebron hieß nun Sankt-Abraham-Stadt.

Einst verspürte ein betender Mönch aus irgendeinem Winkel Zugluft Gemeinsam mit seinen Klosterbrüdern ging er dem Lüftchen nach. Die geistlichen Herren klopften die Wände ab und entdeckten eine hohl klingende Stelle. Schließlich wurde eine Steinplatte entfernt und eine Höhle freigelegt. Bis zu diesem Zeitpunkt wussten die Mönche nur aus der arabischen Überlieferung, dass ihr Kloster über der Machpela-Höhle erbaut worden sei, Abrahams Gruft. Man durchbrach eine Wand, und dahinter zeigte sich ein kleiner, kreisrunder Raum. Jedoch keine Spur von einer Grabstätte.

Einer der frommen Sucher mochte sich mit dieser herben Enttäuschung nicht abfinden. Weiter tastete er die Wände ab und entdeckte einen keilförmig eingelassenen Stein. Mühsam wurde der Stein herausgezogen, und siehe da, eine Wand bröckelte zusammen. Im Flackerlicht der Fackeln entdeckten die Mönche gebleichte Knochen auf dem Boden und in einer Nische 15 Urnen, in denen ebenfalls Knochen schepperten. In der Gruft lagen keinerlei Grabbeigaben, keine Schriften oder Tücher, nichts, was auf Abraham und seine Familie hinwies. Doch zu Ehren des Herrn erschallten Loblieder, später wurden einige der Knochen als Reliquien Abrahams verkauft. »Seither ist kein Mensch mehr unten in Machpelas Höhle gewesen«, stellte der dänische Forschungsreisende Arne Falk Ronne fest, der Abrahams Spuren folgte.[36]

Es lässt sich heute nicht mehr feststellen, ob sich die Grabentdeckung genauso abspielte und ob Mönche und Kreuzritter tatsächlich etwas fanden, was auf Abraham hinwies. Es ist allgemein bekannt, dass zur Kreuzfahrerzeit viele Gegenstände aus dem Heiligen Land in europäische Klöster und den Vatikan expediert wurden. Die Muslime, die jetzigen Hüter der Moschee von Abraham, weigern sich, Abrahams Gruft zu besteigen, weil Allah jeden mit Blindheit strafe, der die Grabesruhe des Stammvaters störe. Mit ähnlichen Begründungen verhindern orthodoxe Juden jede archäologische Forschung. Die Zeit ist noch nicht reif, jenen Rätseln vorurteilslos nachzugehen. Schließlich könnte es ja auch sein, dass der Spaten plötzlich Überraschungen ans Tageslicht fördert, die nicht genehm sind. Eine Gestalt wie Abraham ließen selbst seine direkten Nachfahren nicht sang- und klanglos in einer Gruft verschwinden. Schließlich war er der Stammvater aller Geschlechter, einer von denen, die noch mit Gott und seinen Dienern gesprochen hatten. Dementsprechend wird die Ehrfurcht, die ihm gezollt wurde, sehr hoch gewesen sein. Wenn Abrahams Söhne ihren Vater tatsächlich in der Machpela-Höhle begraben haben, wäre dieser Punkt zum Wallfahrtsort aller Geschlechter geworden. Dies umso mehr, als in der Abraham-Gruft noch fünf weitere verehrungswürdige Gestalten ruhten. Verehrt von allen drei großen Weltreligionen. In Hebron ist jedoch nichts von alledem zu sehen. Wo also könnte Abraham wirklich beerdigt worden sein, und weshalb ist sein Grab nicht bekannt?

Professor K. Salibi belegte, dass sowohl Mambre als auch die Machpela-Höhle in der saudi-arabischen Provinz Asir zu finden sind.[30] Der Hain, in dem sich Abraham niederließ, »besteht heute aus kleinen Akazien- und Tamariskenwäldern in der Umgebung von Namira und Hirban im Hinterland von Qunfudha«. Im selben Bergland beim Örtchen Maqfala (mqflh) liegt auch die zweifache Höhle mit dem Namen Machpelah (mkplh). Und weshalb avancierte dieser wichtige Ort nie zu einer bedeutenden Wallfahrtsstätte?

Die Israeliten wurden von den Babyloniern geschlagen und verschleppt, in alle Winde zerstreut. Die Babylonier aber kannten ganz andere Götter, ihnen galt Abraham nichts. Sie hatten eine andere Religion. Abrahams Nachfolger – Salomon, David etc. – ließen sich im heutigen Israel nieder, und da gab's kein Grab von Abraham.

Nimmt man die Bibel beim Wort, so zeugte Abraham (neben vielen anderen Kindern) auch Isaak. Denselben, den Abraham auf Geheiß seines Gottes hätte opfern sollen, was durch den Eingriff eines Engels dann doch nicht geschah. Isaak seinerseits zeugte die Söhne Esau und Jakob. Esau war der ältere Sohn und dementsprechend der Erste in der Erbnachfolge. Dies kümmerte Jakob jedoch nicht, und er machte seinem Bruder die Erstgeburt streitig. Die Ränke wurden noch perfider: Als der alte Isaak erblindete und nach guter Tradition seinen Sohn Esau segnen wollte, täuschten ihn sein Weib Rebekka und der zweitgeborene Jakob. Prompt segnete der Greis Jakob (1. Mos. 27, 1 ff.). Verständlich, dass der um sein Erbe geprellte Esau nichts mehr von seiner Familie wissen wollte.

Eine phönizische Sage berichtet, Esau sei ein direkter Nachkomme aus dem Göttergeschlecht der Titanen gewesen, das noch »mit den himmlischen Mächten gekämpft« habe.[37] Die Bibel weiß nichts über Esaus Tod, geschweige denn über seinen Bestattungsort. Anders die Pseudepigraphen des Alten Testamentes. Pseudepigraphen nennt man Texte, die außerhalb der Bibel liegen und doch zur biblischen Geschichte gehören. Dazu zählt auch »das Testament des Juda, des vierten Sohnes von Jakob und Lea«. Der Text ist in der Ich-Form niedergeschrieben.[38]

Juda berichtet von seiner Geburt, seiner Jugend und seinen Kämpfen. Mit Verblüffung erfährt man, wie Juda gegen den Riesen Achor kämpfte, der »vorne und hinten vom Pferd Geschosse schleuderte«. Dann schildert der Ich-Erzähler, 18 Jahre lang habe sein Vater Jakob mit seinem Bruder Esau in Frieden gelebt. Erst dann habe Esau sein Erbe verlangt und sei mit starkem Volke gegen Jakob gezogen. Esau sei im Kampf gefallen und im Gebirge Seir beerdigt worden. Wo immer das liegen mag, bestimmt nicht im Heiligen Land. Genau dort aber, in einem Araberdorf nördlich von Hebron, werden die Touristen in die Moschee von Si'ir geführt. Darunter liege – angeblich! – das Grab Esaus.

Es war eine verwirrende Zeit, und die Geschichten darüber haben sich verselbstständigt. Genauso wie die Gräber. Die Bibel ist nur eine von vielen Quellen aus jener vorgeschichtlichen Epoche. Wäre sie geschichtlich, so müssten die geographischen Orte, benachbarten Geschichten und letztlich auch die Gräber der Heldenfiguren am richtigen Ort zu finden sein. Das aber sind sie nicht. Abraham liegt genauso wenig dort, wo er liegen sollte, wie alle anderen Patriarchen.

Den jüdischen Überlieferungen zufolge soll es zu Abrahams Zeiten eine Stadt namens Salem (slm) gegeben haben.[7] Dieses Salem kann aber nicht mit dem späteren Jerusalem identisch sein, denn Jerusalem wurde erst von Salomon gegründet – sofern das stimmt. Über Abraham erfuhren wir schon, dass er sich von Geburt an himmlischer Fürsorge erfreute und dass Gott »ihn besonders liebte«. Über die geheimnisvolle Stadt Salem soll ein König namens Melchisedek geherrscht haben, und der entstammte keiner normalen Zeugung, denn Gott selbst soll seinen Samen in Sopranima – Melchisedeks Mutter – gepflanzt haben. (Von ähnlichen, göttlichen In-vitro-Zeugungen wimmelt es in der antiken Literatur nur so.) Derselbe Melchisedek traf Abraham »und segnete ihn«. Dass dieser ganze Wirrwarr um Abraham in der Zeitlinie nie und nimmer aufgehen kann, liegt auf der Hand.

Die kirchlichen Theologen und viele Anführer kleinerer Glaubensgemeinschaften sehen die Bibel immer noch als das Wort Gottes. Dieser Mangel an Urteilskraft hat System. Schließlich wurden die Menschen von Geburt an im Glauben erzogen und dazu angehalten, fremde Einflüsse unbedingt abzuwehren. Was immer an Zweifel an eine Glaubensgemeinschaft herangetragen wurde, galt – und gilt! – als teuflisch. Papst Paul IV. wusste sehr wohl, weshalb er schon im Jahre 1559, als noch die wenigsten Menschen lesen konnten, eine Liste mit Büchern zusammenstellen ließ: den *Index librorum prohibitorum*, die Liste verbotener Bücher. Dieser Index ist zwar 1967 von Papst Paul VI. wieder aufgehoben worden, trotzdem sollen bis heute die Gläubigen keine Bücher konsumieren, die ihre Religion infrage stellen. Doch ich meine, dem kritischen Gläubigen und all denen, die nicht alles zu schlucken bereit sind, sondern Courage haben und Fragen stellen, reicht schon die Bibel alleine aus, um ihre Haare zu Berge stehen zu lassen.

Nachdem Moses die Zehn Gebote erhalten und das ganze Volk eindrücklich miterlebt hatte, wie der Herr auf den Berg herniedergestiegen war, gewann der Unglaube sofort wieder die Oberhand. Das gemeine Volk im Lager am Fuße des heiligen Berges wurde ungeduldig und begann, aus Schmuckstücken und Edelmetallen aller Art ein goldenes Kalb zu modellieren. Dieses Idol beteten sie an. Schier unfassbar, dass auch Aaron, der Bruder von Moses und immerhin der Oberpriester der Leviten, bei diesem Frevel mitmachte. Logischerweise »ergrimmte« Moses beim Anblick dieses goldenen Kalbes. Er zerschmetterte die nigelnagelneuen Gesetzestafeln und befahl im Auftrag seines Gottes, 3000 Mann abzuschlachten:

»Geht im Lager hin und her, von einem Tor zum andern, und tötet alles, Brüder, Freunde und Verwandte! Und die Leviten taten, wie Moses ihnen befohlen hatte. So fielen an jenem Tage vom Volk an die dreitausend Mann.« (2. Mos. 32, 27 ff.)

Der Herr, der einmal mehr nicht wusste, wie sich die halsstarrigen Israeliten während der Abwesenheit von Moses verhalten würden, war zornig, versprach aber trotzdem, das Volk in das Land zu führen, in dem Milch und Honig flössen. Er selbst verspürte zwar keine Lust mehr, gemeinsam mit den Israeliten zu reisen: »Denn ich will nicht mit euch hinaufziehen, weil ihr ein halsstarriges Volk seid; ich könnte euch sonst unterwegs vertilgen.« (2. Mos. 33, 3 ff.) Doch immerhin lässt er sich durch Schmuck besänftigen: »Und nun legt euren Schmuck von euch, dann will ich sehen, was ich für euch tun kann.« Ein Königreich für eine plausible Erklärung, was der liebe Gott mit dem Schmuck anfangen konnte!

Immerhin stellte er den Israeliten als Stellvertreter einen Engel zur Verfügung, der die im Gelobten Land bereits ansässigen Völker vertrieb: »Und ich will einen Engel vor dir hersenden und die Kanaaniter, Amoriter, Hethiter, Pheresiter, Hewiter und Jebusiter vertreiben.« (2. Mos. 33, 2) Toll!

Bevor die Weiterreise stattfand, stellte Moses außerhalb des Lagers noch das heilige Zelt auf und nannte es »Zelt der Zusammenkunft«. Hier wurde nicht nur die Bundeslade mit dem »Uralten der Tage« zusammengekoppelt, sondern obendrein stellte sich eine seltsame Wolkensäule stets schützend vor den Eingang des Zeltes, wenn Moses und Aaron darinnen waren. Im Zelt soll der Herr mit Moses von Angesicht zu Angesicht gesprochen haben, »wie jemand mit einem Freunde redet«. Doch halt! Im selben Kapitel 33 des zweiten Buches steht auch das genaue Gegenteil geschrieben. Während Vers 11 versichert, der Herr habe mit Moses von Angesicht zu Angesicht geredet wie mit einem Freund, vermitteln die Verse 18, 19 und 20 einen gänzlich anderen Eindruck. Da bittet Moses seinen Gott: »Lass mich doch Deine Herrlichkeit schauen!« Und die Antwort? »Du kannst mein Angesicht nicht schauen, denn kein Mensch bleibt am Leben, der mich schaut.« Und in Vers 23: »... und wenn ich dann meine Hand weghebe, darfst du mir nachschauen, aber mein Angesicht kann niemand sehen.«

Genauso selbstverständlich liest sich diese Ablehnung im Gilgamesch-Epos: »Wer den Göttern ins Angesicht schaut, muss vergehen.«

Hätten die Menschen sich vielleicht mit fremden Viren oder Bakterien infiziert, und konnten die Götter dies nicht verhindern? Oder war es umgekehrt? Befürchteten die Götter, sich durch die Menschen zu infizieren? War dies der wahre Grund für die heiligen Bezirke, die Tempelvorhöfe und inneren Heiligtümer, in welche sich nur mehrfach gereinigte und bestens instruierte Priester begeben durften? Gott in Quarantäne? Welcher Gott? Welche Götter? Im vierten Buch Mose werden die Gespräche zwischen Gott und seinem Diener wieder relativiert. Jetzt verständigt sich Gott nur noch über eine Art Lautsprecher mit Moses:

»Und als Moses in das heilige Zelt hineinging, um mit dem Herrn zu reden, hörte er die Stimme mit sich reden von der Deckplatte her, die auf der Lade des Gesetzes lag, von der Stelle zwischen den beiden Cheruben aus; und er redete mit ihm.« (4. Mos. 9, 89)

Es ist ein ziemlich starkes Stück, was dem simplen Gläubigen an Widersprüchen da zugemutet wird. Zum wiederholten Male murrte das Volk wider seinen Gott. Grund war der eintönige Speisezettel. Da kam Moses auf die unvernünftige Idee, seinen Herrn um Fleisch zu bitten. Der organisierte prompt einen Wind, der Wachteln vom Meer herübertrug und sie beim Lager der Israeliten abstürzen ließ. Es muss eine gewaltige Anzahl gewesen sein, denn die Tierchen lagen »eine Tagereise weit in jeder Richtung rings um das Lager, bis zwei Ellen hoch über dem Boden« (4. Mos. 11, 31). Wie nicht anders zu erwarten, sammelten die Israeliten die Wachteln zum Dörren und auch zur sofortigen Mahlzeit. Doch noch während sie das Fleisch »unter den Zähnen hatten, entbrannte der Zorn des Herrn, und er schlug das Volk mit einer schrecklichen Plage« (4. Mos. 11, 33). Weshalb sorgt der Herr zuerst für Unmengen von Wachteln und straft anschließend das hungrige Volk? Sollten die Israeliten aus einem bestimmten Grund nur Speisen zu sich nehmen, die aus dem Grundnahrungsmittel Manna hergestellt waren?

Wiederholt trichtert der Gott des Alten Testamentes seinem Volk ein, dass er es gewesen sei, der die Israeliten von den anderen Völkern »abgesondert« habe (3. Mos. 20, 24). Entsprechend sind dann auch die neuen und sehr stur einzuhaltenden Regeln. Wer einen Ehebruch begeht, soll getötet werden. Mann wie Frau. Das Gleiche gilt für Schwiegersohn und Schwiegermutter, doch auch für seine eigene Frau und ihre Mutter, falls der Ehemann beide »zum Weibe nimmt«. Auch Homosexuelle waren augenblicklich des Todes. »Sie sollen getötet werden. Ihr Blut komme« über sie.« Diese knallharten Bestimmungen sind nachzulesen im dritten Buch Mose, Kapitel 20, Vers 10ff. Genauso gnadenlos geht es den Wahrsagern an den Kragen: »Wenn in einem Mann oder Weib ein Totengeist oder Wahrsagegeist ist, so sollen sie getötet werden. Man soll sie steinigen; ihr Blut komme über sie.« (3. Mos. 20, 27)

Offensichtlich galt dies nicht für die unzähligen Wahrsager, die man später Propheten nannte. Die hatten ständig Visionen, Erleuchtungen oder Gesichte, ohne dass sie gleich abgeschlachtet wurden. Auch für die Priester galten besondere Regeln, heute würde man sie als diskriminierend bezeichnen. Wer auch nur das leichteste Gebrechen hatte oder sonstwie behindert war, durfte sich nicht dem Altar nähern. Das galt auch für Blinde und Lahme, für solche, die im Gesicht verstümmelt waren, und für jeden, »an dem ein Glied zu lang ist«. Wehe, irgendein Gottesdiener hatte ein Gebrechen oder verletzte sich durch einen Unfall. »Keiner, der einen gebrochenen Fuß oder eine gebrochene Hand hat, kein Buckeliger oder Schwindsüchtiger, keiner, der einen Fleck im Auge hat oder mit Krätze oder Flechten behaftet ist, und kein Entmannter« durfte sich dem Tisch des Herrn nähern (3. Mos. Kap. 21, 17 ff.).

Selbst ein Schimpfwort gegen den neuen Gott, ein leiser Fluch, wurde sofort mit dem Tod durch Steinigen bestraft (3. Mos. 24, 13). Wer aber dem Nächsten einen Schaden zufügte, dem sollte man antun, was er selbst getan hatte, nämlich »Bruch um Bruch, Auge um Auge, Zahn um Zahn«. Immerhin durften die Israeliten in dieser seltsamen Gesellschaft Sklaven halten. Ausdrücklich bewilligt vom Herrn. Die Sklaven fragte niemand.

Das Gelobte Land, in welchem Milch und Honig fließen sollten und das den Israeliten versprochen worden war, musste zuerst einmal erkundet und später erobert werden. Moses schickte Kundschafter in das Gelobte Land und ließ den lang ersehnten Zielort ausspionieren. Die Kundschafter hatten jedoch Angst vor den Völkern, die bereits im Gelobten Land lebten. Selbst Riesen wollten die Kundschafter ausgemacht haben:

»Wir sahen dort auch die Riesen, die Enakiter aus dem

Riesengeschlecht, und wir kamen uns vor wie Heuschrecken, und so erschienen wir auch ihnen.« (4. Mos. 13, 34) Natürlich »murrte« das Volk einmal mehr wider Moses und seinen Gott – die Murrerei nahm kein Ende. 250 Leviten rotteten sich zusammen und sprachen: »Jetzt ist's genug!« (4. Mos. 16, 3 ff.) Ausgerechnet die Söhne Levis, jene Mannschaft also, welche die Bundeslade transportieren durfte und den »Uralten der Tage« betreute, rebellierte. Da hatte sich wohl eine ganze Menge Wut angestaut. Moses befahl, die drei Rädelsführer sollten zu ihm kommen, und als die sich weigerten, ging er zu ihnen – um sie mitsamt ihren Familien umzubringen. Natürlich mithilfe der göttlichen Waffentechnik:

»Kaum hatte er all diese Worte gesprochen, da spaltete sich der Boden unter ihnen, und die Erde tat ihren Mund auf und verschlang sie mitsamt ihren Familien und allen Menschen, die zu Korah gehörten, und all ihrer Habe. Und sie fuhren mit allem, was sie hatten, lebendig hinunter in die Unterwelt, und die Erde deckte sie zu.« (4. Mos, 16, 31 ff.)

Und was geschah mit den anderen 250 Söhnen Levis?

»Feuer ging aus von dem Herrn und verzehrte die 250 Männer...« (4. Mos. 16, 33)

Was sind schon 250 Tote gegen die unzähligen Stämme, welche die Männer von Moses – oft mithilfe der hervorragenden Zaubereien ihres Gottes – vernichteten? So zumindest steht's in der Bibel. Ob es sich auch so abgespielt hat, ist eine andere Frage. Moses' Armee metzelte demnach alles Männliche der Midianiter nieder, doch auch »alle Frauen, denen schon ein Mann beigewohnt« hatte (4. Mos. 31, 7 ff.). Natürlich fielen bei jedem Sieg auch gewaltige Mengen von Beute in die Hände der Israeliten. Davon sollten die Priester einen ganz bestimmten Teil als »Hebeopfer« dem Herrn abgeben. Doch damit nicht genug: Auch Menschen verlangte der Herr.»...wovon 32 Seelen als Abgabe für den Herrn« (4. Mos. 31, 40).

Das mag alles schrecklich und unverständlich klingen, und selbstverständlich – so die Theologen – sei vieles nur symbolisch gemeint. Ich fand jedoch bisher nirgendwo auch nur *eine* überzeugende Erklärung, was denn der Herr mit Beuteschmuck anfangen konnte oder – noch toller – mit Menschen. Und ich zitiere ja nicht irgendeine Einzelstelle aus dem Alten Testament. Weit gefehlt! Immer wieder gelüstet es den Herrn nach Schmuck, Edelsteinen, Wertmetallen, zart gewobenen Stoffen, ja sogar nach Seehundfellen.

Nun entstanden die Texte in den Büchern Moses zu unterschiedlichen Zeiten, und sie tragen obendrein die Handschrift von mehreren Autoren. Darüber sind sich die Exegeten einig. Zudem ist so manches, was niemals im Original stand, von späterer Hand hinzugefügt worden. So wurden vermutlich auch einige der gnadenlosen Gesetze von irgendeinem Fanatiker den Moses-Büchern hinzugedichtet. Welches der ursprüngliche Text ist, vermögen auch die heutigen Schriftgelehrten kaum mehr zu sagen. So kann man sich nur wundern, dass so viele Theologen von ihren Gläubigen verlangen, die Texte im Alten Testament als »Gottes Wort« zu betrachten. »Ausnahmslos Vollzugsberichte eines Wortes Gottes. Dieses Schema ist allgemein gültig.«[11]

Aus der Überlieferung von Sodom und Gomorrha ist bekannt, dass die Bewohner der beiden sündigen Städte ihrer sexuellen Gier keinerlei Beschränkung auferlegten. Sie trieben es nicht nur mit beiderlei Geschlecht, sondern auch mit Tieren.[30] Daher das Wort Sodomie. Diese perverse Seuche musste radikal abgeschafft werden. Entsprechend waren die Strafen:

»Du sollst auch bei keinem Tier liegen, dass du mit ihm

verunreinigt werdest. Kein Weib soll mit einem Tier zu schaffen haben, denn es ist ein Gräuel... Wenn jemand beim Vieh liegt, soll er des Todes sterben, und das Vieh soll man erwürgen. Wenn ein Weib sich zu einem Vieh tut, dass sie mit ihm zu schaffen hat, die sollst du töten und das Vieh auch. Des Todes sollen sie sterben.« (3. Mos. 18, 23 ff. und 20, 15 f.)

Unbestritten kannte sich der Herr der Israeliten in moderner Hygiene aus, und er vermittelte sein Wissen dem auserwählten Volk ohne Wenn und Aber:

»Wenn einem Menschen an der Haut seines Fleisches etwas aufgeht, oder Eiter weiß wird, als wollte es Aussatz werden an der Haut seines Fleisches, soll man ihm zum Priester Aaron führen... Und wenn der Priester das Mal an der Haut des Fleisches sieht, dass die Haare in Weiß verwandelt sind, und das Aussehen an der Stelle tiefer ist als die übrige Haut des Fleisches, so ist's gewiss der Aussatz... Wenn aber etwas eiterweiß ist an der Haut des Fleisches, das übrige Aussehen aber nicht tiefer als die andere Haut des Fleisches und die Haare nicht in Weiß verwandelt sind, so soll der Priester denselben verschließen sieben Tage...« (3. Mos. 13 ff.)

Es ging darum, Krankheiten zu diagnostizieren und – wie in diesem Fall – die Patienten auf eine Isolierstation zu legen. Moderne Anweisungen wurden auch für eine totale und sorgfältige Desinfektion erlassen. Die Verhaltensvorschriften ließen keinen Spielraum:

»... alles Lager, darauf er liegt und alles, darauf er sitzt, wird unrein, und wer sein Lager anrührt, der soll seine Kleider waschen und baden ... und wer sich setzt, da der Kranke gesessen ist, der soll seine Kleider waschen und sich baden ... wer sein Fleisch anrührt, der soll seine Kleider waschen und sich baden ... wenn der Kranke seinen Speichel wirft auf den, der rein ist, der soll seine Kleider waschen und sich baden … und der Sattel, darauf er reitet, wird unrein werden, und wer irgendetwas anrühret, das er unter sich gehabt hat, der wird unrein … wenn er ein irdenes Gefäß anrührt, das soll man zerbrechen …« (3. Mos. 15, 4 ff.)

Diese hygienischen Anweisungen werden im dritten Buch Mose, Kapitel 13 bis 16 ausführlich behandelt. Perfekte Regeln zur Bekämpfung von Seuchen. Da wurden nicht nur Menschen mit ansteckenden Krankheiten aus der Gemeinschaft ausgeschlossen, sondern Zelte und sogar ganze Häuser wurden zu verbotenen Zonen, wenn sich ein Mensch mit bestimmten Krankheitserscheinungen darin aufhielt. An Gebäuden sollte der Verputz abgekratzt werden, »die Steine, das Holz und allen Mörtel am Hause« sollten »an einen unreinen Ort vor der Stadt« gekarrt werden. Tierleichen durften nicht berührt werden, und selbst der Oberpriester Aaron durfte sich auf gar keinen Fall in das heilige Zelt begeben – es sei denn, er habe vorher gründlich gebadet. Sollte sich Aaron nicht genau an die Reinigungs- und Kleidervorschriften seines Herrn halten, »müsste er sterben« (3. Mos. 16, 2).

Bitter, aber wahr. Nichts »Unreines« durfte in die Nähe des Herrn und schon gar kein übel riechender Bursche. Doch die Widersprüche im Alten Testament schreien zum Himmel. Einerseits kann Moses das Antlitz seines Herrn nie sehen, er kam also gar nicht in direkte Berührung mit ihm, andererseits sollten Bade- und Kleidervorschriften penibel eingehalten werden, wenn jemand in die Nähe des Herrn trat. In der Bibel gelten alle diese Hygienemaßnahmen ausschließlich für das auserwählte Volk, nur den Israeliten wird beigebracht, wie man ansteckende Krankheiten oder gar den Ausbruch von Seuchen verhindern konnte. Die anderen Völker scheinen keine derartigen Privilegien gehabt zu haben. Wobei einschränkend zu ver-

73

merken wäre, dass auch die Götter anderer Völker, soweit es sich um lebende Wesen und keine Statuen handelte, von ihren Priestern absolute körperliche Sauberkeit verlangten. Ins Heiligtum ging man nur gebadet und wohlriechend sowie in blitzsauberem Gewande.

Dass in der Bibel auch technische Beschreibungen vorkommen, die sich heute wunderbar nachrechnen und nachzeichnen lassen und auf alles andere hinweisen als auf einen metaphysischen Gott, möchte ich in diesem Kapitel nicht erneut thematisieren (siehe Anmerkung 33, Stichwort Hesekiel).

Was bleibt nach dieser Auflistung von Widersprüchen vom Gott des Alten Testamentes? Ein greiser Jesuit, mit dem ich mich einmal unterhielt, meinte, vielleicht habe Gott uns eine Art von Denksportaufgabe mitgegeben. Kriegt ihr die Antwort raus? Aber sicher, wenn man den Menschen frei denken und kombinieren lässt. Doch jede religiöse Gesellschaft versucht genau dies zu verhindern. Und ich meine bei weitem nicht nur die christliche! Freies Denken ist den Gehirnen gläubiger Fanatiker ein Gräuel. Glaube braucht keinen Beweis. Er vermittelt Sicherheit, auch wenn in Wirklichkeit nur Chaos herrscht. Glaube heißt Nicht-wissen-Wollen, weil uns Forschen und Denken unweigerlich zu anderen Antworten führen müssen. Doch Gedanken lassen sich so wenig abtöten wie die Resultate der Forschung. Solange Menschen leben, werden sie denken. Dieser Fluss ist endlos, und selbst wenn es rechthaberischen Gruppierungen gelingt, den Gedankenfluss versiegen zu lassen, wird immer wieder eine neue Quelle sprudeln, und aus einem neuen Rinnsal wird ein Strom.

In der Bibel schloss Gott sowohl mit Moses als auch mit Abraham mehrere ewige Bünde. Die Geschichtsforschung bis in unsere Zeit belegt, dass keiner davon eingehalten wurde. Mehrfach ist die Wiederkunft Gottes prophezeit worden, ein neues Reich sollte anbrechen – nur: Geschehen ist nichts. Religiöse Eiferer prophezeiten aus allen nur denkbaren Bibelstellen eine Rückkehr des Messias. Nicht ein einziges dieser Zitate ist korrekt (wer mehr darüber wissen möchte, lese Kapitel 3 der Quelle in Anmerkung 39). Im zweiten Buch Mose, Kapitel 34 bestätigt der Herr, dass er eifersüchtig sei (Vers 14) und dass Moses in keinem Fall mit den Bewohnern eines anderen Landes Abkommen schließen dürfe. Wo stünde die Erde ohne internationale Abkommen? Der Herr verspricht:

»Denn ich werde Völker vor dir vertreiben und dein Gebiet weit machen, und niemand soll nach deinem Lande begehren.« (2. Mos. 34, 24)

Wo lebt »Gottes eigenes Volk« heute? Verstreut über alle Kontinente, und das Land Israel wird von allen Nachbarn bedrängt. Orthodoxe Juden, die sich an jedes Thora-Wort klammern, sofern es ihnen dient, erwarten das neue Reich irgendwann in der Zukunft. Am liebsten gleich morgen. Dass bei einer derartigen Geisteshaltung keine vernünftige Einigung mit den Nachbarländern möglich ist, stört sie nicht.

Ich wies schon darauf hin, dass Moses seinen Herrn nie von Angesicht zu Angesicht sah. Doch irgendetwas schien mit dem Gesicht von Moses geschehen zu sein. Als er nämlich mit den Gesetzestafeln vom heiligen Berg herniederstieg, da »wusste er nicht, dass die Haut seines Antlitzes strahlend geworden war, während der Herr mit ihm redete« (2. Mos. 34, 29ff.). Litt Moses nach seiner immerhin 40-tägigen Begegnung mit dem Herrn an einer Verstrahlung? Dies vermutete Peter Krassa schon vor über 30 Jahren.[40] Folgt man dem Alten Testament, scheint mit Moses tatsächlich etwas Seltsames geschehen zu sein:

»Als nun Aaron und alle Israeliten Moses sahen, siehe,

da strahlte die Haut seines Antlitzes; darum fürchteten sie sich, ihm zu nahen … Als aber Moses aufhörte, mit ihnen zu reden, legte er eine Hülle auf sein Antlitz. Und wenn Moses hineinging vor den Herrn, um mit ihm zu reden, legte er die Hülle ab, bis er wieder herauskam … dann sahen die Israeliten, dass die Haut auf Moses' Antlitz strahlte; Moses aber legte die Hülle wieder auf sein Antlitz, bis er hineinging, um mit ihm zu reden.« (2. Mos. 34, 30 ff.)

Hülle auf, Hülle ab. Im weiteren Text ist von der Hülle nie mehr die Rede. Sah das Antlitz von Moses, nachdem er vom Herrn auf dem Berge seine Instruktionen erhalten hatte, irgendwie verunstaltet aus? Wir wissen es so wenig, wie wir wissen, ob diese Bibelstelle nun echt ist oder genauso von späteren Schreibern hinzugedichtet wurde wie vieles andere. Doch: Die Erzählungen in der Bibel sind »ausnahmslos Vollzugsberichte eines Wortes Gottes. Dieses Schema ist allgemein gültig«.[11]

Wenn die ganze Bibel aus »Vollzugsberichten« bestehen soll, und – dem Theologieprofessor Karl Rahner zufolge – die Heilige Schrift des Alten und des Neuen Testamentes »vom selben Urheber ausging«, und dies von »ewigen Zeiten her« auf das »endgültige Heil zu« geplant war, dann müssten die Gläubigen auch die Abschnitte in der Geheimen Offenbarung für bare Münze nehmen. Alles oder nichts. Die Geheime Offenbarung ist dem Neuen Testament angegliedert und soll vom Evangelisten Johannes verfasst worden sein. Dort liest man von schrecklichen Plagen, die irgendwelche Strafengel über die Erde ausgießen werden. Natürlich nur auf die Ungläubigen. Denn der Herr verlangt dauernd nach Gericht und Strafe. Aber – o Wunder – nach all den schrecklichen Zeiten werden ein neuer Himmel und eine neue Erde entstehen:

»Und ich sah einen neuen Himmel und eine neue Erde;

denn der erste Himmel und die erste Erde sind verschwunden, und das Meer ist nicht mehr. Und ich sah die heilige Stadt, das neue Jerusalem, aus dem Himmel herabkommen … und die Straße der Stadt [im neuen Jerusalem, EvD] war reines Gold, wie durchsichtiges Glas, und einen Tempel sah ich nicht in ihr … und die Stadt bedarf nicht der Sonne noch des Mondes, dass sie ihr scheinen …« (Off. Kap. 21, 1 ff.)

Ich kenne UFO-Gläubige, die seit Jahren behaupten, in Bälde würden Außerirdische auftauchen und einen Bruchteil der Menschheit in eine andere Welt entführen. Wissenschaftler und Politiker schimpfen über diesen Unsinn, weil er dazu verführe, die Hände in den Schoß zu legen und die Probleme dieser Welt zu verdrängen. Recht haben sie. Doch scheint ihnen nicht bekannt zu sein, wo die Quelle dieses Denkens zu suchen ist: in der Geheimen Offenbarung der Bibel.

Wo also stehen wir? Wo bleibt der Gott, der sich widerspruchslos in alle Denkschulen einfügen lässt? In der Bibel jedenfalls so wenig wie in anderen heiligen und unheiligen Schriften. Die Astrophysik lieferte in den vergangenen Jahrzehnten mehrere Modelle zur Entstehung und zur Art des Universums. Alle Theorien, entwickelt von integren und klugen Köpfen, widersprechen sich. Nach Einsteins Formeln kann es kein ruhendes Universum geben; so kam 1948 der Physiker und Astronom George Gamow zur Urknall-Theorie. Die galt auch noch in meiner Schulzeit als unantastbare Wahrheit, denn immerhin ließ sie sich durch die Rotverschiebung (den so genannten Dopplereffekt) von Edwin Powell Hubble beweisen. Die Galaxien rasen voneinander weg. Das ging so lange, bis Astronomen Galaxien entdeckten, die derart weit weg sind, dass sie nicht mehr unter den großen Theoriehut zu bringen waren. Zudem müssten einige dieser Galaxien durch den Dopplereffekt inzwischen Überlichtgeschwindigkeit erreicht haben, was wiederum Einstein widerspräche.

Neue Theorien mussten her. Der Physiker Andrei Linde von der Stanford University entwickelte die Theorie des »Blasenuniversums«. Wie in einer Badewanne voller Mineralwasser entstehen immer wieder neue Blasen – neue Urknalle. Ein Universum ständig explodierender und sich neu bildender Blasen. Natürlich reichte das nicht, um das Universum zu erfassen, also waren neue Dimensionen vonnöten, und wenn keine vorhanden waren, wurden sie mathematisch erschaffen. Gab es in der komplizierten Welt der Astrophysik einst 25 Raumdimensionen, um den Salat zu mischen, so begnügt man sich im Moment wieder mit zehn. Auch diese zehn sind keinem Normalbürger zugänglich – sie existieren nur in den Köpfen und Computern der Wissenschaft.

Der Astrophysiker Oskar Klein erdachte die »String-Theorie« (das Universum ist von »Energiefäden« durchzogen). Diese Fäden mag es geben, niemand weiß es mit Sicherheit, doch sie erklärten den Aufbau des Universums nicht. Also erschuf der Physiker Edward Witten die Theorie der vibrierenden Membranen. Nunmehr hatte die Welt die »M-Theorie«. »M« steht nicht nur für Membran, sondern auch für Mystik. Schwarze Löcher wurden mathematisch errechnet, die wiederum älteren Theorien widersprachen. Andere Astrophysiker rätseln nicht nur darüber, *wie* das Universum entstand, sondern ob es *überhaupt* entstand. Es war immer schon da. Unfassbar! Ein Wort, das in der Astrophysik nicht existiert. Dort wird das Unfassbarste möglich. Hauptsache, eine neue Denksportaufgabe beschäftigt die Gehirnwindungen. Und woher kam das, was schon immer da war? Und wie soll das alles enden? Der Physiker Paul Davies[41] postuliert neben dem Urknall (Big Bang) auch einen »Big Crunch« (Großer Zusammenbruch). Danach beginnt die Geschichte des Universums wieder von vorne. Das war schon den alten Indern bekannt. Nachzulesen in den vedischen Schriften.

Übrig bleibt ein gigantisches Universum mit Trillionen von Sternen und Planeten, von dem wir inzwischen wissen, dass es unendlich ist, aber nicht, ob es sich dauernd erneuert und irgendwo wieder geboren wird oder ob es seine Energie letztlich verschluckt. (Was selbstverständlich dem Energiesatz in der Physik widerspricht.) Nur eine Wahrheit hat sich klar herausgeschält. Wir, die Menschen auf diesem winzigen Planeten, sind Mikroben vergleichbar, Mikroben in einem riesigen Ozean.

Dennoch nehmen wir uns derart wichtig, dass wir ernsthaft glauben, der grandiose Geist der Schöpfung habe dieses gigantische Spiel nur getrieben, um in einem stinkenden, rauchenden, lärmenden und gefährlichen Fahrzeug unseren mikroskopischen Planeten heimzusuchen. Um sich hier unter den Menschen ein widerspenstiges, ständig murrendes Lieblingsvolk herauszupicken, das – zumindest den Beschreibungen im Alten Testament zufolge – an diesen Gott auch noch für lange Zeit nicht glauben will. Um auf dem Planeten ein bösartiges Trauerspiel zu inszenieren, Kinder und Völker zu vernichten und ununterbrochen – auch in der Zukunft – irgendwen zu richten und mit Strafen zu überhäufen. All dies, damit die vertrottelte Menschheit ihn erkenne, an ihn glaube und ihn liebe. Nicht gerade christliche Nächstenliebe!

Wo aber ist in diesem Modell noch Platz für den »lieben Gott«? Die urgewaltige Kraft, der Urgeist sozusagen, der *vor* dem Beginn allen Werdens bestand, muss in der menschlichen Sprache ein Neutrum gewesen sein: ES. ES war vor dem Urknall existent, vor den schwarzen Löchern und Strings, vor den Blasenuniversen und vor allen Gedanken, die wir erdenken können. Dieses ES zu erfassen, zu umschreiben oder gar errechnen zu können, ist dem menschlichen Verstand nicht möglich. Es sei denn, dieser Verstand würde eines Tages durch den Einfluss einer älteren Intelligenz erweitert. Und trotzdem möchte ich dieses unbegreifliche ES wenigstens modellhaft vorstellen. In Diskussionen versuche ich es mit folgendem Gedankenspiel:

Man denke sich einen Computer, der mit hundert Trilliarden Denkeinheiten – in der Fachsprache Bits – ausstaffiert ist. Man denke sich weiter, dieser Supercomputer habe ein persönliches Bewusstsein entwickelt. Dieses Bewusstsein ist aber fest an die Trilliarden Bits gebunden. Würde der Computer sich selbst ins Universum schießen, wäre dieses persönliche Bewusstsein zerstört. Dies weiß natürlich auch das Gehirn des Computers, denn der Computer weiß alles. Alles zu wissen wird mit der Zeit langweilig – unabhängig davon, ob es einen Zeitbegriff überhaupt gibt oder nicht. Also beschließt der Computer, seine Langeweile zu beenden und neue Erfahrungen zu speichern. Woher? Er weiß doch schon alles! Jetzt beginnt das Computergehirn, alle seine Denkeinheiten zu nummerieren und in einer bestimmten Reihenfolge zu markieren. Und dann lässt es sich selbst explodieren. Bing Bang – Urknall. Trilliarden von Bits schießen – je nach Größe – mit unterschiedlichen Geschwindigkeiten hinaus in die Leere des Universums. Das anfängliche Computerbewusstsein ist aufgelöst, es existiert nicht mehr. Doch der clevere Selbstzerstörer hatte die Zukunft *nach* der Explosion programmiert. Alle markierten Bits mit ihren Einzelinformationen werden irgendwann wieder im Zentrum der Explosion eintreffen. Jede Denkeinheit nimmt den ursprünglichen Platz wieder ein, das persönliche Bewusstsein des Supergehirns ist wieder intakt – mit einem wesentlichen Unterschied. Jedes Bit hat von der Explosion bis zur Rückkehr etwas erlebt. Es ist etwas geschehen. Eine zusätzliche Erfahrung, die vor dem Auseinanderbrechen nicht existierte, ist jetzt Bestandteil des persönlichen Bewusstseins. Das Allwissen des Computers hat sich vergrößert. Selbstverständlich ist dies ein Widerspruch in sich, aber – ich bitte um Verständnis! – schließlich geht es hier nur um ein Vorstellungsmodell.

Vom Moment der Explosion bis zum Augenblick der Rückkehr wusste kein Bit, dass es einst ein winziges Teilchen eines größeren Bewusstseins war. Hätte sich während der langen Reise ein Bit die Frage gestellt: »Was ist Sinn und Zweck meiner rasenden Fahrt?«, oder: »Wer hat mich erschaffen?«, »Woher komme ich?«, hätte es keine Antwort gegeben. Es sei denn, ganze Ansammlungen von Denkeinheiten hätten sich zusammengefunden und vielleicht geahnt, dass etwas noch Größeres dahinterstecken muss. Trotzdem war jedes Bit Anfang und Ende eines Aktes, einer Art von Schöpfung, vermehrt um den Faktor der neuen Erfahrung.

Wenn dieser simplifizierte Vergleich eine Hilfe ist, dem Phänomen ES näher zu kommen, habe ich viel erreicht. Wir alle sind Bestandteil dieser Urkraft ES. Erst ganz am Ende, an Teilhard de Chardins (1881–1955) »Punkt Omega«[42], werden wir wieder verstehen, dass wir in uns selbst Ursache und Ergebnis der Schöpfung vereinen. Dass ES, Synonym für den Begriff Gott, *vor* jeder Art von Urknall existiert haben *muss*, scheint mir ziemlich logisch. Diese Gedankenbilder sind nicht neu, neu ist lediglich der zeitgenössische Vergleich mit einem Computer. Faszinierend bleibt, dass uralte Überlieferungen ähnliche Vorstellungen kennen. Der Evangelist Johannes beschreibt die Entstehung so:

»Am Anfang war das Wort und das Wort war bei Gott,

und Gott war das Wort. Alle Dinge sind durch dasselbe geworden, und ohne das Wort ist nichts geworden, das geworden ist.«

Wir wissen nicht, woher Johannes seinen Geistesblitz bezog. Traurig ist nur, dass der Begriff Gott in zwei Jahrtausenden mit unmöglichen Ideen befrachtet wurde. Mit Gedanken, die es erlauben, Kindern und Halbwilden eine erzählbare Geschichte zu vermitteln. Hat aber das Phänomen ES (Gott) beschlossen, sich selbst für eine kleine Zeit in Materie umzuwandeln, dann ist ES die Schöpfung selbst und gleichzeitig ein Produkt seiner Schöpfung. Wie die Computer-Bits finden auch wir uns in einer Einheit wieder. Mit den Trillionen anderer Sonnen und der gesamten Materie sind wir mikroskopische Teile des ES, die zur unendlichen kosmologischen Gemeinschaft zurückfinden werden. Alle Philosophien quälen sich um die Fragen »warum?«, »woher?«, »weshalb?« – doch »Wissen«, schreibt der Philosoph und Theologe Professor Puccetti, »muss nicht unbedingt auf wissenschaftlichem Wege gefunden werden. Und tatsächlich ist keine einzige der so genannten religiösen Wahrheiten von Bedeutung je auf diese Weise erworben worden.«[43]

Ein neues Jahrtausend ist angebrochen. Wo stehen wir?
- Die Menschheit ist in fünf große Religionen und Tausende von rivalisierenden Sekten zersplittert.
- Die Genetik, die Astronomie und die Kommunikationsmittel haben unseren Horizont in einem nie dagewesenen Umfang erweitert. Ein Ende ist nicht in Sicht.
- Wir werden früher oder später Kontakt mit außerirdischen Intelligenzen bekommen. Entgegen allen Theorien wird die Lichtgeschwindigkeit überschritten werden.

Wie stellen wir uns den Außerirdischen vor? Wollen wir uns von einer fremden Intelligenz als geistig Minderbemittelte behandeln lassen, weil wir am Samstag keine Lichtschalter bedienen (orthodoxe Juden)? Weil wir kein Schweinefleisch essen (Juden, Muslime)? Weil wir Kühe und fette Ratten für heilig halten (Hindus und Verwandte)? Oder weil wir unseren Gottessohn folterten und auf grauenhafte Weise ans Kreuz nagelten? Ich plädiere dafür, dass mit dem Schritt ins dritte Jahrtausend das Ende der irdischen Vielgötterei angesagt wird. Mit der Ausnahme allerdings, dass wir alle winzige Teile des gewaltigen ES sind, für das die Religionen den Begriff Gott einsetzten. Aus dieser Sicht wird auch jede Rassendiskriminierung zum glatten Humbug. Wir alle gehören dazu. Und die Religionen mit ihren Rechthabereien, Kriegen und Gräueltaten führten uns letztlich auf den Weg der Erkenntnis. Die Lösung der Denksportaufgabe könnte gerade darin bestehen, die Widersprüchlichkeiten der Bibel und anderer alter Schriften – darauf komme ich noch! – zu analysieren, um am Ende dieser Aufgabe klipp und klar zu erkennen: In der Manifestation der Bibel war der alttestamentarische Gott definitiv kein metaphysisches (geistiges) Wesen. Die Antwort liegt woanders. Dort draußen im Universum. Was also wäre zu tun? Soll man Tempel schleifen? Kirchen sprengen?

Nie und nimmer!

Wo Menschen sich zusammenfinden und die Schöpfung preisen, herrscht eine wohltuende, stärkende Gemeinsamkeit. Wie vom Ton einer Stimmgabel angerührt, schwingt die gemeinsame Ahnung von jenem Großartigen im Raum, das wir Gott nennen. Tempel und Kirchen sind Orte der Besinnung, sind Räume des gemeinsamen Lobes für das Undefinierbare, für ES, für den grandiosen Geist des Universums. Diese Versammlungsstätten bleiben notwendig. Der Rest ist ziemlich überflüssig.

2. Kapitel
LÜGEN UM FÁTIMA

> Moralische Entrüstung ist
> der Heiligenschein der
> Scheinheiligen.
>
> *(Helmut Qualtinger)*

Am 26. Juni 2000 veröffentlichte der Vatikan das »dritte Geheimnis von Fátima«. Darin soll in einer Symbolsprache über die Verfolgung der Kirche im 20. Jahrhundert berichtet und das Attentat auf den Papst vorausgesagt worden sein. Bekanntlich entging Papst Johannes Paul II. am 13. Mai 1981 nur knapp dem Tode, als der Attentäter Ali Agca auf dem Petersplatz mit einer Pistole auf den Heiligen Vater feuerte. Der Präsident der römischen Glaubenskongregation, der deutsche Kardinal Joseph Ratzinger, kommentierte die Veröffentlichung mit salbungsvollen Worten:

»Die Lehre der Kirche unterscheidet zwischen der ›öffentlichen Offenbarung‹ und den ›Privatoffenbarungen‹. Zwischen beiden besteht nicht nur ein gradueller, sondern ein wesentlicher Unterschied. Das Wort ›öffentliche Offenbarung‹ bezeichnet das der ganzen Menschheit zugedachte Offenbarungshandeln Gottes, das seinen Niederschlag in der zweiteiligen Bibel aus Altem und Neuem Testament gefunden hat. ›Offenbarung‹ heißt es, weil Gott darin sich selbst Schritt um Schritt den Menschen zu erkennen gegeben hat, bis zu dem Punkt hin, dass er selbst Mensch wurde, um durch den menschgewordenen Sohn

84

Jesus Christus die ganze Welt an sich zu ziehen und mit sich zu vereinigen. Weil Gott nur einer ist, ist auch die Geschichte, die er mit der Menschheit eingeht, eine einzige, die für alle Zeiten gilt und mit Leben, Tod und Auferstehung Jesu Christi ihre Vollendung erreicht hat. Die Autorität der ›Privatoffenbarungen‹ ist wesentlich unterschieden von der einen, ›öffentlichen Offenbarung‹…«

Man erfährt weiter, die Privatoffenbarung beziehe sich auf den Glauben und »die Gewissheit«, dass Gott rede. Die Privatoffenbarung sei eine Hilfe zum Glauben. Der Maßstab und der Wert einer Privatoffenbarung sei eine Hinweisung auf Christus selbst. »Wenn die ›Privatoffenbarung‹ von Christus wegführt … oder sich gar als eine andere und bessere Ordnung, als wichtiger denn das Evangelium ausgibt, dann kommt sie sicher nicht vom Heiligen Geist, der uns ja in das Evangelium hinein- und nicht aus ihm herausführt.«[44]

Eine abstruse Logik. Wenn der allgegenwärtige Gott schon zwischen privat und öffentlich unterscheidet, dann wäre auch die Privatoffenbarung von Gott. Stimmt nicht, sagt der tiefgläubige Kardinal. Denn eine Privatoffenbarung kommt nur dann von Gott, »wenn sie in das Evangelium hineinführt«. Muss ich daraus schließen, dass auch die Gegenseite, der Teufel, Privatoffenbarungen erteilt?

Die weltweiten Erwartungen über den Inhalt des dritten Geheimnisses von Fátima waren hoch, denn noch 1960 hatte der Papst gesagt, er könne das Geheimnis nicht veröffentlichen, es betreffe »unseren Glauben«. Und Papst Johannes Paul II. erklärte den verblüfften Journalisten 1980 in Fulda:

»Wegen des schwerwiegenden Inhalts zogen meine Vorgänger im Petrusamt eine diplomatische Fassung vor. Außerdem sollte es ja jedem Christen genügen, wenn er Folgendes weiß: Wenn zu lesen ist, dass Ozeane ganze

Erdteile überschwemmen, dass Menschen von einer Minute zur anderen abberufen werden, und das zu Millionen, dann sollte man sich wirklich nicht mehr nach einer Veröffentlichung dieses Geheimnisses sehnen... Betet und fragt nicht weiter. Alles andere vertraut der Gottesmutter an.«[45]

Nach derartig schwerwiegenden Aussagen durfte wohl etwas Weltbewegendes erwartet werden. Und was steht wirklich im (angeblich) dritten Geheimnis? Keine Sensationen, kein Weltende, keine überschwappenden Meere und Millionen Tote, auch nichts, was »unseren Glauben« betrifft. Zudem stimmt der veröffentlichte Text nicht mal mit der Realität überein. Hier die vom Vatikan freigegebene Fassung:

»Ich schreibe aus Gehorsam gegenüber Euch, meinem Gott, der es mir aufträgt, durch seine Exzellenz, den Hochwürdigsten Herrn Bischof von Leiria, und durch Eure und meine allerheiligste Mutter.

Nach den zwei Teilen, die ich schon dargestellt habe, haben wir links von Unserer Lieben Frau etwas oberhalb einen Engel gesehen, der ein Feuerschwert in der linken Hand hielt; es sprühte Funken, und Flammen gingen von ihm aus, als sollten sie die Welt anzünden; doch die Flammen verlöschten, als sie mit dem Glanz in Berührung kamen, den Unsere Liebe Frau von ihrer rechten Hand auf ihn ausströmte: den Engel, der mit der rechten Hand auf die Erde zeigte und mit lauter Stimme rief: Buße, Buße, Buße! Und wir sahen in einem ungeheuren Licht, das Gott ist, ›etwas, das aussieht wie Personen in einem Spiegel, wenn sie davor vorübergehen‹, einen in Weiß gekleideten Bischof, ›wir hatten die Ahnung, dass es der Heilige Vater war‹. Verschiedene andere Bischöfe, Priester, Ordensmänner und Ordensfrauen einen steilen Berg hinaufsteigen, auf dessen Gipfel sich ein großes Kreuz befand aus rohen Stämmen, wie aus Korkeiche mit Rinde. Bevor er dort ankam, ging der Heilige Vater durch eine große Stadt, die halb zerstört war, und halb zitternd mit wankendem Schritt, von Schmerz und Sorge gedrückt, betete er für die Seelen der Leichen, denen er auf seinem Weg begegnete. Am Berg angekommen, kniete er zu Füßen des großen Kreuzes nieder. Da wurde er von einer Gruppe von Soldaten getötet, die mit Feuerwaffen und Pfeilen auf ihn schossen. Genauso starben nach und nach die Bischöfe, Priester, Ordensleute und verschiedene weltliche Personen, Männer und Frauen unterschiedlicher Klassen und Positionen. Unter den beiden Armen des Kreuzes waren zwei Engel, ein jeder hatte eine Gießkanne aus Kristall in der Hand. Darin sammelten sie das Blut der Märtyrer auf und tränkten damit die Seelen, die sich Gott näherten.«[44]

Diese Veröffentlichung des Vatikans, immerhin der obersten Instanz der römischen Kirche, der ein Milliardenheer von Gläubigen angehört und die ihren Gläubigen gegenüber auch die höchste Instanz der Wahrheit bedeutet, kann bestenfalls die halbe Wahrheit sein – oder die halbe Unwahrheit. Entweder haben die Päpste früher gelogen, als sie sich zum dritten Geheimnis von Fátima äußerten, oder der hochwürdige Kardinal Ratzinger lügt jetzt. Zudem schildert die vom Vatikan veröffentliche Version nichts, was in der Vergangenheit geschehen ist oder in der Gegenwart geschieht – auch nicht das Attentat auf den Papst. Gesprochen wird vielmehr von einer »großen Stadt, die halb zerstört war«, in welcher der Heilige Vater gemeinsam mit vielen anderen erschossen werde. Ich bedaure, Exzellenzen, am 13. Mai 1981, als auf den Papst geschossen wurde, war weder Rom »halb zerstört«, noch fielen Schüsse auf andere Menschen. Und wie deutet der Präsident der römischen Glaubenskongregation diese Widersprüche?

Gemeint sei, so Kardinal Ratzinger, das Schlüsselwort der vorhergegangenen Geheimnisse, »salvare le anime« (die Seelen retten). Dies komme zum Ausdruck in den Worten »Penitenza, Penitenza, Penitenza« (Buße, Buße, Buße). Man werde an den Beginn des Markus-Evangeliums erinnert: »Tut Buße und glaubt an das Evangelium.« Der Engel mit dem Flammenschwert stelle die Gerichtsordnung dar. Der Mensch selbst habe das Flammenschwert mit seinen Erfindungen bereitgestellt. Die ganze Schau, welche die Kinder von Fátima erblickt hätten, sei keine »unabänderliche Zukunft«, kein Film, der die fixierte Zukunft zeige, sondern ein Plan, diese (mögliche) Zukunft »ins Positive zu wenden«. Wodurch? Durch Buße und Einsicht selbstverständlich. Kardinal Ratzinger: »Deswegen gehen fatalistische Deutungen des Geheimnisses völlig an der Sache vorbei, die zum Beispiel sagen, der Attentäter vom 13. Mai 1981 sei nun einmal ein von der Vorsehung gelenktes Werkzeug göttlichen Plans gewesen, und habe daher gar nicht frei handeln können...«

Da möchte ich bescheiden dazwischenfragen: Was hat denn der Attentäter vom 13. Mai 1981 mit einer »halb zerstörten Stadt« zu tun? Mit einer »Gruppe von Soldaten«? Und mit der Ermordung vieler anderer Menschen neben dem Papst?

Je höher die Theologen in der kirchlichen Hierarchie angesetzt sind, desto verwirrender ist wohl ihr Denken. Kardinal Ratzinger verdreht das angekündigte Zukunftsbild in eine vage Vergangenheit. Sein Kommentar:

»Der Papst geht den anderen voraus, zitternd und leidend ob all der Schrecken, die ihn umgeben. Nicht nur die Häuser der Stadt liegen teils in Trümmern – sein Weg führt an den Leichen der Getöteten vorbei. Der Weg der Kirche wird also als Kreuzweg geschildert... Man darf in diesem Bild die Geschichte eines ganzen Jahrhunderts abgebildet finden… In der Schau können wir das abgelaufene Jahrhundert als Jahrhundert der Märtyrer … als Jahrhundert der Weltkriege und vieler lokaler Kriege erkennen… Dabei spielt die Figur des Papstes eine besondere Rolle. In seinem mühsamen Hinaufsteigen auf den Berg dürfen wir ruhig mehrere Päpste zusammengefasst finden… Auf der Straße der Märtyrer wird in der Vision auch der Papst ermordet. Musste der Heilige Vater, als er sich nach dem Attentat vom 13. Mai 1981 den Text des dritten Geheimnisses vorlegen ließ, darin nicht sein eigenes Geschick erkennen? Er war sehr nahe an der Grenze des Todes gewesen und hat selbst seine Rettung mit den folgenden Worten gedeutet: ›…es war eine mütterliche Hand, die die Flugbahn der Kugel leitete und es dem Papst, der mit dem Tode rang, erlaubte, an der Schwelle des Todes stehen zu bleiben‹ (Aussage des Papstes vom 13. Mai 1994). Dass da eine ›mano materna‹ (mütterliche Hand) die tödliche Kugel doch noch anders geleitet hat, zeigt nur noch einmal, dass es kein unabänderliches Schicksal gibt, dass Glaube und Gebet Mächte sind, die in die Geschichte eingreifen können, und dass am Ende das Gebet stärker ist als die Patronen, der Glaube mächtiger als Divisionen.«

Was hier der Öffentlichkeit vorgesetzt wird, ist eine Zumutung. Die »halb zerstörte Stadt« wird in das vergangene Jahrhundert umfunktioniert, die beim Papst-Attentat *nicht* ermordeten Priester und Ordensleute in Märtyrer der Vergangenheit verwandelt, das »Flammenschwert« einer irdischen Erfindung gleichgesetzt, und die Kugel, die letztlich den Papst *nicht* tötete, wird von der Mutter Maria abgelenkt. Und angeblich soll der Papst *nach* dem Attentat von 1981 erstmals das dritte Geheimnis von Fátima gelesen haben, während er sich in Wirklichkeit bereits 1980 öffentlich darüber äußerte.

Wie kommt eigentlich eine derartige Geisteshaltung

zustande? Die Muttergottes höchstpersönlich soll den Kindern von Fátima ihre Visionen eingegeben haben – welche Muttergottes? Was ist im Jahre 1917 in Fátima tatsächlich geschehen? Und wie kamen diese Botschaften – Geheimnisse – zusammen? Was steht wohl im ersten und zweiten Geheimnis, wenn man das dritte schon verfälscht?

Alles entstammt der Vorstellungswelt, andere mögen sagen, der Einbildung, wieder andere der Fälschung der Kirchengeschichte, seit gut 1900 Jahren. Doch der Reihe nach:

Dass die Heilige Schrift des Alten Testamentes eine Ansammlung voller Widersprüche ist, eines metaphysischen Gottwesens unwürdig, entstanden zu verschiedenen Zeiten und verfasst von diversen Autoren, hoffe ich im ersten Kapitel klargemacht zu haben. Die Christenheit baut auf das Alte *und* das Neue Testament. Erinnern Sie sich: Die Schrift des Alten und des Neuen Testamentes soll denselben Urheber haben. Gott habe – so die Theologie – mit dem Volke Israel einen besonderen Bund geschlossen, der aber »von ewigen Zeiten her« nur als Prolog auf Christus hin geplant gewesen sei (siehe Anmerkung 11). Dementsprechend ist das Neue Testament die Fortsetzung des Alten. Wer verfasste eigentlich dieses Neue Testament? Wer sind die Urheber? Der liebe Gott?

Der Stammleser möge mir vergeben, wenn ich jetzt eine Passage aus einem früheren Buch von mir zitiere. Es handelt sich dabei um den Anfang zur unglaublichen Geschichte um Fátima (siehe Anmerkung 39):

Jeder gläubige Christ ist überzeugt, die Bibel sei und enthalte das *Wort Gottes.* Und was die Evangelien angeht, so herrscht der Volksglaube, die Weggefährten des Jesus von Nazareth hätten dessen Reden, Lebensregeln und Weissagungen sozusagen mitgeschrieben. Man meint, die

Evangelisten hätten schließlich die Wanderungen und Wunder ihres Meisters erlebt und bald danach in einer Chronik notiert. Dieser ›Chronik‹ wurde ein Name verpasst: ›die Urtexte‹. Tatsächlich – und jeder Theologe mit einigen Jahren Hochschulbildung weiß dies – stimmt nichts von alledem. Die viel bemühten und in der theologischen Rabulistik so ergiebigen Urtexte existieren gar nicht. Was hat man in der Hand? Abschriften, die ausnahmslos zwischen dem vierten und zehnten nachchristlichen Jahrhundert entstanden. Und diese rund 1500 Abschriften sind ihrerseits Abschriften von Abschriften, und nicht eine einzige Abschrift stimmt mit einer anderen überein. Über 80 000 (achtzigtausend!) Abweichungen wurden gezählt. Es gibt nicht eine einzige Seite dieser angeblichen »Urtexte«, auf der nicht Widersprüchlichkeiten auftauchen. Von Abschrift zu Abschrift wurden die Verse von nachempfindenden Autoren anders gefasst und dem zeitgemäßen Bedarf entsprechend verändert.

Dabei wimmelt es in diesen biblischen »Urtexten« von Abertausenden unschwer nachweisbarer Fehler. Der bekannteste »Urtext«, der *Codex Sinaiticus* – wie der *Codex Vaticanus* im vierten Jahrhundert entstanden – wurde 1844 im Sinaikloster gefunden. Er enthält nicht weniger als 16 000 (sechzehntausend!) Korrekturen, die auf mindestens sieben Korrektoren zurückgehen. Manche Stellen wurden gleich mehrmals geändert und durch einen neuen »Urtext« ersetzt. Professor Dr. Friedrich Delitsch, ein Fachmann ersten Ranges, fand alleine 3000 Abschreibungsfehler im »Urtext«.[46]

Dies alles wird verständlich, wenn man berücksichtigt, dass *keiner* der Evangelisten ein Zeitgenosse von Jesus war und *kein* Zeitgenosse einen Augenzeugenbericht verfasste. Erst nach der Zerstörung Jerusalems durch den rö-

mischen Kaiser Titus (39–81 n. Chr.) im Jahre 70 n. Chr.
begann irgendjemand, Schriften über Jesus und seine
Mannschaft zu verfassen. Der Evangelist Markus, der erste
des Neuen Testamentes, griffelte seine Fassung frühestens
vierzig Jahre *nach* dem Kreuzigungstod seines Meisters.
Und schon die Kirchenväter der ersten nachchristlichen
Jahrhunderte waren sich zumindest darin einig, dass die
»Urtexte« gefälscht waren. Ganz offen sprachen sie von
»einschieben, schänden, vernichten, verbessern, verderben, auslöschen«. Aber das ist lange her, und die Wort-
klauberei ändert nichts am objektiven Tatbestand. Der
Zürcher Spezialist Dr. Robert Kehl vermerkte dazu:
  »Es ist oft genug vorgekommen, dass die gleiche Stelle
von einem Korrektor im einen und von dem anderen gerade wieder im entgegengesetzten Sinn *korrigiert* oder *zu-
rückkorrigiert* wurde, je nachdem, welche dogmatische
Auffassung in der betreffenden Schule vertreten worden
ist. Jedenfalls entstand schon durch die vereinzelten, aber
noch mehr durch die planmäßigen Korrekturen ein völlig
unentwirrbares Textchaos.«[47]

So liegen die Tatsachen, die man den Gläubigen nicht zu
sagen getraut. Was hat Fátima damit zu tun? In Fátima soll
sich die Muttergottes, die Mutter von Jesus, manifestiert
haben. *Sie* sei den Kindern von Fátima erschienen, *sie* habe
den Kindern ihre Botschaft – die drei Geheimnisse – übermittelt. Wie kam die Christenheit zu einer Gottesmutter?
  Es begann alles mit den Konzilien. Im Jahre 325 unserer Zeitrechnung berief Kaiser Konstantin (um 274–337)
das erste Konzil der jungen Christenwelt in Nicäa zusammen. Die Art, wie Konstantin die 318 Bischöfe aussuchte,
hatte mit Religion nichts zu tun. Es war reine Machtpoli-
tik. Der Kaiser selbst (der damals kein getaufter Christ
war, seine Taufe empfing er erst auf dem Sterbebett!) prä-

92

sidierte dem Konzil persönlich. Ganz kaiserlich ließ er bekannt geben, sein Wille sei kirchliches Gesetz. Die Oberhirten akzeptierten den Ungetauften sogar als »Universalbischof«, der selbstverständlich an allen Abstimmungen teilnahm. Dabei hatte Konstantin von der Lehre Jesu keinen blassen Schimmer. Er hing dem Sonnenkult des Mithras (alter persischer Gott des Lichts) an. Noch weit in die christliche Zeit hinein wurde er auf Münzen als »unbesiegbare Sonne« abgebildet und verehrt. Als er der altgriechischen Handelsstadt Byzanz seinen Namen verlieh und Konstantinopel – das heutige Istanbul – zur Hauptstadt des Römischen Reiches machte, ließ er sich, bar aller christlichen Bescheidenheit, zur Einweihung eine gewaltige Säule errichten. Obendrauf der Kaiser mit der unbesiegbaren Sonne. Konstantin schaffte auch keineswegs die Sklaverei ab, sondern ordnete an, dass Sklaven, beim Mundraub erwischt, glühendes Blei in die Mundhöhle gegossen wurde. Zudem erlaubte er den Eltern, in Notzeiten ihre Kinder verkaufen zu dürfen.

Bei welchen kirchenpolitischen Entscheidungen wirkte dieser Pascha mit? Bis zum Konzil von Nicäa galt die Meinung des Arius von Alexandria: Gott und Christus waren *nicht* wesensgleich, sondern nur ähnlich. Konstantin zwang das Konzil, die *Wesenseinheit* von Gottvater und Jesus zu beschließen. Durch kaiserliches Reichsgesetz wurde dies zum Kirchendogma (Glaubenssatz). So kam es zur Gottgleichheit Jesu. Darauf basierend, verabschiedeten die Bischöfe per Akklamation das *Nicänische Glaubensbekenntnis*.

Der Nichtchrist Konstantin erwies der Kirche noch einen anderen enormen Dienst. Bis dato war die Begräbnisstätte Jesu unbekannt gewesen. Da entdeckte der Kaiser im Jahre 326, befähigt durch »göttliche Inspiration«, simsalabim, das Grab des soeben gottgleich gewordenen

Jesus. Vier Jahre später ließ er in Jerusalem die Heilige Grabeskirche erbauen. Diese wunderbare Entdeckung hinderte Konstantin allerdings nicht daran, im selben Jahr einige nahe Verwandte ermorden zu lassen: seinen Sohn Crispus, seine Gattin Fausta, die er in siedendes Wasser tauchen ließ, und seinen Schwiegervater Maximilian, den er zum Selbstmord zwang. So sieht der Kaiser und Pontifex aus, der die *Glaubensbekenntnisse zu Nicäa* managte und anschließend den christlichen Gemeinden in einem Rundschreiben offenbarte, die Abstimmungen der 318 Bischöfe seien »Gottesurteil«. Konstantin, der auch noch den Beinamen »der Große« erhielt, wurde schließlich zum Heiligen der armenischen, griechischen und russischen Kirche erhoben.

Das zweite Konzil fand im Jahre 381 in Konstantinopel statt und wurde von Kaiser Theodosius I. (347–395) einberufen. Auch ihn schmückte die Kirche mit dem Beinamen »der Große«. Dieser römische Imperator stand seinem Kollegen Konstantin in seinen moralischen Qualitäten nicht nach. Er war, die Geschichte weiß es, ein rechter Armeleuteschinder, der dem niedrigen Volk unerträgliche Lasten auferlegte. Wer nicht parierte, wurde gefoltert. Im Jahre 390 – knapp zehn Jahre nach dem Konzil – ließ er im Zirkus der Stadt Thessalonike (Saloniki) in einem fürchterlichen Blutbad 7000 aufständische Bürger umbringen. Dieser Theodosius erklärte die christliche Lehre zur Staatsreligion (deshalb »der Große«!). Er beauftragte seinen Bischof Ambrosius von Mailand, alle heidnischen Heiligtümer zu zerstören, und wer sich nicht taufen ließ, wurde abgeschlachtet. Was geschah beim zweiten Konzil von Konstantinopel?

Die Versammlung beschloss die Dreieinigkeitslehre von Vater, Sohn und Heiligem Geist. Sie wurde zum *Nicänisch-Konstantinopolinischen Glaubensbekenntnis.* Und –

etwas für theologische Feinschmecker – die *Wesenseinheit* von Nicäa wird nun zur *Wesensgleichheit* von Vater, Sohn und Heiligem Geist. Von dieser Dreieinigkeitslehre lebt die Kirche heute noch.

Das nächste Konzil fand im Jahre 431 in Ephesus statt und wurde gemeinsam vom oströmischen Kaiser Theodosius II. (409–450) und vom weströmischen Kaiser Valentianus III. (425–455) einberufen. Die beiden Kaiser plagten sich weder mit weltlichen noch geistlichen Problemen, sie waren Playboys. Deshalb beehrten sie das Konzil auch nur selten mit ihren Anwesenheit.

Theodosius II. war ein Schwächling, der völlig unter der Fuchtel seiner älteren, machtbesessenen und intriganten Schwester Pulcheria stand. Sie übte für ihren Bruder eine Zeit lang die Regentschaft aus und rühmte sich bei jeder passenden und unpassenden Gelegenheit, jungfräulich zu sein (worüber schon ihre Zeitgenossen nur lächelten). Und sein Kollege, der weströmische Kaiser Valentianus, stand unter der Vormundschaft seiner Mutter Galla Placidia und endete durch Mord. Nicht gerade christliche Vorbilder.

Was beschloss das Konzil von Ephesus? Die Verehrung der Maria als Muttergottes. Man verlieh ihr den Ehrentitel »Gottesgebärerin«. Und dies war keine Eingebung irgendeines Geistes, sondern eine politisch motivierte Tat. Ephesus war nämlich der Sitz der Muttergöttin Artemis. Es ging darum, die bereits aus anderen Religionen existierenden Muttergöttinnen abzuwehren und in der christlichen Religion zu vereinen. Deshalb wurden den Artemis-Statuen in Ephesus gleich nach der Konzilsverkündung Heiligenscheine angepasst und ihre Namen in »Gottesmutter« und »Gebärerin Gottes« abgeändert. Die meisten anderen Religionen, älter als das Christentum, kannten bereits »Muttergöttinnen«, die selbstverständlich allesamt nicht auf natürlichem Wege empfangen hatten. Irgendeine Gottheit war stets im Spiel. Daher war auch für Maria eine Jungfrauengeburt unabdingbar. Sie sollte durch einen Engel namens Gabri-El geschwängert worden sein. Gabri-El heißt nichts anderes als »Mann Gottes«.

Und woher kam der Name Maria? Die ältere Schwester des Moses, jene, welche die Tochter des Pharaos auf das schwimmende Körbchen mit dem Säugling aufmerksam machte, hieß Mirjam (Maria). Selbst der Koran, das heilige Buch der Muslime, wenn auch erst runde 600 Jahre nach Christi Geburt geschrieben, berichtet von der Jungfrauengeburt der Maria:

»Erwähne [bedenke] auch in dem Buch [dem Koran] die Geschichte Marias. Als sie sich einst von ihrer Familie an einen Ort zurückzog, der gegen Osten lag, und sich verschleierte, da sandten wir ihr unseren Geist [den Engel Gabriel] in der Gestalt eines schöngebildeten Mannes. Sie sagte: ›Ich nehme, aus Furcht vor dir, zu dem Allerbarmherzigsten meine Zuflucht: Wenn auch du ihn fürchtest, dann nähere dich mir nicht.‹ Er erwiderte: ›Ich bin von deinem Herrn gesandt, dir einen heiligen Sohn zu geben.‹ Sie aber antwortete: ›Wie kann ich einen Sohn bekommen, da mich kein Mann berührt hat, und ich auch keine Dirne bin?‹ Er erwiderte: ›Es wird dennoch so sein; denn dein Herr spricht: ›Das ist mir ein Leichtes. Wir machen ihn [den Sohn] zu einem Wunderzeichen für die Menschen, und er sei ein Beweis unserer Barmherzigkeit.‹ So ist die Sache fest beschlossen.« (19. Sure, 17 ff.)[48]

Und wenige Verse später: »Sie kam nun mit dem Kinde in ihren Armen zu ihrem Volke, welches sagte: ›O Maria [Mirjam], du hast eine sonderbare Tat begangen! O Schwester Arons, dein Vater war wahrlich kein schlechter Mann, und auch deine Mutter war keine Dirne.‹«

In der 66. Sure, Vers 13, wird die Jungfrauengeburt bestätigt:»Auch Maria [Mirjam], die Tochter des Amran [sei ihnen ein Beispiel]. Sie bewahrte ihre Keuschheit, und wir hauchten unseren Geist in sie...«

Der Koran wurde 610–632 n. Chr. (dem Todesjahr des Propheten Mohammed) in arabischer Sprache verkündet. Der islamischen Geschichte zufolge erhielt der Prophet Mohammed im Laufe von insgesamt 23 Jahren Offenbarungen Allahs. Allah ist der arabische Name des Eingottes. Im Koran bekräftigt Mohammed, Allah bestätige sein bereits früher gesandtes Wort. Deshalb werden – in der dritten Sure – ausdrücklich die jüdische Thora und die christlichen Evangelien als Prophetenworte anerkannt. Mit dem entscheidenden Unterschied allerdings, dass der Koran die *aktuellste* Offenbarung von Gott sei und dementsprechend die früheren Prophetenworte zumindest teilweise überholt seien:

»Wir glauben an Allah und an das, was er uns gesandt hat, und an das, was er dem Abraham, Ismael, Isaak, Jakob und den Stämmen offenbarte, und auch an das, was Moses, Jesus und anderen Propheten von ihrem Herrn zuteil geworden ist; wir machen zwischen keinem von diesen einen Unterschied. Wir sind Moslems [Allah untertan]. Wer eine andere Religion als den Islam sucht – nie möge er sie annehmen –, der gehört im zukünftigen Leben gewiss zu den Verlorenen.« (3. Sure, 85)

Nach mohammedanischer Vorstellung ist einzig und allein der Islam die richtige Religion, weil Mohammed der letzte – oder neueste – Prophet war, der Gottes Wort empfing. Das sehen die katholischen Theologen genau umgekehrt. Weil der Islam die einzig wahre Religion ist, befiehlt der Koran auch seinen Gläubigen,»keine Freundschaft mit solchen, die nicht zu eurer Religion gehören« (3. Sure, 119), einzugehen. Maria hat im Koran zwar unbefleckt empfangen, ist jedoch niemals in den Himmel aufgefahren. Und Jesus ist zwar ein Prophet, doch auf gar keinen Fall Gottes Sohn:

»Aber es ziemt sich nicht für Allah, dass er einen Sohn hätte.« (19. Sure, 36)

Der Name Maria (Mirjam, Maya) taucht auch bei der Geburt von Buddha auf. Buddha wurde von einer jungfräulichen Königin namens Maya geboren. Nur hatte sich dies Jahrhunderte *vor* der Entstehung des Christentums ereignet.

Dort wurde Maria nicht nur durch die Konzilien erhöht, sondern erst recht durch die späteren Päpste. 1854 verkündete Papst Pius IX., die Mutter Jesu habe »unbefleckt«, frei von der kirchlichen »Erbsünde«, empfangen. Und Pius XII. setzte im Jahre 1950 noch einen drauf. Er erhob die Himmelfahrt Marias zum Dogma (zum verbindlichen Glaubenssatz). Die Mutter Jesu – so das Dogma – sei mit »Leib und Seele« in den Himmel aufgenommen worden. Und frontal im Gegensatz zum Islam verkündete die katholische Kirche noch am 18. November 1965 in der »dogmatischen Konstitution« feierlich und hochoffiziell:

- dass die Bibel *Gott zum Urheber* habe,
- dass die Bibel *in allen Teilen* heilig sei,
- dass die Bibel *in allen Teilen* unter der Einwirkung des Heiligen Geistes verfasst worden sei,
- dass *alles*, was die inspirierten Bibelverfasser aussagen, als vom Heiligen Geist geschrieben zu gelten habe, und
- dass die Bibel *sicher, getreu und ohne Irrtum* lehre.

Drei Jahre später, im feierlichen Credo des Papstes Paul VI. vom 30. Juni 1968, wird ausdrücklich festgehalten:

- die katholische Kirche sei die einzig wahre Kirche,
- die katholische Kirche verkünde allein die unfehlbare Wahrheit,
- die katholische Kirche sei heilsnotwendig,
- der katholischen Kirche sei der volle Schatz der himmlischen Güter anvertraut,
- die katholische Kirche sei allein die wahre Erbin der göttlichen Verheißung,
- die katholische Kirche allein sei im Besitz des Geistes Christi,
- der katholischen Kirche allein sei das unfehlbare Lehramt anvertraut,
- die katholische Kirche allein sei im Besitz der vollen und ganzen Wahrheit.

Dieses feierliche Credo des Papstes Paul VI. liegt 33 Jahre zurück. Seither haben die Würdenträger der Kirche unzählige Male mit den Abtrünnigen anderer Kirchen gesprochen, Ökumene war und ist angesagt. Dem gläubigen Volk wird vorgemacht, die Kirchen würden sich die Hände reichen und endlich mit der unsäglichen Rechthaberei aufhören. Mitnichten! Im Herbst des Jahres 2000 erklärte sich die katholische Kirche erneut für einzigartig und allen anderen überlegen. *Die Welt* schrieb:

»Die katholische Kirche hat sich in einer jetzt veröffentlichten Erklärung als einzig wahre Kirche Christi bezeichnet und damit einer Gleichberechtigung verschiedener Glaubensrichtungen widersprochen. In der von der katholischen Glaubenskongregation unter Leitung von Kardinal Joseph Ratzinger verfassten Erklärung *Dominus Jesus* (Jesus der Herr) wird betont, es gebe nur eine einzige Kirche Christi, die katholische Kirche, die vom Papst, dem Nachfolger des heiligen Petrus, und den Bischöfen geleitet werde.«[49]

Logischerweise reagierte der Rat der Evangelischen Kirchen Deutschlands (EKD) sauer auf diese sture Einseitigkeit aus Rom. Der Vorsitzende des EKD bezeichnete die Erklärung als »Rückschlag für das ökumenische Miteinander« und meinte ergänzend, »die Zeichen aus Rom stehen auf Stillstand«. Dies hinderte den Vorsitzenden der Deutschen Bischofskonferenz, den Katholiken Karl Lehmann, nicht im Geringsten daran, jetzt erst recht öffentlich darauf zu beharren, es gebe nur eine einzige wahre Kirche, eben die »heilige, katholische und apostolische«.

Nichtkatholiken oder Nichtchristen mögen sich sagen: Was hat das alles mit dem dritten Geheimnis von Fátima zu tun? Was soll das überhaupt, was interessiert uns die theologische Rechthaberei innerhalb der christlichen Gemeinschaften? Interessieren muss es tatsächlich niemanden, aber *betreffen* tut es die ganze Menschheit, denn wenn *eine* Religion sich selbstherrlich über alle anderen setzt, betrifft es die anderen Religionen eben auch. Und damit die Menschen, denn der Einzelne ist in sein jeweiliges Staatssystem eingebunden und dieses wiederum in die herrschende Religion. Die Religionen üben Macht aus. Und Fátima steht und fällt mit der katholischen Religion und ihrer Muttergottes, denn wenn die Religion falsch ist, kann auch keine Muttergottes erschienen und ein weltbewegendes Geheimnis verkündet haben. In den Köpfen der gegenwärtigen Lehrmeister im Vatikan herrschen Vorstellungen, vor denen es einem entweder graut oder über die man nur noch kopfschüttelnd hinweggehen kann. So sagt doch Kardinal Joseph Ratzinger, Christus sei auch der Messias Israels, und die Juden müssten Jesus (und damit die katholische Religion als einzig wahre) anerkennen.[50]

Wem muss der geplagte Gläubige glauben? Die katholische Christenwelt jedenfalls ist verpflichtet, an Maria als unbefleckter Empfängnis zu glauben, aufgefahren in den Himmel, und Muttergottes. Sie ist sozusagen die himmlische Stellvertreterin ihres Gottsohnes Jesus. Und diese höchste, weibliche Person im Himmel erschien den Kindern von Fátima, um ihnen geheimnisvolle Botschaften zu übermitteln. Potztausend! Doch im Himmel ist nichts unmöglich.

Was eigentlich geschah in Fátima? Jeweils am 13. der Monate Mai bis Oktober 1917 erlebten drei Hirtenkinder in Fátima (Provinz Estremadura, Portugal) Marienerscheinungen. Ihnen erschien die »Muttergottes vom Rosenkranz«[51] als eine weiß gekleidete Frau mit einem Sternenkranz um ihr Haupt. Lebhaft und begeistert erzählten die Kinder von ihren Visionen. Sie waren Sommer und Herbst 1917 *das* zentrale Ereignis, weit über Portugal hinaus. Nun hatte es anderswo in der weiten Welt auch schon Marienerscheinungen gegeben, doch diejenigen von Fátima waren anders als alle anderen. Die Muttergottes befahl den Kindern nämlich, *jeden Monat am selben Tag und zur selben Zeit* wieder an denselben Ort zu kommen. Und das taten sie auch, und immer mehr Menschen begleiteten die Kinder hinaus aufs Feld. Die anderen Beteiligten erlebten zwar keine Erscheinung, aber sie konnten beobachten, wie die drei Kinder plötzlich auf die Knie sanken, wie sich ihr Gesicht verklärte und wie sie offensichtlich mit irgendwem »dort oben« sprachen.

Es darf deshalb nicht verwundern, wenn am 13. Oktober 1917 eine ganze Menschenkarawane von rund 70 000 Personen mit den Kindern aufs Feld pilgerte, denn die Muttergottes hatte ein Wunder angekündigt. Es regnete an jenem Tag in Strömen, eigentlich miserable Voraussetzungen für etwas Wunderbares. Doch plötzlich rissen die Wolken auf, ein Stück blank geputzten, blauen Himmels

Die Seher-Kinder von Fátima.

wurde frei, und das »Sonnenwunder von Fátima« nahm seinen Anfang.[52, 53]

Die Sonne begann zu zittern und zu schwanken. Sie führte abrupte Bewegungen nach links und nach rechts aus und fing schließlich an, sich wie ein gigantisches Feuerrad mit großer Geschwindigkeit um sich selbst zu drehen. Grüne, rote, blaue und violette Farbkaskaden schossen aus dem Gestirn und tauchten die Landschaft in ein unwirkliches, ja, so heißt es, unirdisches Licht. 70 000 Menschen, darunter Journalisten, erlebten es und bezeugten nachher, die Sonne sei einige Minuten stillgestanden, als habe sie den Menschen eine Ruhepause gönnen wollen. Dann begann das fantastische Feuerwerk erneut. Unbeschreiblich, nach Aussagen der Zeugen. Nach einem neuerlichen Stopp begann der Sonnentanz ein drittes Mal in gleicher Herrlichkeit. Insgesamt dauerte das Sonnenwunder knappe zwölf Minuten und wurde im Umkreis von 40 Kilometern beobachtet.

Heute stellen Glasmalereien in der Basilika von Fátima das Sonnenwunder dar. Trotz anfänglicher staatlicher Gegenmaßnahmen wurde Fátima das Ziel unzähliger Pilgerreisen. Es zählt heute zu den bedeutendsten Wallfahrtsorten der Welt. Am ersten und letzten Tag der Erscheinungen, am 13. Mai und am 13. Oktober jeden Jahres, gleicht Fátima einem riesigen Garten der Erwartung. Abertausende hoffen auf eine Erscheinung, auf ein Wunder; am liebsten würden sie noch einmal das Sonnenwunder erleben. Dies gilt selbst für die Päpste, die Fátima mehrmals aufsuchten. Nicht an irgendeinem Tag – stets am 13. des Monats.

Drei Kinder – Jacinta Martos, Francisco und Lucia Santos – hatten die Erscheinungen »der Lieben Frau von Fátima« erlebt und ihre Worte gleichsam telepathisch in ihrem Gehirn empfangen. Der Knabe Francisco starb am 4. April 1919, er war gerade einmal elf Jahre alt. In seinem Namen geschehen Wunder in Fátima. Auch das Mädchen Jacinta verstarb jung, nur Lucia überlebte. Sie ging ins Kloster Konvent der Heiligen Theresa von Coimbra und ist heute 94 Jahre alt. Glaubt man den Darstellungen der Kirche, so hat die Klosternonne Lucia das zweite Geheim-

Tausende beobachten das Sonnenwunder.

nis von Fátima erst am 13. Juni 1929 aufgeschrieben, das dritte sogar erst am 31. August 1941. Volle 24 Jahre *nach* dem Auftrag der Muttergottes. Weshalb so spät?

Im ersten Geheimnis sollen die Kinder das Höllenfeuer gesehen haben. »Unsere Liebe Frau zeigte uns ein großes Feuermeer, das in der Tiefe der Erde zu sein schien. Eingetaucht in dieses Feuer sahen wir den Teufel und die Seelen, als seien es durchsichtige, schwarze oder braune, glühende Kohlen in menschlicher Gestalt…«

Diese Aussage der Seherkinder widerspricht diametral einer Verkündung von Papst Johannes Paul II. Der hatte im Juli 1999 klargestellt, was vom Paradies und was von der Hölle zu halten sei. Veröffentlicht im Organ des Jesuitenordens *Civilta Cattolica*.[54] Das Paradies sei, verkündete der Heilige Vater, kein Raum über den Wolken, wo Engel Harfe spielen, sondern ein Daseinszustand, der nach dem Tode eintrete. Auf dem Petersplatz erklärte der greise Pontifex den Pilgern, das Paradies sei eine lebendige und persönliche Beziehung mit der Heiligen Dreieinigkeit. Es sei »eine gesegnete Gemeinschaft von jenen, die während ihrer Lebenszeit Jesus Christus treu geblieben sind«. Nach diesen Klarstellungen musste der Papst logischerweise auch zur Hölle Stellung beziehen. Sie sei »kein Reich, in dem die Seelen der Verdammten im ewigen Feuer schmoren und sonstwie gefoltert werden«. Nein, so Johannes Paul II., die Hölle sei ein »Daseinszustand, in dem jene landen, die Gott andauernd abgelehnt haben und bewusst Böses taten«. Diese Individuen seien dazu verdammt, niemals in den Genuss von Gottes Gegenwart zu gelangen.

Wie können die Kinder von Fátima in eine Hölle geschaut haben, die es der päpstlichen Verkündung zufolge gar nicht gibt?

Im zweiten Geheimnis verkündete die Dame mit der Sternenkrone, ein großes Reich werde vernichtet, wenn man sie nicht endlich weltweit anerkenne und verehre und wenn die Menschheit nicht endlich ihren »Irrlehren« absage. Die Päpste – oder irgendwelche Kardinäle, nichts Genaues weiß man nicht – machten aus diesem »großen Reich« Russland, obschon im Originaltext der Seherin Lucia das Wort »Russland« nirgendwo vorkommt. Papst Pius XII. sprach von einem Reich, in dem in alten Zeiten die »ehrwürdige Ikone« geehrt worden sei. Nun, Ikonen wurden nicht nur in Russland verehrt, sondern bereits in den ersten Jahrhunderten der christlichen Kirche. Mich erinnert diese Weissagung in fataler Weise an das Orakel von Delphi im alten Griechenland. Dort hatte der steinreiche Herrscher Kroisos anfragen lassen, ob er gegen die Perser in die Schlacht ziehen solle oder nicht. Der Spruch der Pythia aus Delphi lautete, wenn er den Fluss Halys überschreite, werde ein großes Reich zerstören. Im Jahre 546 v. Chr. durchquerte König Kroisos mit seinen Truppen siegesgewiss den Halys – und wurde von den Persern vernichtend geschlagen. Das »große Reich«, das er zerstörte, war sein eigenes gewesen.

Im zweiten Geheimnis von Fátima wird auch verkündet, unter dem Pontifikat von Papst Pius XII. würde ein neuer, schlimmer Weltkrieg entstehen. »Wenn ihr eine Nacht von einem unbekannten Licht erhellt seht, dann wisst, dass dies das große Zeichen ist, das Gott euch gibt, dass Er die Welt für ihre Missetaten durch Krieg, Hungersnot, Verfolgungen der Kirche und des Heiligen Vaters bestrafen wird.«

Ich bin jetzt 66 Jahre alt und mag mich nicht daran erinnern, dass irgendwann die Nacht von einem »unbekannten Licht« erhellt war und auch nicht daran, dass der schreckliche Zweite Weltkrieg irgendein Strafgericht darstellte, das die Gottlosen vernichtet hätte. Russland (die damalige Sowjetunion) gehörte zu den Siegermächten, und Deutschland lag am Boden. Zerstört waren auch unzählige katholische Kirchen.

Jetzt liegt das dritte Geheimnis von Fátima vor, und wieder beginnt ein Schleiertanz. Die Klosterschwester Lucia soll das Geheimnis am 31. August 1941 notiert und am 8. Dezember 1941 ergänzt haben. Doch erst am 3. Januar 1944 soll Lucia ihre Notizen säuberlich niedergeschrieben haben, und zwar »auf Anweisung Seiner Exzellenz, des Hochwürdigen Herrn Bischofs von Leiria, und der Allerheiligsten Mutter«. Der Bischof versiegelte den Umschlag mit dem Geheimnis und bewahrte ihn 13 Jahre in seinem Tresor auf. Erst am 4. April 1957 übergab er den versiegelten Umschlag dem Geheimarchiv des Heiligen Offiziums in Rom. Großzügig wurde Schwester Lucia vom gnädigen Bischof darüber informiert.

Es ist nicht zu fassen! Da erhält im Jahre 1917 ein Kind eine rätselhafte, aber sehr wichtige Botschaft von der Muttergottes, der Himmelskönigin und obersten Vertreterin der römischen Kirche. Erst 24 Jahre später macht das inzwischen zur Klosternonne gewordene Kind Notizen, und weitere drei Jahre später werden diese Notizen »auf Anweisung des Bischofs ... und der Allerheiligsten Mutter« säuberlich zu Papier gebracht. Trotz der Brisanz des Schriftstückes behält es der Bischof 13 volle Jahre bei sich und übergibt es endlich dem Heiligen Offizium in Rom. Und was machen die Herren dieses Geheimzirkels damit? Am 1. August 1959 – erst anderthalb Jahre später! – wird das Geheimnis dem obersten Chef der Kirche, Papst Johannes XXIII., übergeben. Dies mit dem Einverständnis des »Hochwürdigsten Herrn Kardinals Alfredo Ottaviani und des Kommissars des Heiligen Offiziums, Pater Pierre Paul Philippe O.P.«. Wer regiert eigentlich im Vatikan? Der Papst oder irgendwelche Geistliche des Heiligen Offiziums? Weshalb braucht es überhaupt ein »Einverständnis«, um dem obersten Chef der Kirche ein so wichtiges Dokument zu übergeben? Und weshalb im Jahre 1959?

Weil die »Liebe Frau von Fátima« verlangt hatte, dass das Geheimnis am 17. Oktober 1960 – 43 Jahre nach den Erscheinungen von Fátima – der Menschheit offenbart werden solle. Dies hatte Schwester Lucia höchstpersönlich auf den versiegelten Umschlag mit dem dritten Geheimnis geschrieben. Dort stand, entweder der Patriarch von Lissabon oder der Bischof von Leiria dürfe den Umschlag öffnen. Später sagte die Schwester Lucia, nicht »die Dame« habe das Datum 1960 gesetzt, sondern sie selbst,

»weil man es, wie ich spürte, vor 1960 nicht verstehen würde«.

Wenn das stimmt, hätte eine einfache Klosternonne darüber entschieden, zu welchem Zeitpunkt eine ungeheuer wichtige Botschaft, übermittelt von der Himmelskönigin persönlich, an ihre irdischen Vertreter weitergegeben werden darf. Und was machen diese irdischen Vertreter mit der einzigartigen Botschaft? Papst Johannes XXIII. sagte den Herren des Heiligen Offiziums:»Lasst uns warten. Ich werde beten. Ich werde wissen lassen, was ich entschieden habe.«[55]

Und dann entschied Papst Johannes XXIII., den Umschlag wieder zu versiegeln, an das Heilige Offizium zurückzugeben und das Geheimnis der Menschheit *nicht* zu offenbaren. Der oberste Priester der römischen Kirche empfindet sich als klüger und weiser als seine eigene Gottesmutter, die doch wohl wissen müsste, weshalb sie die Seher-Kinder ihre Vision zuteil werden ließ.

Der nächste Papst, Paul VI., las das Geheimnis gemeinsam mit dem Substituten Exzellenz Monsignore. Angelo Dell'Acqua am 27. März 1965 – und beschloss erneut, den Umschlag an das Heilige Offizium zurückzugeben mit der Weisung, den Text *nicht* zu veröffentlichen. Es ist kaum zu fassen! Wäre das Geheimnis derart einfach gewesen, wie heute getan wird und wie es veröffentlicht wurde, so hätte für die Päpste Johannes XXIII. und Paul VI. nicht der geringste Grund bestanden, den Text *nicht* freizugeben. Die Fassung, die ich zu Beginn dieses Kapitels vorlegte, spricht ja – angeblich! – vom Martyrium der Kirche und des Papstes im *vergangenen* Jahrhundert. So die Erklärung von Kardinal Ratzinger. Was hätte die Päpste hindern sollen, eine Geschichte, die sich auf die Vergangenheit bezog, publik zu machen?

Wann Johannes Paul II. – der gegenwärtige Papst – das

dritte Geheimnis von Fátima zum ersten Mal las, ist nicht bekannt. Es muss aber *vor* 1980 gewesen sein, sonst hätte er bei seinem Besuch in Fulda im selben Jahr darüber nicht sprechen können. Ein zweites (oder drittes?) Mal erbat Johannes Paul II. den versiegelten Umschlag nach dem Attentat vom 13. Mai 1981. Seine Eminenz, der Kardinalpräfekt der Kongregation Franjo Seper, übergab am 18. Juli 1981 an seine Exzellenz Monsignore Eduardo Martinez Somalo zwei Umschläge: einen weißen mit dem portugiesischen Originaltext von Schwester Lucia und einen orangefarbenen mit der italienischen Übersetzung. Der Papst öffnete die brisanten Umschläge und gab sie (über Martinez) dem Heiligen Offizium zurück.[56]

Wiederum erfolgte keine Veröffentlichung. Das Attentat auf den Papst lag zwei Monate zurück, der Heilige Vater hatte es überlebt und erholte sich in seinen Gemächern im Vatikan. Welchen zwingenden Grund konnte es jetzt noch gegeben haben, das Geheimnis nicht zu veröffentlichen? Es war ja, glaubt man der Veröffentlichung, bereits alles geschehen, was im Geheimnis angekündigt worden war. Doch erst im Jahre 2000 fand der Papst, dass man das Geheimnis der Weltöffentlichkeit offenbaren müsse. Weshalb, wenn doch der Inhalt derart harmlos war, wie er schließlich veröffentlicht wurde?

Weil die Geschichte so nicht stimmt. Schon 1983 schrieb *Der Spiegel* dazu:

»Dabei gibt es in längst vergilbten Büchern Belege dafür, dass nicht die Menschheit, sondern nur der Vatikan eine Veröffentlichung fürchten muss.«[57]

Die Päpste haben entscheidend mitgeholfen, aus dem ehemaligen Dörfchen Fátima einen phänomenalen Wallfahrtsort zu machen. Mitten im Zweiten Weltkrieg, am 17. Oktober 1942, hatte Papst Pius XII. Fátima dem »unbefleckten Herzen Marias« geweiht. Am 13. Mai 1982 besuchte Papst Johannes Paul II. Fátima und las vor 100 000 Gläubigen eine Messe, bei welcher die Heiligste Muttergottes, die Unbefleckte Empfängnis, die Mutter vom Rosenkranz inbrünstig verehrt wurde. Am 19. April 2000 schrieb Papst Johannes Paul II. an die greise Nonne Lucia im Kloster von Coimbra folgenden Brief:

»Im Jubel der österlichen Festtage grüße ich Sie mit dem Wunsch, den der Auferstandene an seine Jünger gerichtet hat: ›Der Friede sei mit dir!‹ Ich freue mich, Sie am ersehnten Tag der Seligsprechung von Francisco und Jacinta treffen zu können, die – so Gott will – am kommenden 13. Mai stattfinden wird. Da jedoch an diesem Tag keine Zeit sein wird zu einem Gespräch, sondern nur für einen kurzen Gruß, habe ich Seine Exzellenz Msgr. Tarcisio Bertone, Sekretär der Kongregation für die Glaubenslehre, beauftragt, Sie aufzusuchen und mit Ihnen zu sprechen. Diese Kongregation arbeitet engstens mit dem Papst zusammen, um den wahren katholischen Glauben zu schützen, und hat, wie Sie wissen, seit 1957 Ihren handschriftlichen Brief aufbewahrt, der den dritten Teil des Geheimnisses enthält, das am 13. Juli 1917 in der Cova da Iria, Fátima, offenbart wurde. Msgr. Bertone, der von Seiner Exzellenz Msgr. Serafim de Sousa Ferreira e Silva, dem Bischof von Leiria, begleitet wird, kommt in meinem Namen, um einige Fragen zu stellen zur Deutung des ›dritten Geheimnisses‹.

Ehrwürdige Schwester Maria Lucia, sprechen Sie auch offen und ehrlich mit Msgr. Bertone, der mir Ihre Antworten persönlich berichten wird.

Ich bete innig zur Mutter des Auferstandenen für Sie, für die Gemeinschaft von Coimbra und für die ganze Kirche. Maria, die Mutter der Menschheit auf dem Pilgerweg, halte uns stets eng an Jesus, ihren geliebten Sohn und

unseren Bruder, den Herrn des Lebens und der Herrlichkeit.
Mit einem besonderen Apostolischen Segen,
Johannes Paul II.«

83 Jahre sind verstrichen, seit die Geheimnisse den Kindern von Fátima offenbart wurden. Seit mindestens 18 Jahren kennt Papst Johannes Paul II. das dritte Geheimnis, und erst jetzt, im Jahre 2000, schickt der Heilige Vater einen hochrangigen Emissär ins Kloster von Coimbra, um der alten, ehrwürdigen Nonne Lucia »einige Fragen zur Deutung des dritten Geheimnisses zu stellen«.

Natürlich weiß niemand, was in jenem Gespräch wirklich besprochen wurde. Der Vatikan ließ lediglich verlauten, Schwester Lucia habe das Papier, auf welchem das Geheimnis niedergekritzelt war, als ihr eigenes identifiziert. Und sie habe gesagt, »die Dame« (Muttergottes) habe bei der Vision keinen Namen des betreffenden Papstes genannt. »Wir wussten nicht, ob es Benedikt XV. war oder Pius II. oder Paul VI. oder Johannes Paul II., aber es war der Papst, der litt und auch uns leiden ließ.«

Wer das glaubt, unterstellt dem lieben Gott oder der Gottesmutter, er oder sie sei unfähig, sich klar zu manifestieren. Es sei der göttlichen Macht nicht möglich, eindeutige Bilder und Botschaften in ein Kindergehirn zu übermitteln. Um die Nebel von Fátima zu zerreißen, sind einige Fragen zu klären:

1. Geschah überhaupt etwas in Fátima, oder war alles nur eine Erfindung der Seherkinder?
2. Weshalb soll die göttliche Allmacht Botschaften in Kindergehirne übermitteln und nicht an Erwachsene oder in unserer Zeit gleich über die elektronischen Medien?

3. Wer oder was hat sich manifestiert?
4. Lügt der Vatikan?
5. Wenn ja, weshalb?

Die einzige Überlebende der Ereignisse des Jahres 1917 ist die Klosternonne Lucia. Über ihre Glaubwürdigkeit mag man streiten, denn schließlich brachte sie ihr grandioses Erlebnis erst 24 Jahre später zu Papier. Doch über das Sonnenwunder von Fátima lässt sich nicht streiten, immerhin erlebten es 70 000 Personen. Was dieser Menschenmasse am 13. Oktober 1917 widerfuhr, wurde Bestandteil der Presseberichterstattung. Es ist fotografiert worden, wenn auch damals nur schwarz-weiß. Am Sonnenwunder führt kein Weg vorbei, in Fátima hat sich definitiv etwas Außergewöhnliches abgespielt. Die 70 000 Zuschauer waren nicht sinnesgestört. Skeptische Wissenschaftler und kritische Journalisten konnten es beobachten, und das Spektakel dauerte immerhin volle zwölf Minuten. Zudem war dieses Sonnenwunder den Kindern von Fátima im Voraus angekündigt worden. Auf den Tag und die Minute genau. Nur *wegen* dieser Ankündigung waren die 70 000 Menschen überhaupt aufs Feld hinausgepilgert. Ergo *muss* Lucia eine Botschaft empfangen haben. Aber was war geschehen? Und weshalb geschah es über die Kinder? Um zum Kern der Frage vorzustoßen, muss ich zunächst einige Dinge erläutern.

Bedauerlicherweise war ich nie Zeuge einer Erscheinung. Seit ich aber 1964 zum ersten Mal in Lourdes weilte, habe ich begriffen, dass das Erscheinungsphänomen tatsächlich existiert. Ich erlebte Menschen in Ekstasen, hörte ihre seelenwunden Gesänge und beobachtete ihren großen Schmerz. Vor 150 Jahren – lange vor Fátima – erlebte ein 14-jähriges Mädchen in Lourdes (Frankreich) die Erscheinung einer weißen Dame in einer kleinen Felsgrotte. Seither pilgern jährlich fünf Millionen Menschen nach Lourdes und beten inbrünstig zur Muttergottes, durch deren Fürbitte sich in wissenschaftlich nachweisbaren Fällen unzählige Wunderheilungen ereigneten. Wie ist so etwas möglich, wenn doch die Muttergottes nur eine Erfindung der Kirche ist, erstmals beschlossen und verkündet beim Konzil von Ephesus?

Am Anfang steht immer die Vision, die Schau, die Begegnung einzelner oder kleiner Gruppen von Menschen mit Angehörigen der Gottesfamilien. Im christlichen Abendland vorzugsweise mit Maria, der Mutter Jesu. Die Erscheinungen sind keine neutralen Geister: Es werden Anweisungen gegeben, was Menschen tun dürfen und sollen und was ihnen keinesfalls erlaubt ist. Jede personifizierte Erscheinung versichert, Abgesandter aus dem Himmel und göttlicher Botschafter zu sein, der die Macht hat, der Menschheit zu helfen oder sie zu vernichten. Erscheinungen mischen sich in religiöse und politische Belange, ja, sie nisten sich sogar in die Gehirne ganzer Kriegsscharen ein. Um dieses Phänomen erläutern zu können, muss ich zunächst einige der Seher, der Orte und der Umstände skizzieren.

Im Frühjahr 1947 ereignete sich eine Erscheinung in Montichiari, zehn Kilometer südlich von Brescia in Italien. Dort sah die junge Krankenpflegerin Pierina Gilli in der Kapelle des Krankenhauses eine schöne Dame in violettem Kleid, die über dem Altar schwebte. Die fremde Dame weinte. Aus ihrer Brust ragten, ohne dass ein Tropfen Blut floss, drei Schwerter. Traurig sagte die Unbekannte:»Gebet – Opfer – Buße.«

Verständlich, dass das fromme Fräulein Pierina verwirrt war. Narrten sie Augen und Verstand? Oder hatte sie, die schlichte Pierina, es mit einer echten Erscheinung zu tun? Am 13. Juli 1947 wiederholte sich das Mirakel. Diesmal war die schöne Unbekannte weiß gewandet, die schrecklichen Schwerter fehlten, aber sie war mit drei Rosen – einer weißen, einer roten und einer gelben – geschmückt, die wiederum aus der Brust ragten. Verängstigt und mutig fragte Pierina: »Wer seid Ihr?« Die Dame antwortete freundlich und lächelnd: »Ich bin die Mutter Jesu und die Mutter aller … Ich wünsche, dass alljährlich der 13. Juli zu Ehren der geheimnisvollen Rose [Rosa mystica] gefeiert wird.«[58] Langsam verblasste das Erscheinungsbild.

Das Unfassbare wiederholte sich am 22. Oktober, am 16. und 22. November, wobei die fremde Dame diesmal feierlich versprach, am 8. Dezember zur Mittagszeit erneut zu erscheinen, doch nicht mehr in der Kapelle des Krankenhauses, sondern in der Dorfkirche.

Die Kunde von Pierinas seltsamen Erlebnissen war längst weit über Montichiari hinaus in der Lombardei bekannt geworden. Es war also wirklich kein Wunder, dass am 8. Dezember einige tausend Menschen anreisten. Die Hauptperson des Schauspiels, Pierina Gilli, konnte nur mit Mühe und sanfter Gewalt durch die Menschenmauer in die Kirche geschleust werden. Gemeinsam mit anderen Gläubigen und vielen Neugierigen betete sie den Rosenkranz. Plötzlich rief sie laut: »Oh, die Madonna!«

Es wurde »still wie in der Kirche«. Aber niemand sah etwas. Das heißt, einige waren sich nicht ganz sicher, ob sie nicht doch etwas wahrnahmen. Jedenfalls hefteten alle den Blick auf Pierina, um sich ihr Zwiegespräch mit der Gottesmutter nicht entgehen zu lassen. In knappen, geflüsterten Worten gelangten Mitteilungen zu der vor der Kirche harrenden Menge.

Pierina sah, so vernahm man, die Gottesmutter auf einer hohen, schneeweißen Treppe, wieder mit weißen, gelben und roten Rosen geschmückt. Mit jenseitigem Lächeln offenbarte die Dame: »Ich bin die unbefleckte Empfängnis, ich bin Maria der Gnade, Mutter meines göttlichen Sohnes Jesus Christus.«

Während sie wie in einer Bühnenshow die weiße Treppe hinabstieg, sagte sie zu Pierina:»Mit meinem Kommen nach Montichiari wünsche ich, ›geheimnisvolle Rose‹ genannt zu werden.« Auf den unteren Stufen angelangt, verhieß sie:»Wer hier auf diesen Ziegelsteinen betet und Reuetränen vergießt, wird eine sichere Himmelsleiter finden und durch mein mütterliches Herz Schutz und Gnade empfangen.«

19 Jahre lang geschah nichts mehr. Pierina wurde, wie das so üblich ist, von einem Teil der Leute verspottet, von anderen bereits als Heilige verehrt. Seit jenem 8. Dezember 1947 war die Kirche von Montichiari Ziel von Wundergläubigen und Heilung Suchenden, denn hier taten sich Wunder über Wunder, daran gab's keinen Zweifel.

Den»weißen Sonntag« vom 17. April 1966 verbrachte Pierina im Nachbarort Fontanelle, der nur drei Kilometer entfernt liegt. Als sie sich auf den Stufen einer kleinen Quelle ausruhte, schwebte völlig unerwartet die»geheimnisvolle Rose« über dem Wasser. Sie forderte Pierina auf, die Treppe von oben nach unten dreimal zu küssen, und befahl zudem, links neben der untersten Stufe ein Kruzifix aufzustellen. Alle Kranken, sagte die Erscheinung, sollten, ehe sie Wasser aus der Quelle schöpften, Jesus um Vergebung der Sünden bitten und das Kruzifix küssen. Pierina führte die Befehle aus.

Am 13. Mai 1966, um 11.40 Uhr, als etwa 20 Menschen mit Pierina neben der Quelle beteten, erschien die »geheimnisvolle Rose« abermals und äußerte folgenden Wunsch:»Ich wünsche, dass hier ein bequemes Becken entsteht, um die Kranken darin eintauchen zu können.« Nun schon mit ihr auf vertrautem Fuß, fragte Pierina die rosenbegabte Dame:»Wie soll die Quelle genannt wer-

den?« Die Dame antwortete: »Die Quelle der Gnade.«
Pierina forschte weiter: »Was wünscht Ihr, das hier in
Fontanelle geschehe?« »Liebeswerke an Kranken, die
hierher kommen werden.«[59] Danach verschwand die
»geheimnisvolle Rose«.

8. Juni 1966, nachmittags. Über 100 Menschen knien
und beten bei der Quelle. Kurz nach 15 Uhr kommt auch
Pierina. Sie bittet die Besucher, mit ihr gemeinsam den Rosenkranz zu beten. Momente später unterbricht sie das
Gebet und ruft: »Schaut zum Himmel empor!« Diesmal
sehen einige Gläubige eine weiße Dame sechs Meter oberhalb der Quelle schweben.

Wieder trägt die Dame ihre drei Rosen und bittet
darum, aus dem Korn des nahen Feldes Hostien zu machen. Diese Hostien sollten am 13. Oktober nach Fátima
gebracht werden. Schon will sich die »geheimnisvolle
Rose« entfernen, als Pierina bittet, noch zu bleiben. Tatsächlich wendet sich die Dame um und hört zu, wie Pierina die Sorgen der Anwesenden vorträgt.

6. August 1966, nachmittags. Über 200 Personen beten
bei der Quelle. Um 14.30 Uhr kommt Pierina und bittet
wieder alle, mit ihr den Rosenkranz zu beten. Während
des vierten Rosenkranz-Geheimnisses unterbricht Pierina: »Unsere liebe Frau ist hier!«

Gespräche und Gebete verstummen. Alle lauschen, wie
sich Pierina mit einem für sie unsichtbaren Wesen unter-
hält. Um nähere Unterweisung gebeten, was mit den haus-
gemachten Hostien zu geschehen habe, verlangt die »geheimnisvolle Rose«, dass ihrem »geliebten Sohn Papst
Paul« von dem Korn geschickt werde mit dem Hinweis,
dass es durch ihre Anwesenheit gesegnet worden sei. Und:
Aus dem restlichen Korn solle man Brötchen backen und
diese in Fontanelle zum Andenken an ihr Kommen vertei-
len. Seither wird in Fontanelle wie in Montichieri gebetet

und gehofft. Alle Tage und alle Nächte. Wie an vielen anderen Orten, wo sich Erscheinungen abspielten.

Das ist, alles in allem, ein klassischer Erscheinungsfall. Ein bis zum wunderbaren Ereignis unbekannter Mensch sieht etwas, teilt es anderen mit, und der Reigen der Gebete beginnt. Wie aber kann sich eine Muttergottes manifestieren, die es aus historischer Sicht überhaupt nicht gibt? Wie kann die Erscheinung von sich sagen, sie sei die »unbefleckte Empfängnis« und »Mutter des göttlichen Sohnes Jesus Christus«, wenn beide Aussagen falsch sind? Weshalb taucht die fremde Dame zuerst mit Schwertern in der Brust auf und dann mit Rosen, die aus ihrem Körper herauszuwachsen scheinen? Warum sollte die Muttergottes so großen Wert darauf legen, »geheimnisvolle Rose« genannt zu werden? Und warum zelebriert die »Rosa mystica« ihren Auftritt immer dort, wo sich Pierina gerade aufhält? Zuerst in der Kapelle des Krankenhauses, dann in der Dorfkirche, dann in Fontanelle? Weshalb zeigte sie sich 19 Jahre lang nicht mehr, und was hat die göttliche Macht davon, der jungen Pierina zu befehlen, eine Treppe dreimal zu küssen? Und letztlich: Weshalb geschah in den letzten 25 Jahren nichts mehr? Spielt irgendeine Macht da draußen mit uns Menschen?

Die Methode, ein Problem auf Lösungsmöglichkeiten hin einzukreisen, ist nicht meine Erfindung. Das Erklären kurioser Phänomene verlangt methodisches Vorgehen, Tatbestände müssen dargestellt werden.

Mit Erscheinungen aller Art befasse ich mich schon seit 35 Jahren. Als ich mit der Archivierung begann, ahnte ich nicht, welch überwältigende Fülle gedruckten Materials ich zu bewältigen haben würde. Ich musste selektieren, das heißt, ich wählte Fälle aus, die jeweils für zahlreiche weitere stehen, um aus der Summe der Charakteristika eine mögliche Erklärung anbieten zu können. Dass alleine

im christlichen Raum über 40 000(!) Erscheinungen gezählt werden, lässt ahnen, wie polysemantisch diese Materie ist. Was mir bei der Sichtung des Materials sehr
schnell auffiel, ist die Tatsache, dass Erscheinungen kein
Gegenwartsproblem sind. Sie ziehen sich durch die
Menschheitsgeschichte. Damit ist einer psychologischen
Erklärung jeder Boden entzogen. Ich höre nämlich immer
wieder, Erscheinungen spielten sich in den Gehirnen von
Kindern nur deshalb ab, weil sie mit den Gegenwarts-
problemen nicht fertig würden. Alles Unsinn, darf ich aus
Überzeugung festhalten.

Am 16. August jedes Jahres wird in Iborra, Spanien,
von den Gläubigen ein blutdurchtränktes Tuch angebetet.
Und dies seit dem Jahre 1010. Damals soll der hochwürdige Herr Bernard Olivier, als während der Messe die
Wandlungsglocke läutete, Zweifel daran verspürt haben,
ob sich der Rotwein auch wirklich in das Blut Christi ver-
wandle. Plötzlich habe sich der Rotwein (oder das Blut) in
rätselhafter Weise vermehrt und sei vom Altartisch hinunter auf die Stufen und auf den Boden der Kapelle geflos-
sen. Entsetzen habe die Kirchgänger ergriffen. Einige re-
solute Frauen holten Tücher und begannen, das Blut
aufzuwischen. Papst Sergius IV. (1009–1012) erlaubte die
öffentliche Verehrung des Bluttuches von Iborra. Und
dies geschieht bis auf den heutigen Tag. Daraus kann geschlossen werden, dass nicht immer nur heilige Gestalten
Erscheinungen verursachen.

Der fromme Monsieur Thierry, Rektor der Pariser Universität, wurde 1073 in Pirlemont, Brabant, ermordet. Die
rüden Mörder warfen seine Leiche in einen trüben Was-
sertümpel. Als Suchtrupps die ganze Umgebung nach
Monsieur Thierry absuchten, leuchtete plötzlich ein wunderbares Licht aus dem Tümpel. Zum Dank an diese seltsame Erscheinung malte ein Künstler die Gottesmutter

über Wasser schwebend auf eine Holzplatte. 1297 wurde das Bild in eine neue Kapelle überführt. Während der Einweihungsfeierlichkeiten begann das Bild unversehens zu leuchten, wurde in einen regelrechten Flammenschein gehüllt.[60] Hunderte sahen es, und einige beschrieben es. Eine heilige Gestalt tauchte bei diesem Phänomen nirgends auf.

Auf dem Hügel Codol, fünf Kilometer von Javita bei Valencia in Spanien, kämpfte am 23. Februar 1239 eine kleine Schar christlicher Krieger gegen eine vielfach überlegene islamische Streitmacht. Vor der Schlacht baten sechs der christlichen Hauptleute um Erteilung der heiligen Kommunion. Sie konnten gerade noch die Beichte ablegen, aber nicht mehr das Sakrament empfangen, weil just in diesem Augenblick von der nahen Burg Chio der Schlachtruf der Feinde bis in die Kirche dröhnte. Die Hauptleute eilten zu den Waffen. Voller Angst, die Muselmanen könnten die Kirche zerstören, verbarg der Priester Altartuch und Hostien unter einem Steinhaufen. Die christlichen Streiter obsiegten. Als der Priester das Altartuch aus dem Versteck hervorholte, klebten sechs *blutige* Hostien daran. Doch des Wunders nicht genug! Am nächsten Tage rückten die Muselmanen mit großer Verstärkung an. Die Lage schien hoffnungslos, die Christen mussten sich auf die am Vortag eroberte Burg Chio zurückziehen. Einer plötzlichen Eingebung folgend, band der Priester das Tuch mit den sechs blutigen Abdrücken an eine Stange und schwenkte sie vom Zinnenkranz der Burg den Feinden entgegen. Der Überlieferung zufolge gingen vom Altartuch aus leuchtende Strahlen aus, die eine derartige Kraft verbreiteten, dass der weit überlegene Gegner floh.

Ist das ein Beweis dafür, dass Erscheinungen ganze Heerscharen bezwingen können? Oder ist es nur fromme

Legende? Seit dem 13. Jahrhundert kann jeder Spanienreisende in der Kirche von Daroca das Altartuch mit sechs blutigen Flecken in Augenschein nehmen.[61] Hier sollte allerdings darauf hingewiesen werden, dass auch das *Gegenteil* überliefert wurde, dass nämlich christliche Heere vor muslimischen Erscheinungen Reißaus nahmen. Helfen göttliche Mächte mal der einen, mal der anderen Seite? Und gibt's diese wunderbaren Begebenheiten nur in der christlichen und muslimischen Welt?

Der Sage zufolge soll Rom von Romulus und Remus, den Zwillingssöhnen des Mars, gegründet worden sein. Zu Romulus, der danach von 753 bis 716 v. Chr. in Rom regiert hat, gesellte sich eines Tages die Erscheinung des Servius Tullius (sechster römischer König, 578–534 v. Chr.), Sohn des Vulkan, der sich in einem »Feuerglanz über seinem Haupte« zeigte.[62] Im Tempel von Epidauros, Griechenland, erschien der Heilsgott Äskulap so oft wie der Oberarzt an den Krankenbetten unserer Kliniken. Natürlich ereigneten sich in Epidauros unzählige Wunder – lange bevor es das Christentum gab. Der römische Gesetzgeber Numa Pompilius, Minos (König von Knossos) und Lykurgos (Gesetzgeber von Sparta) empfingen ihre schöpferischen Ideen meistens per direkter Erscheinung von den Göttern. Aeneas, Held des trojanischen Sagenkreises, erschien nach seinem Tod seinem Sohn Ascanius in kompletter Rüstung mitsamt Begleitern. Der altiranische Religionsstifter Zarathustra, der um 600 v. Chr. als Prophet auftrat, erhielt die entscheidenden Passagen seiner religiösen Schriften (Avesta) in mehreren Erscheinungen. Mohammed, Stifter des Islam und Verkünder Allahs, empfing viele seiner Offenbarungen, die in den Koran mündeten, über Erscheinungen.

Und so geht es weiter. Erscheinungen irgendwelcher Art beeinflussten das Denken quer durch die Mensch-

120

heitsgeschichte bis zum heutigen Fátima. Dabei fällt auf, dass in 90 Prozent aller Fälle Kinder die Empfänger oder Übermittler dieser transzendentalen Phänomene sind. Mir scheint das ziemlich logisch. Kinder in der vorpubertären Zeit haben noch keine großen Sorgen. Ihre Meinung ist noch nicht zementiert, ihr Bewusstsein noch nicht durch die Gehirnwäsche der Alltagsmühle gegangen. Sie haben noch die naive Neugier, die kindliche Fantasie.

Ich kann mir sehr wohl vorstellen, dass Bilder in das Gehirn eines Kindes projiziert werden können, und auch, dass die dazu passenden Informationen mittels Gedankenübertragung vermittelt werden. Erscheinungen wären dann nicht objektiv, weder fotografierbar noch messbar. Und dennoch, vom Kind aus betrachtet, subjektiv und damit also durchaus klar wahrnehmbar über das limbische System. Das Kind schwört Stein und Bein, dass es eine Erscheinung durchlebte, während alle anderen Anwesenden nichts sahen. Aber wie kann in einem Kopf der absurde Gedanke entstehen, eine rätselhafte Dame wolle »geheimnisvolle Rose« genannt werden? Sind Menschen mit derartigen Vorstellungen einfach nur psychisch anfällig, oder ist die Erscheinung mit allem Drumherum lediglich aus der Fantasie heraus entstanden? Wenn pure Fantasie, woher stammen dann die äußeren Nebenerscheinungen wie medizinische Heilungen oder das Sonnenwunder von Fátima, dem immerhin 70 000 Menschen beiwohnten? Und wenn es sich um eine »Bildprojektion direkt ins Gehirn plus Telepathie« handelt, wer projiziert dann? Wer ist der Absender der Gedankenübertragung?

Alle Erscheinungen stecken voller Widersprüche. Bei Marienerscheinungen beruft sich die Gottesmutter immer wieder auf ihre von ihrem Sohn verliehene Macht. Wenn sie darüber verfügt und den inständigen Wunsch hat, in aller Welt von den Gläubigen verehrt zu werden, warum zeigt sie sich dann stets an entlegenen Orten und noch dazu meistens armen kleinen Hascherln, die doch eigentlich nur sehr wenig zur Erfüllung ihrer Wünsche tun können. Wallfahrtsorte wie Fátima, Lourdes oder Guadalupe (in Mexiko) sind als weltbekannte Marienzentren die Ausnahmen – die meisten anderen Erscheinungen spielten sich ohne nennenswerte Publicity ab. Zudem ist die Marienerscheinung eine vorwiegend katholische Angelegenheit. Die Gläubigen aller anderen Religionen wissen wenig von Maria als Gottesmutter oder anerkennen ihre leibliche Himmelfahrt (»aufgenommen in den Himmel«) nicht.

Jahr für Jahr spendet der Papst an hohen kirchlichen Feiertagen vom Balkon seines Palastes in Rom den Segen *urbi et orbi* (der Stadt Rom und dem Weltkreis). Fernsehstationen übertragen diesen höchsten päpstlichen Segen in alle Welt, und auf dem Petersplatz in Rom jubelt ein Heer von 200 000 Gläubigen. Wenn irgendeine göttliche Macht tatsächlich wünschen würde, dass ihr mehr Verehrung zukomme als bisher und dass die Menschen in irgendeinem Bereich Buße tun sollen, weshalb dann – bitte! – nicht gleich die richtige Erscheinung über dem Petersplatz?

Es wird noch verwirrender. Im September 2000 berichtete die *Welt am Sonntag* über Marienerscheinungen in Ägypten.[63] Mehrmals sei die Heilige Jungfrau über der Markuskirche der Stadt Assiut erschienen. Zuerst seien weiße Tauben aufgetaucht, dann ein Lichtstrahl, der derart übernatürlich, grell und stark gewesen sein soll, dass die Beobachter wegblicken mussten. Die offizielle Wochenzeitschrift der orthodoxen koptischen Kirche Ägyptens, das Blatt *Watani*, wusste zu berichten, ganze Schwärme von weißen Tauben hätten plötzlich in der Luft über der Kirchenkuppel verharrt. Diese Tauben hätten ungewöhnlich lange Federn gehabt. Nach den Tauben seien der grelle Lichtstrahl und dann »die Heilige Jungfrau

Maria« gekommen. Seither reißt der Pilgerstrom nach Assiut nicht mehr ab. Die Gläubigen ziehen zur Markuskirche und erbitten den Segen der Muttergottes. Nach mehreren Überlieferungen soll es in Ägypten immer wieder zu Muttergotteserscheinungen gekommen sein. Allein in diesem Jahrhundert wurden drei dieser Erscheinungen von der koptischen Kirche offiziell bestätigt. Unter welchen großen Hut passen *diese* Marienerscheinungen? Die Muttergottes, »aufgefahren in den Himmel«, ist schließlich ein Dogma der römisch-katholischen Kirche. Hält sich also die höchste weibliche Repräsentantin der katholischen Kirche im Himmel nicht an ihre ureigenste Kirche? Haben die Katholiken kein Exklusivrecht auf ihre Muttergottes? Zeigt sie sich auch Andersgläubigen? Und weshalb? In Assiut wurden keine telepathischen Botschaften übermittelt.

Die erste Erscheinung der Muttergottes in Amerika ereignete sich am 9. Dezember 1531. Damals hatten die Spanier Zentralamerika erobert. In Mexiko tobte ein Religionskrieg, den die Spanier gewannen. Hunderttausende von Maya und Azteken waren abgeschlachtet worden, jede Versöhnung der beiden Kulturen schien unmöglich. Da hörte im Dezember 1531 Juan Diego, ein 51-jähriger Indio, am frühen Morgen eine seltsame Musik, die aus dem Nichts zu kommen schien. Juan starrte nach oben und vernahm eine Stimme aus dem Firmament, die ihn aufforderte, den Hügel Tepeyac zu erklimmen. Oben angekommen, sah er eine wunderschöne Dame, deren Gewand leuchtete wie die Sonne. Die Steine ringsum, doch auch der Fels, auf dem die Dame stand, funkelten und flimmerten wie Gold und Smaragde. »Höre, Juanito, kleinster meiner Söhne, wo willst du hin?«, fragte die Stimme. Juan wollte eigentlich auf die andere Seite des Hügels, doch die Dame gebot ihm, zum Bischof von Mexiko zu gehen und ihm von der Begegnung zu berichten. Der Bischof glaubte dem Indio kein Wort. Daraufhin ging Juan erneut zum Hügel und bat die Dame, die prompt wieder erschien, ihm einen Beweis zu geben. Die Dame befahl, Juan möge Blumen pflücken, sie in seinen Umhang legen und dem Bischof bringen.

Juan gehorchte. Obschon die Palastwache ihn zunächst abwehrte, gelang es Juan schließlich doch, bis zum Bischof vorzudringen. Im Raum standen noch weitere Personen. Juan berichtete, was die Dame ihm befohlen hatte, und öffnete seinen Umhang mit den Blumen. In diesem Moment leuchtete ein gleißendes Licht auf, und der Umhang von Juan verwandelte sich vor den Augen aller Anwesenden in ein Bild mit der Dame. Sie trug einen leuchtend blauen Mantel, bestückt mit goldenen Sternen, und aus dem Mantel schossen rote und weiße Strahlen.

Dort, am Hügel von Tepeyac, steht heute das größte Marienheiligtum von ganz Amerika, die Nacional Basilica de la Santisima Maria de Guadalupe. Millionen von Gläubigen beten zur Muttergottes und starren dabei auf das farbige Tuch aus dem Jahre 1531, das es eigentlich nicht geben dürfte. Das Tuch besteht nämlich aus schnell verderblichen Agavenfasern, die im besten Falle 20 Jahre halten. Doch seit bald 500 Jahren hängt das Tuch über dem Hauptaltar der Basilika. Nicht genug damit. Das Tuch, welches an mehreren Hochschulen auch von Malern untersucht wurde, ist in Wirklichkeit farblos. Es enthält keinerlei Farbspuren. Und dennoch erblicken 20 Millionen Menschen Jahr für Jahr das farbige Tuch. Die Sternkonstellation auf dem blauen Mantel entspricht den 46 Sternen, wie sie sich im Winter des Jahres 1531 über Mexiko zeigten. Und, wie mikroskopische Aufnahmen belegten, in den Augen der Dame spiegelt sich das Bild des Bischofs und aller Anwesenden, die sich damals im Raume befanden, als Juan Diego seinen Umhang mit den Blumen öffnete.

Ich bin in der Basilika von Guadalupe gewesen, bin mit vielen anderen Gläubigen über das Rollband gerutscht und habe genauso ehrfürchtig wie alle anderen zu dem Farbbild hochgestarrt, das keine Farben enthält. Ein Wunder. In Guadalupe bietet sich kein Ausweg an. Hier hat sich eine himmlische Dame manifestiert und einen handfesten Beweis ihrer Existenz zurückgelassen. Übrigens: Nach der Erscheinung fielen die sexuellen Schranken zwischen spanischen Eroberern und indianischer Urbevölkerung, ein völlig neuer Menschentypus entstand. Und es fand die totale Versöhnung der verfeindeten Religionen statt.

Der Papst ist – auch dies ein Dogma der katholischen Kirche – unfehlbar. Getreu dem Auftrag Jesu an den Apostel Petrus wird im Himmel »alles gebunden, was du auf Erden bindest, und alles gelöst, was du auf Erden löst«. Die römischen Päpste betrachten sich als direkte Nachfolger des Apostels Petrus, und logischerweise können sie in kirchlichen Belangen nichts falsch machen, denn selbst wenn sie etwas Verkehrtes verkündeten, würde es im Himmel abgesegnet. Nun wissen wir aus der Geschichte, dass die Päpste auch in kirchlichen Dingen nicht unfehlbar waren. Mein Landsmann, der katholische Theologe Professor Dr. Hans Küng, meinte dazu: »Die Irrtümer des kirchlichen Lehramtes sind zahlreich und schwerwiegend; sie können heute, da man die offene Diskussion nicht mehr verbieten kann, auch von konservativen Theologen und Kirchenführern nicht mehr in Abrede gestellt werden.«[64] Der Verurteilung von Galilei, der lehrte, dass die Erde sich um die Sonne drehe und nicht umgekehrt, der Verurteilung von Darwins Evolutionslehre und der Exkommunikation des Patriarchen von Konstantinopel

Das farbige Tuch von Guadalupe, das in Wirklichkeit keine Farben enthält.

liegen die bekanntesten Irrtümer zugrunde. Ganz zu schweigen von der katholischen Geburtenregelung. Die Liste der Fehlentscheidungen wäre lang.

Nun glauben die Päpste, sie würden in ihrem Lehramt

vom Heiligen Geist geleitet. Wie das? Bei *den* Irrtümern? Der Heilige Geist ist nach katholischer Lehre gleich Gott, denn Vater, Sohn und Heiliger Geist sind eins. Demnach würde Gott über den Heiligen Geist und seine irdischen Vertreter Falsches verkünden. Die Unlogik beißt sich in den eigenen Schwanz. Professor Dr. Hans Küng wurde wegen seiner kritischen Anfragen die kirchliche Lehrerlaubnis entzogen. Er war danach Professor für Ökumenische Theologie an der Universität Tübingen und durfte über den Weltethos nachdenken. Nicht anders erging es seinem Zeitgenossen Eugen Drewermann. Auch diesem Doktor der Theologie wurde die Lehrerlaubnis entzogen, weil er laut nachdachte. Drewermann sinnierte über den allbarmherzigen, gütigen Gott und hielt es nicht mehr aus:

»Ein Gott, der alles kann und doch nichts tut, verdient, wenn er so viel des Unheils tatenlos mitanschaut, wohl nicht für gütig gehalten zu werden; oder umgekehrt: wäre er gütig, doch könnte selbst er es nicht hindern, so wäre er wohl nicht allmächtig; beide Eigenschaften vereinbaren sich nicht miteinander, solange die Welt so ist, wie sie ist: ein Jammertal. Beide Eigenschaften, die Allmacht ebenso wie die Güte, gehören indessen laut christlicher Theologie unabdingbar dem Göttlichen zu. Also bleibt kein anderer Schluss: es ist die Welt selber, die den christlichen Gott als ihren Schöpfer widerlegt. Oder anders gesagt: Der moralische Anspruch, der sich in der christlichen Idee der Gottheit verkörpert, wird von der Weltwirklichkeit selbst *ad absurdum* geführt.«[65]

Es ist nicht Erich von Däniken, der diese kritischen und logischen Fragen aufwirft. Viele andere haben es getan, darunter manche Theologieprofessoren, die anschließend ihren Hut nehmen mussten. Die Kirche duldet keine Intelligenz. Im Gegensatz zu den Professoren habe ich jedoch kein Lehramt zu verlieren.

Auch die Frage nach *der* Muttergottes, die in Fátima und anderswo erschien und die offensichtlich die Macht hat, ein Sonnenwunder zu produzieren, ist von anderen gestellt worden.[66] Wer zeigt sich da? Wer beeinflusst die Menschen – oder versucht es zumindest? *Dass* einige der Erscheinungen sich tatsächlich ereignet und nicht nur in den Köpfen von Einzelpersonen abgespielt haben, ist für den Kenner der Materie absolut gesicherte Erkenntnis.

Der viel zu früh verstorbene Doktor Johannes Fiebag, ein brillanter Denker, den man gut und gerne in die Reihe von Hans Küng und Eugen Drewermann stellen darf, setzte vor einigen Jahren eine Hypothese in die Welt, mit der sich einige dieser Erscheinungsfälle erklären ließen: die Mimikry-Hypothese.[67] Unter Mimikry versteht man in der Wissenschaft die Anpassung von Tieren und Pflanzen an die Umwelt. Mimikry ist auch eine Art von Schutztracht oder Tarnanzug. Da gibt es Schmetterlinge, Heuschrecken oder Chamäleons, die sich der Umgebung derart perfekt anpassen, dass sie ein Feind nicht mehr erkennt. Sie nehmen Formen und Farben an, die sie nahezu unsichtbar machen. Die Natur ist voll von Mimikry. Basierend auf dieser Tatsache fragte sich Dr. Fiebag, ob sich Mimikry auch auf Außerirdische anwenden lasse:

»Legen Sie sich einen Ganzkörper-Datenanzug an (wie man ihn aus der Cyber-Welt kennt), steigen Sie hinein in die von einem Programmierer geschaffene Welt aus Bits und Bytes, nehmen Sie die Form an, die Ihnen gefällt oder von der Sie glauben, dass es den Bewohnern dieser Welt gefallen würde. Fee oder Elfe, Gott oder Teufel, Luftschiff-Insasse oder kleines graues Männchen. Egal. Lassen Sie Ihrer Fantasie freien Lauf. Oder benutzen Sie die programmgemäß installierte Fantasie Ihrer Kunstwelt-Mitbewohner.

Die virtuellen Gestalten, denen Sie begegnen, glauben

an höhere Wesen, die sich als fliegende Menschen aus Magonia präsentieren? Kein Problem für Sie: Ein Handgriff, ein Antippen des für Sie eingeblendeten Menüs, und schon sind Sie ein Luftfahrer aus Magonia. Sie tauchen ein paar Jahrhunderte später auf. (Jahrhunderte bedeuten für Sie, die sie außerhalb des ganzen Systems stehen, nichts.) Sie erfahren, dass man sich fremde Intelligenzen als kleine graue Männchen vorstellt, die in strahlenden Sternenschiffen durch die Lüfte sausen und schwangeren Frauen ihre Babys rauben? Kein Problem. Sie tippen eine Menüfolge, und Sie *sind* ein solcher UFOnaut.

Warum Sie das tun? Vielleicht ist es für Sie nur ein Spiel. Vielleicht ist es ein Test. Vielleicht ist es ein Experiment. Vielleicht ist es ein übergeordnetes Programm, an dem Sie und Ihre Kollegen arbeiten. Vielleicht dient es dazu, die in den virtuellen Welten entstandenen Bewusstseinsinhalte zu ›liften‹, sie zu entwickeln, sie über Phasen der Regression, des Stillstandes hinaus zu Phasen der weiteren Evolution anzuregen.

Natürlich wissen Sie, dass Sie kein Gott sind. Ihnen unterlaufen Fehler. Sie müssen die Bewusstseinsinhalte, die sich dort im künstlichen Environment Ihres Computers entwickelt haben, täuschen. Sie dürfen die ›Wahrheit‹ – wie immer sie aussehen mag – nicht erfahren. Noch nicht. Alles braucht seine Zeit. Sie machen diesen ›Wesen‹ etwas vor: Sie schauspielern. Sie erzählen ihnen Märchen, am besten genau das, was sie hören wollen: dass Sie tatsächlich eine Fee sind, dass Sie tatsächlich aus Magonia kommen, dass Sie tatsächlich Embryos stehlen. Je nachdem. Und mögliche ›Beweisstücke‹ lassen Sie einfach wieder verschwinden…

UFO-Erscheinungen, Marienerscheinungen, Bigfoot-Erscheinungen, Luftschiffe, die sich auflösen, Raumschiffe, die abstürzen, außerirdische Leichen und halbirdische Föten: All das ist genauso real oder irreal wie unsere gesamte Wirklichkeit. Die *Anderen* gehen dabei sehr geschickt und sogar mit einem gewissen hintergründigen Sinn für Humor vor. Sie begegnen unseren Ahnen, die sie für Götter halten, nicht nur als lichtdurchflutete Wesen, sondern als Astronauten: Sie benutzen Raumschiffe, die heute konstruierbar sind, sie gestalten Tempel zu Erdbasen um, deren Zweck erst jetzt erkannt werden kann, sie hinterlassen technische Geräte und andere Artefakte, denen abenteuerliche Wege durch die Geschichte bevorstehen, und lassen Bauwerke errichten, die sich nun als Datenträger zeitunveränderlicher Informationen entpuppen.«

Und wozu das alles? Fiebag: »Wir sollen beginnen, uns, unsere Herkunft und unsere Auffassung von der Welt wieder infrage zu stellen. Es ist die Veränderung des Blickwinkels, die zu neuen Aus- und Einsichten führt.«

Steckt in der Mimikry-Hypothese die Lösung für all das Unerklärliche, das sich in der Welt der Religionen abspielt? Vermag die Hypothese zu erklären, weshalb einem Joseph Smith (Begründer der Religion der Mormonen) ein Engel Namens Moroni erschien und ihm das Buch Mormon diktierte? Stammen die Botschaften, die mehrere Religionsgründer empfingen, aus einer überirdischen Welt? Sind die Zwerge, denen so manch einsamer Bergwanderer begegnet sein will, dasselbe wie die Dschinnen (Geister), von denen es in der arabischen Literatur nur so wimmelt? Sind Erscheinungen nichts anderes als Manifestationen, verursacht durch eine fremde, uns haushoch überlegene Technologie? Wer argumentiert, dahinter stecke der liebe Gott oder die göttliche Allmacht, der muss von Gott eine ganz andere Vorstellung haben als ich. Wenn die vielen Religionen, die sich – wie jedermann weiß – rechthaberisch in den Haaren liegen, vom Geist Gottes inspiriert wären, dann müsste dieser Geist Gottes ein launisches und obendrein unschönes Spiel treiben, denn *wegen* der religiösen Rechthaberei verloren bisher Millionen von Menschen ihr Leben, wurden Hunderttausende gefoltert. Die namhaften christlichen Theologen, die gegen einen Pseudo-Gott Stellung bezogen, wurden allesamt wegkatapultiert. Im Namen der Religion. Und in der islamischen Welt wagt man gar nicht erst, kritische Fragen zu stellen. Mindestens zehn Prozent aller bekannt gewordenen Erscheinungsfälle sind Tatsachen. Fátima mit dem Sonnenwunder gehört dazu. Grundsätzlich gibt es drei Möglichkeiten der Erklärung:

a) Geschichtlich betrachtet gibt es keine Muttergottes. Sie ist eine Erfindung der jungen Kirche. Und Gottesmütter gab es schon längst in vielen *vor*christlichen Religionen. Also kann auch keine Muttergottes erscheinen. Die Erscheinungen müssen eine andere Ursache haben.

b) Es ist zwar richtig, dass die Muttergottes eine Erfindung der jungen Christenkirche ist, doch die Päpste haben diese Erfindung zur Realität werden lassen. Getreu dem Evangelistenwort:»...was du auf Erden binden wirst, wird auch im Himmel gebunden sein, und was du auf Erden lösen wirst, wird auch im Himmel gelöst sein« (Matth. Kap. 16, 19). Aus einer erfundenen Muttergottes wird so eine wirkliche Muttergottes.

c) Irgendjemand dort draußen spielt mit uns. Die Macht dieser Fremden ist der irdischen Technologie weit voraus (Mimikry-Hypothese). Genauso, wie sie mit uns spielen, könnten sie uns jederzeit vernichten. Dann muss gefragt werden: *Wer* ist dieser Universal Player? Gibt es unter den Playern eine Rangordnung, die dafür sorgt, dass unterentwickelte Zivilisationen wie wir *nicht* kaputtgemacht werden? Und wer oder was wäre dann der allerhöchste Gott hinter den Playern? Auch eine Zivilisation von Geisterwesen, die wir uns nicht mal vorstellen können, muss ja schließlich irgendwann ihren Anfang gehabt haben.

Variante a) ist an sich vernünftig. Der Ärger ist nur, dass es nun mal Marienerscheinungen gibt.

Variante b) ist die Unwahrscheinlichste. Weshalb? Weil dann Jesus wirklich »der eingeborene Sohn Gottes« gewesen sein müsste. Doch jeder Fachmann mit noch so vielen Doktortiteln, der sich in unserer Zeit mit dieser Frage auseinander setzte und weiß, wie die Evangelien zustande kamen, verneint die Gottessohnschaft.[68, 69, 70] Und wenn der Heilige Geist genauso hinter den Evangelien stünde wie hinter dem Koran, wie kann er dann über den Propheten Mohammed verkünden lassen: »Aber es ziemt sich nicht für Allah, dass er einen Sohn hätte.« Dieser Gottessohn wäre schließlich zu den Menschen geschickt worden, um sie von der Erbsünde zu erlösen. Womit wir wieder in den Widersprüchen des Alten Testamentes landen.

Variante c) ist möglich, aber man hat keine Beweise in der Hand. Nun bin ich einer von denen, die stets nach der Ursache fragen. (Wer oder was wäre der allerhöchste Gott hinter den Playern?) Jedes Ereignis hat ein anderes Ereignis als Auslöser. In der unsagbar komplizierten Quantenphysik stimmt diese Annahme nicht mehr. Das Kausalitätsprinzip, Ursache gleich Wirkung, ist aufgehoben. Die Quantenphysik lebt in einer Art Geisterwelt, in der man sich fragt, woher so etwas Seltsames wie Information stammt. Oder Zustände wie das Bewusstsein, die Fantasie, die Kreativität. Die Fantasie in meinem Kopf ist zwar da, und ich weiß einigermaßen, wie die Neuronen und ihre Schaltkreise im Gehirn funktionieren. Das erklärt mir aber die Fantasie an sich nicht. Wenn sie durch quantenphysikalische Effekte entsteht, lassen sich diese Effekte nicht messen, und außer einer Theorie habe ich keine Erkenntnis. Wenn die Kinder von Fátima ihre Erscheinungen nur im Kopf erlebten, woher stammt dann das reale Sonnenwunder? Und wenn die Fátima-Erscheinung nur auf quantenphysikalischen Effekten beruhen würde, wieso können dann die »Geister« hinter der Quantenphysik einen Monat vor dem Ereignis klipp und klar voraussagen, dass sich am 13. Oktober 1917 ein Sonnenwunder abspielen wird?

Man fühlt sich in dieser Welt ziemlich allein gelassen und jagt von Widerspruch zu Widerspruch. Das Sonnenwunder von Fátima am 13. Oktober 1917 war eine Realität. Ausgelöst durch eine Muttergottes, die es geschichtlich gar nicht geben darf. Bestätigt von einer Religion, die sich als einzig wahre ausgibt, obschon andere Religionen mit dem gleichen Anspruch auftreten. Dahinter soll ein Heiliger Geist stecken, der gleichzeitig Gott ist und die Päpste leitet, die definitiv Irrtümer verkündet haben. Bei all diesem Wirrwarr schmeckt mir die Variante c) am besten. Und die drei Päpste seit 1960 haben alles getan, um Variante c) erst denkbar werden zu lassen. Man erinnere sich:

Fátima 1917. Erst 1941 schreibt die Klosternonne Lucia das dritte Geheimnis von Fátima säuberlich auf und übergibt den Umschlag dem Bischof von Leiria. Der behält ihn 13 Jahre lang im Tresor, dann kommt er zum Heiligen Offizium in Rom. Dort bleibt der Umschlag nochmals 18 Monate liegen, bis ihn Papst Johannes XXIII. am 1. August 1959 öffnet. Johannes XXIII. versiegelt den Umschlag, gibt ihn ans Heilige Offizium zurück mit dem Befehl, die Botschaft nicht zu veröffentlichen. Sechs Jahre später geschieht unter Paul VI. das Gleiche, und 14 Jahre später unter Johannes Paul II. nochmals. Am 18. Juli 1981

– nach dem Attentat auf den Papst – das Gleiche ein viertes Mal. Alle Päpste verweigern die Veröffentlichung mit dem Hauptargument, »es betrifft unseren Glauben«. 83 Jahre nach Fátima (am 19. April 2000) schickt der Papst einen hochrangigen Botschafter zur greisen Nonne Lucia, um einige Fragen zur Deutung des dritten Geheimnisses zu klären. Also war wohl nur wenig klar, die Heilige Muttergottes hatte sich vor 83 Jahren wohl unklar ausgedrückt. Zudem hatte der Heilige Geist den Verstand der Klosternonne nicht geleitet, als sie 1941 die Botschaft säuberlich niederschrieb. Mitte 2000 beschließt das Heilige Offizium plötzlich, den Text mit dem Geheimnis freizugeben – und nichts passt. Wäre *der* Text, der im Juni 2000 veröffentlicht und von Kardinal Ratzinger langatmig kommentiert wurde, identisch mit dem Originaltext, so hätte es für die Päpste keinen Grund gegeben, ihn nicht *vorher* bekannt zu machen. Auch die Aussage der Päpste, sie könnten das Geheimnis nicht veröffentlichen, weil es »den Glauben« betreffe und »eine Panik unter den Menschen ausbrechen würde«, wäre bei *der* Fassung, die im Sommer 2000 veröffentlicht wurde, völlig absurd. Im Vatikan wird geschummelt. Ursprünglich hatte Schwester Lucia erzählt, »die Dame« habe verlangt, dass das Geheimnis am 17. Oktober 1960 veröffentlicht werde. Später sagte Lucia, nicht »die Dame«, sondern sie selbst habe das Datum gesetzt, »weil man es, wie ich spürte, vor 1960 nicht verstehen würde«. Selbst wenn diese Aussage stimmt und nicht, wie ich den Verdacht habe, der greisen Klosternonne untergeschoben wurde, hätten die Päpste die Botschaft auch im Jahre 1960 nicht verstanden, denn sie verweigerten allesamt eine Veröffentlichung. Ich befürchte, der Vatikan hat sich hier in eine schreckliche Geschichte hineinmanövriert, aus der er nicht mehr herauskommt. Aus zwingenden Gründen:

134

Am 17. Oktober 1942 hatte Papst Pius XII. Fátima dem »unbefleckten Herzen Marias« geweiht. Pius XII. kannte das Geheimnis *nicht*! (Es wurde erst 1959 geöffnet.) Mit der Weihung war Fátima definitiv zum katholischen Wallfahrtsort zu Ehren der Muttergottes avanciert. Dies ließ sich nicht mehr rückgängig machen, denn die Päpste sind unfehlbar. Fátima wuchs und wuchs zu einem unglaublichen Zentrum des katholischen Marienkultes. 1959 las Johannes Paul XIII. erstmals die Botschaft und muss wohl fürchterlich erschrocken sein, denn darin stand überhaupt keine Verkündung der Mutter Maria. Das Gleiche widerfuhr den darauffolgenden Päpsten. Logischerweise konnten sie die Botschaft von Fátima nicht mehr publik machen, weil Fátima inzwischen zu einem einzigartigen Wallfahrtsort gewachsen war. Die Aussage der Päpste, die Botschaft betreffe »unseren Glauben«, war absolut richtig. Ebenso wie diejenige von Johannes Paul II., der 1980 in Fulda gesagt hatte: »Wegen des schwerwiegenden Inhaltes zogen meine Vorgänger im Petrusamt eine diplomatische Fassung vor.« Richtig. Es *betraf* im wahrsten Sinne den Glauben und war sehr »schwer wiegend«, denn wie hätte man den Gläubigen im Nachhinein erklären sollen, dass es sich gar nicht um eine Botschaft »der lieben Mutter Jesu« handelte? Dies erklärt auch, weshalb der Bischof von Leiria die Botschaft 13 Jahre lang bei sich behielt. Er hatte sie natürlich gelesen und konnte wenig damit anfangen. Vielleicht hoffte er, das Rad der Zeit würde sich dereinst anders drehen, vielleicht hatte das Kind Lucia 1917 ja nur irgendetwas dahinfantasiert. (Nach Aussage von Schwester Lucia durften der Patriarch von Lissabon und/oder der Bischof von Leiria den Umschlag öffnen.)

Und was könnte wirklich im Originaltext des dritten Geheimnisses von Fátima gestanden haben? Außer den

Eingeweihten weiß es niemand. Aber 70 000 Menschen erlebten ein Sonnenwunder, eine rotierende, leuchtende Scheibe, die sich zwölf Minuten lang zeigte. Ich betrachte dies als guten Hinweis auf eine Gruppe Außerirdischer. Vielleicht begrüßten sie in der Botschaft die Menschheit und machten darauf aufmerksam, dass wir nicht allein im Universum leben. Vielleicht teilten sie auch mit, dass sie demnächst wiederkommen würden und es vernünftig wäre, wenn die Menschheit auf ein derartiges Ereignis vorbereitet sei. Solange der Vatikan nicht die ungeschminkte Wahrheit verkündet, ist jeder halbwegs vernünftige Gedanke berechtigt, denn so, wie es die Päpste und Kardinal Ratzinger darstellen, war es mit Sicherheit nicht. Quod erat demonstrandum.

Da Päpste und Mitglieder des Heiligen Offiziums im Allgemeinen wenig von Raumfahrt verstehen, noch weniger von ETs, von interstellaren Distanzen oder den vielfachen Möglichkeiten extraterrestrischen Lebens, geschweige denn von Technologien einer fernen Zukunft, steht zu befürchten, dass sie den »schwerwiegenden Inhalt« (Johannes Paul II.) der Botschaft von Fátima selbst nicht verstehen. In ihrem unerschütterlichen Glauben könnten sie annehmen, die Botschaft stamme vom himmlischen Gegenspieler, dem Teufel. Das wäre genauso schlimm wie eine Botschaft von Außerirdischen, denn Fátima ist nun mal zum katholischen Wallfahrtsort geworden.

Mir persönlich gefällt die ganze Entwicklung genauso wenig wie unzähligen gläubigen Katholiken. Ich bin selbst katholisch erzogen worden. Auch mich schmerzt es sehr, von schönen Vorstellungen aus der Kindheit Abschied nehmen zu müssen. Ich kenne die wunderbaren Lieder zu Ehren der Muttergottes. Ich kenne das angenehme Gefühl der Verbundenheit mit anderen Gläubigen in einer Kirche, kenne die gregorianischen Gesänge, die Orgelmusik, den Weihrauch und den Kerzenschimmer. Und wenn ich hier Fragen aufgeworfen habe, wie sie auch von herausragenden Theologen gestellt wurden, und mögliche Antworten geboten habe, auf welche die Theologenschaft noch nicht gekommen ist, dann sollte man dahinter keine psychologischen Gründe suchen. Ich betreibe weder eine Abrechnung mit irgendeiner Vergangenheit, noch möchte ich die Gläubigen verwirren (die dieses Buch ohnehin nicht lesen). Weshalb dann diese Betrachtungen über Fátima und das Alte Testament? Weil es so, wie's dargestellt wird, nicht stimmt. Weil sich Menschen nicht gerne anlügen lassen. Weil andere Menschen sich ebenfalls Gedanken über ihren Gott und ihre Religion machen sollten und nicht stur etwas glauben sollen. Glaube braucht keinen Beweis – und macht glücklich. Genau darin liegt die Gefahr. Denn jede Kirche oder Sekte behauptet schließlich, im Besitz der allein gültigen Wahrheit zu sein. Also kämpft man für die (angebliche) Wahrheit und greift zum Schwert und zur Maschinenpistole. Darf's – im Namen Gottes – auch eine Atombombe sein oder chemische Kampfmittel, um den Andersgläubigen auszurotten? Die weltweite Zahl von Konflikten mit religiösem Hintergrund steigt von Jahr zu Jahr. Es wimmelt auf diesem Planeten von frommen Fanatikern und rücksichtslosen Gotteskriegern. Gute und vernünftige Menschen verhalten sich anderen Menschen gegenüber anständig – ob sie nun religiös seien oder nicht. Damit aber gute und anständige Menschen etwas Schreckliches und Böses tun – dazu braucht es die Religion. In ihrem Namen ist jede Gräueltat berechtigt. Dies ist der Grund, weshalb ich tue, was ich tue. Ich wehre mich gegen religiöse Rechthaberei und betrachte mich eher als »Arbeiter im Weinberge Gottes«, denn das meiste, was wir Menschen dem lieben Gott anhängen, ist eine Beleidigung der grandiosen Schöpfung. Der Weg der Erkenntnis war immer steinig, und unsere irdischen Vorstellungen von Moral und Ethik müssen nicht unbedingt identisch sein mit der Denkweise von Außerirdischen.

Da die Muttergottes nun mal erschienen ist (nicht nur in Fátima), gibt es für die Gläubigen einen vagen Ausweg aus dem Dilemma, um die Welt wieder einigermaßen ins Lot zu bringen. Nehmen wir Variante c), die Mimikry-Hypothese. Irgendwer dort draußen spielt mit uns. Dieser Irgendwer kennt natürlich die Menschen und ihre Religionen und weiß, dass Abermillionen von uns felsenfest an eine Muttergottes glauben. Also schlüpft man in die Rolle dieser Muttergottes, nennt sich so und manifestiert sich so. Und die Welt ist wieder in Ordnung. Ave Maria!

3. Kapitel
WÄLDER VOLLER STUPAS

Gedanken sind zwar zollfrei,
aber man hat doch Scherereien.

(Karl Kraus)

Die Straße lag im Halbdunkel. Überall flackerten kleine Feuerchen von Garküchen. Es wimmelte von braunen Menschen, die alle auf kleinen Stühlchen saßen, gerade einmal 15 Zentimeter hoch, und selbst die Tischchen waren nicht höher als im Zwergenland. Befand ich mich unter den Liliputanern? Nein, die Menschen um mich herum waren völlig normal gewachsen, wegen der winzigen Stühlchen reichten ihre Knie bis an die Brust. Beim Gedanken, mich hier setzen zu müssen, kam ich mir reichlich verloren vor. Wie ein Riese im Kindergarten. Dabei bin ich selbst nur 1,68 Meter groß. Wie Fähnchen aus verschiedenen Farben drangen unterschiedliche Düfte in meine Nase. Von süßlich bis säuerlich, von ranzig bis verbrannt war alles darunter.

Die nächste Kreuzung im Schachbrettmuster der Stadt brachte mich zur Hauptverkehrsader. Die bisherigen Düfte vermischten sich mit dem Gestank von Autoabgasen. Auch an den Rändern der Hauptstraße standen Hunderte von Stühlchen und Tischchen. Zwischendurch, am Boden ausgelegt, Unmengen von Waren: Plastikkitsch für die Kleinen, Sandalen und Schuhe neben Hemden und Stoffballen aller Farben, und dann auf etwa 60 Meter

Länge ausgebreitet, Brillen für alle Gesichter und Nasen dieser Erde. Ich hatte Mühe, nirgendwo draufzutreten.

Asiens Städte sehen alle ähnlich aus, sie schmecken ähnlich, und oberflächlich betrachtet scheinen auch die Menschen ähnlich zu sein. Und doch war diese Stadt, die ich gerade durchstreifte, völlig anders.

Direkt vor mir, keine 300 Meter entfernt und zudem mitten auf einer Straßenkreuzung, ragte eine mehrstufige Weltraumrakete in den Himmel. Angestrahlt von vielen Scheinwerfern und von unten bis zur Spitze mit purem Gold überzogen. Ein Respekt einflößender Anblick. Respekt vor einer grandiosen Leistung im Namen der Religion. Was wie eine Rakete aussah, war eine von mehreren tausend Pagoden in diesem Land der goldenen Stupas. Burma hieß das Land früher, Myanmar heißt das zwischen Thailand, China und Indien liegende Land heute. Die Stadt, die ich durchstreifte, heißt Yangon (früher Rangun). Hier wimmelt es, mitten im Gewimmel von Autos, Geschäften und Fußgängern, doch auch am Ufer des Flusses Ayeyarwady, nur so von unbeschreiblich prächtigen Pagoden. In diesem Land sind nur Buddha und die Regierung reich. Nirgendwo auf der Welt wird Buddha derart verehrt wie in Myanmar. Seit Jahrtausenden opfern die Gläubigen Jahr für Jahr Tonnen von Blattgold und Edelsteine, um die Pagoden damit zu schmücken und irgendeine Erleichterung in diesem oder im nächsten Leben zu gewinnen. Ich stand vor der Sule-Pagode, die man auch »das Herz der Stadt« nennt. Obschon die Nacht längst hereingebrochen war und der Verkehr rings um die Pagode stank, entdeckte ich da und dort Gläubige vor kleinen Schreinen, die hingebungsvoll zu den Figuren und Lichtlein hinter den Gittern starrten. Hier herrscht ein Zauber, den die Welt außerhalb Myanmars nicht nachvollziehen kann.

Dieses Land ist von Religion und Astrologie durchwo-

140

Die Sule-Pagode in Yangon steht mitten im Verkehrsgewimmel.

ben. Die Kinder bekommen keine eigentlichen Vornamen, und sie übernehmen auch nicht die Namen ihrer Väter. Zudem lässt sich aus den Vornamen nicht ableiten, wer ein Junge und wer ein Mädchen ist. Jungen wie Mädchen können Kyan Kyan, Zan Zan, Maung Maung oder etwa Cho Cho heißen. Dem Unterschied zwischen männlich und weiblich trägt man später allein in der Ansprache »Herr« oder »Frau« Rechnung. Alle Namen haben etwas mit dem Wochentag und dem Monat der Geburt zu tun, doch kann man sie im Laufe des Lebens auch wieder ändern. So darf jemand die ersten fünf Buchstaben eines Monats nur dann verwenden, wenn er am Montag geboren wurde. Zudem müssen die Zeichen des aus 33 Buchstaben bestehenden

Ein goldener Stupa am Ayeyarwady-Fluss.

Alphabets aufsteigend sein. Oder fortlaufend wie Dienstag, Mittwoch, Donnerstag. Denn aufsteigend ist auch das Leben. Gründet jemand eine Firma, so wird der Firmenname vom Astrologen festgelegt. Nur ein besserer Astrologe kann den Firmennamen ändern, falls die Geschäfte schlecht laufen. Jemand, der am Freitag geboren wurde, wird an einem Altar vorwiegend ein Opfer darbringen, das dem Freitag gewidmet ist. In diesem Lande ist es nicht verwunderlich, dass Abertausende von Pagoden astronomisch ausgerichtet sind. Die Sule-Pagode, vor der ich stand, ist den Planeten, den Himmelstieren und den acht Himmelsrichtungen zugeordnet.

Bevor die Briten kamen, war Myanmar eine Monarchie. Genau zum 2400. Todestag von Buddha, im Jahre 1861, verlegte der damalige König Mindon (1853–1878) seine Residenz nach Mandalay, einer Märchenstadt im Zentrum von Myanmar. Schon der Name Mandalay klingt in westlichen Ohren wie Musik. Mandalay war die Stadt Buddhas, und angesichts der britischen Bedrohung rief König Mindon in Mandalay »die fünfte große Synode« zusammen. Eine Versammlung, vergleichbar den Konzilien in der christlichen Kirche. Damals, im Jahre 1872, trafen 2400 buddhistische Gelehrte in Mandalay zusammen und erstellten den Tipitaka-Kanon, die buddhistische »Lehre der drei Körbe«. Vorher existierte diese Lehre nur auf Palmblättern, jetzt ließ König Mindon sie in 729 Marmortafeln meißeln, sie sollten bis zum Erscheinen des nächsten Buddhas unzerstörbar bleiben. Alle 5000 Jahre, so die Lehre, werde ein Buddha wiederkommen. Da bereits 2400 Jahre seit dem letzten Buddha verstrichen waren, müssten die Marmortafeln noch 2600 Jahre erhalten bleiben. Deshalb ließ König Mindon zusätzlich über jeder Marmortafel eine Pagode errichten. Das Resultat ist eine Anlage, die als das »größte Buch der Welt« bezeichnet wird. Mit Recht. Eine heute vorliegende Papierabschrift besteht aus 38 Bänden mit je 400 Seiten. Dem hat die Christenheit nichts entgegenzusetzen.

Natürlich waren die Briten, angesichts ihrer Waffentechnologie kein Wunder, gegen die Könige von Mandalay siegreich. Sie errichteten eine Festung und beherrschten das Land und den Fluss bis in den Norden an die chinesische Grenze. Der literarische Chronist und Protagonist englischer Kolonialherrschaft, Rudyard Kipling, machte Mandalay mit einem Gedicht unsterblich:

> *On the road to Mandalay,*
> *where the flyin' fishes play...*
> *Come you back to Mandalay,*
> *where the old Flotilla lay...*
> *For the wind in the trees*
> *and the temple bells they say,*
> *you british soldier,*
> *come you back to Mandaley.*
> *(R. Kipling: The road to Mandalay, 1887)*

Die Briten nannten Myanmar noch Burma, seit 1989 hat das Land seinen ursprünglichen Namen wieder angenommen. Wie die Geschichte eines jeden Landes beginnt sie auch hier in einer mythologischen Zeit. Irgendwann sollen Drachen oder fliegende Schlangen (Nagas) vom Himmel gestiegen sein und die ersten Menschen unterwiesen haben.[71] Sie zeigten den Menschen auch, wie man Gold und Edelsteine aus der Erde und dem Wasser holt. Heute noch betrachten die Myanmaren den 2170 Kilometer langen Ayeyarwady-Fluss als »Leine des Drachens«, selbst die Umrisse des Landes werden als die eines Drachens betrachtet. Der Ayeyarwady ist die Lebensader des Landes, vergleichbar dem Nil in Ägypten. Das Drachenmotiv ist

144

in ganz Asien wohl bekannt und eines der prähistorischen Rätsel der Menschheit. Kein Mensch kann je einen fliegenden und obendrein Feuer speienden Drachen gesehen haben, weil es in der Evolution keine derartigen Wesen gab. Ich habe schon gehört, gemeint seien Urerinnerungen an die Saurierzeit. Doch auch dieser Vergleich geht nicht auf. Als sich die Saurier vor über 60 Millionen Jahren auf der Erde breit machten, gab es noch nicht mal einen Vormenschen. In China, dem Nachbarland Myanmars, waren die Drachenkönige die ursprünglichen Kulturbringer und Begründer der 1. Dynastie. Mehrere chinesische Herrscher genossen das Privileg, mitsamt ihrem Haushalt eine Himmelsfahrt in einem fliegenden Drachen zu erleben.[72] Chinesische Mythologien berichten über diesen Himmelsdrachen, wie er lärmend und Angst verbreitend über die Erde geflogen sei, doch den Menschen auch Kulturgüter gebracht und sie in vielen Belangen unterwiesen habe.[73] Noch während der Regierungszeit von Chuen, einem der Urkaiser Chinas, habe der göttliche Baumeister Yü inmitten eines Sees einen großen Turm errichten lassen, um die Flugbewegungen des Drachens am Firmament besser beobachten zu können.[74] Der Himmelsdrache ist in den Mythologien allgegenwärtig – bis in die christliche Zeit, obschon hier mit Sicherheit nie ein Drache beobachtet wurde. Die Heiligen Georg, Sylvester und Michael werden mit dem Drachen in Verbindung gebracht, er kommt in der »Geheimen Offenbarung« des Neuen Testamentes vor und selbstverständlich auch bei Propheten des Alten Testamentes. In bildlicher Darstellung existieren Drachen schon auf sumerischen Rollsiegeln, ägyptischen Schminktafeln oder als fliegende Schlange wiedergegeben in Pharaonengräbern im Tal der Könige. Ganz zu schweigen von den (viel späteren) zentralamerikanischen Völkern. Dort ist die geflügelte Schlange das Symbol der

Götter, die einst vom Himmel stiegen. Und – dies nur am Rande – bei den nordamerikanischen Indianern ist es das Motiv des Thunderbirds (Donnervogels).

Niemand wird bestreiten, dass der fliegende Drache in vielen Schöpfungsmythen einen festen Stammplatz hat. Weshalb? Psychologen meinen, unsere Vorfahren hätten einen außergewöhnlichen Vogel beobachtet. Aber der spuckt kein Feuer, lärmt nicht, lässt die Täler nicht erschüttern, nimmt keine Passagiere mit, zeugt keine Kinder (was in China geschah) und unterweist schon gar keine Menschen. Die Menschen der Steinzeit kannten Vögel und hatten dafür auch ein Wort. Doch das, was weltweit gesichtet wurde, kann kein Vogel gewesen sein. Man rang nach Worten und Vergleichen, weil es das Unbeschreibliche nicht gab. Irgendwann wurde eine Feuer spuckende Schlange und im asiatischen Raum ein Drache daraus. Geschockt vom Erlebten, berichteten die Väter den Söhnen und die ihren Enkeln von den eindrücklichen Ereignissen. Im Laufe der Zeit verloren die einstigen Tatsachenberichte mehr und mehr an Konturen und nisteten sich schließlich in den Mythos ein. Der Mythos ist das vage Volksgedächtnis.

So auch in Myanmar. Weil es in der Steinzeit keine Landesgrenzen gab, war das, was für die chinesische Mythologie galt, ebenso für das (heutige) Nachbarland Myanmar bestimmend. Die erste geschichtlich erfasste Volksgruppe, die im Lande des Ayeyarwady-Flusses registriert wurde, war das Volk der Mon (das Wort hat nichts mit unserem Mond zu tun). Die Mon kamen aus Zentralasien und gehörten sprachlich zur Mon-Khmer-Kultur. Dies weiß man aus ihren Inschriften. Das Volk der Mon hatte den Buddhismus angenommen und soll, so die Legende, bereits vor 2500 Jahren die erste Pagode errichtet haben: die Shwedagon-Pagode in Yangon.

146

Die heutige Shwedagon-Pagode ist unbeschreiblich.
»Man sagt, dass sich auf der Shwedagon mehr Gold befinde als im Safe der Bank von England.« Dieses Zitat stammt aus dem einzigen herausragenden Reiseführer über Myanmar von Wilhelm Klein und Günter Pfannmüller. Beide sind außergewöhnliche Kenner des Landes: »Allein der massive, glockenförmige Stupa bildet eine einzige, 100 Meter hohe Schatztruhe. In seinem Innern befinden sich, will man der Legende glauben, acht Haare des letzten Buddha sowie weitere Reliquien der drei Buddhas, die vor ihm lebten [von denen gesagt wird, sie seien im Abstand von 5000 Jahren gekommen]. Und außen ... nun, der Stupa ist mit 8688 Goldplatten belegt, von denen jede einzelne nach heutigem Wert etwa 1000 DM kosten würde. 5448 Diamanten sowie 2317 Rubine, Saphire und Topas schmücken seine Spitze; und ein riesiger Smaragd, der die ersten und letzten Sonnenstrahlen des Tages einfängt, krönt das Bauwerk.«[75]

Als ich die Shwedagon-Pagode besuchte, hatte ich Mühe, die Vergangenheit und die Gegenwart auseinander zu halten. Oft kam ich mir auch vor wie in einem unwirklichen Science-Fiction-Film. Zuerst erklimmt man einen endlosen Aufstieg von Vorhof zu Vorhof, bis man endlich – nach Hunderten von Stufen – in die Nähe des kreisrunden, goldenen Zentrums gelangt. Hier reiht sich Heiligtum an Heiligtum. Hinter Buddha-Köpfen befinden sich elektronisch gesteuerte Miniaturlämpchen, die Kreise und Strahlen aus Buddhas Gehirn schießen lassen. Ringe und Strahlenbündel scheinen aus dem Universum auf Buddha zuzurasen. Die totale Erleuchtung. (Es mag spöttisch klingen, ist allerdings überhaupt nicht so gemeint.) In unseren christlichen Wallfahrtsorten geht es kaum anders zu. Nur wird man in der Shwedagon-Pagode von glitzerndem Gold und Diamanten beinahe erdrückt. Ich musste un-

Die Shwedagon-Pagode, vollständig vergoldet, ist hier mit Bambusmatten abgedeckt.

willkürlich an die spanischen Eroberer denken, die nach Zentral- und Südamerika aufgebrochen waren, und dort die Maya und die Inka des Goldes wegen ermordeten. Dem Himmel sei gedankt, dass die europäischen Eroberer nichts vom Goldland Myanmar wussten, das schon seit Jahrtausenden existierte. Im Namen des Kreuzes wäre wohl eine unvergleichliche Kultur vernichtet worden.

Stundenlang schlenderte ich durch die Shwedagon-Pagode und hatte oft Mühe, meinen Blick von den Figuren zu reißen. Da standen Statuen in undefinierbaren Gold-Silber-Legierungen, geradeso, als wären sie dem Film *Star Wars* entsprungen. Dazu die mystischen Helfer, die Beschützer Buddhas, die es zumindest zu Lebzeiten des letzten Buddhas nicht gegeben haben kann. Hier ist Mythologie in Gold und Silber gegossen worden. Nicht rostend für die Ewigkeit. Ein einzigartiger Anschauungsunterricht. Natürlich fehlte auch das Drachenmotiv nicht.

Die oberste Terrasse ist mit weißen Marmorplatten ausgelegt. Mittendrin thront der goldene Stupa mit einem Umfang von 433 Metern. Der Stupa selbst liegt auf einer achteckigen Bodenplatte, wobei an jeder Ecke acht kleinere Stupas stehen, insgesamt also 64. Davor einige Sphinx-ähnliche Mischwesen. Mythologie pur. Der Stupa, rund 100 Meter hoch, ragt in den Himmel wie ein leuchtender Finger ins Universum, umgeben von farbenspuckenden Diamanten, ganz zuoberst eine kleine Kugel von 25 Zentimeter Durchmesser aus schwerem Gold. Damit nicht genug. Auf der Goldkugel funkelt ein Smaragd von 76 Karat, der sich vom ersten bis zum letzten Sonnenstrahl mit Energie auflädt. Lasertechniker hätten ihre helle Freude daran.

Unser Planetensystem und das Universum sind in der Shwedagon-Pagode allgegenwärtig. Nach myanmarischen Überlieferungen gelten auch die Sonne und der

149

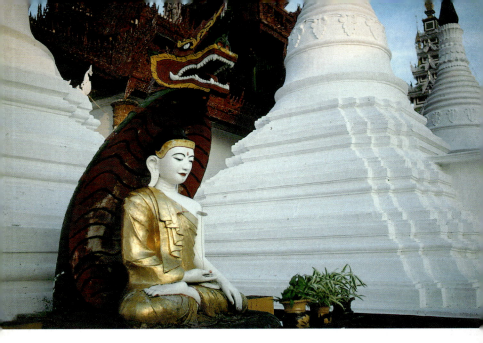
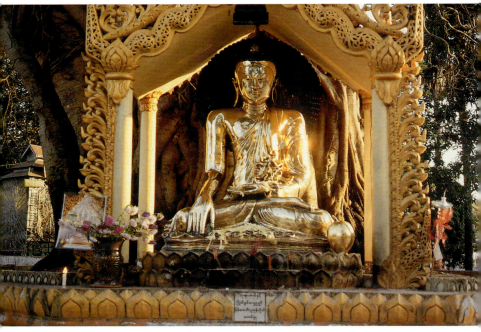

Buddha und seine Helfer sind allgegenwärtig.

Mond als Kugeln.[76] Deshalb gibt es eine Sonnenandachtstelle, welcher der Sonntag und der Göttervogel Garuda zugeordnet sind. Zur Mondandachtsstelle gehören der Montag und der Tiger. Jeder Planet hat seine Tage und Tiere. Dementsprechend gibt es in der Shwedagon-Pagode für jeden Planeten einen Ort der Verehrung.

- Mars entspricht dem Dienstag. Tier ist der Löwe.
- Venus entspricht dem Freitag. Tier ist das Meerschweinchen.
- Jupiter entspricht dem Donnerstag. Tier ist die Ratte.
- Saturn entspricht dem Samstag. Tier ist ein mythologisches Schlangenwesen (Naga).
- Merkur entspricht dem Mittwoch. Tier ist der Elefant.

Dazu kommen die Orte der Verehrung für den unbekannten Planeten, für die acht Wochentage und für die Sakka-Könige, die den himmlischen Gefilden des Berges Meru entstammten. Da alle Myanmaren schon von ihren Namen her mit den Wochentagen und so mit den Planeten verbunden sind, beten die Gläubigen auch an den ihnen zugeordneten Plätzen: die mit dem Namen Dienstag beim Mars, die mit Donnerstag beim Jupiter etc. Selbstverständlich haben die Myanmaren auch ihren eigenen Kalender. Die Woche hat hier acht Tage. Und das Jahr 1999, als ich das Land besuchte, entsprach in Myanmar dem Jahr 1361.

Und genauso wie es an christlichen Wallfahrtsorten Wunder gibt, gibt es sie auch hier. Bestimmte Punkte in der Shwedagon-Pagode sind ausdrücklich Wundern vorbehalten. Hier beten die Gläubigen besonders intensiv und erbitten sich Erleichterungen für das gegenwärtige und das kommende Leben. Vor dem »Stein der Wunscherfüllung« verbeugen sich die Gläubigen, heben den Stein hoch und sprechen dazu: »Dieser Stein möge leicht werden, wenn sich mein Wunsch erfüllt.« Bleibt der Stein schwer, wie er ist, muss das Wunder warten, oder der Wunsch bleibt aus himmlischer Vorsehung unerfüllt. Viele Wunder haben sich hier und in anderen Pagoden des Landes ereignet. Und wer ist dafür zuständig? Der grandiose Geist des Universums? ES, das um uns und in uns ist und von dem wir ein mikroskopischer Bestandteil sind? Es gibt in der Shwedagon-Pagode sogar eine erhöhte Plattform, auf der ausschließlich Männer zugelassen sind. Auch hier geschehen Wunder.

Es war Abend geworden. Das Gold der Pagode leuchtete in glänzendem Dunkelgelb. Zuoberst auf der Spitze des Stupa funkelte der Smaragd. Plötzlich tauchte auf der Marmorplattfom eine Kolonne von Menschen auf, jeder

152

Zur täglichen Putzkolonne wird nur zugelassen, wer Geburtstag hat.

mit einem Besen bewaffnet. Auf Kommando schob sich die Kolonne rund um die Tempelplattform, und ließ da und dort ein Häufchen Dreck zurück, das von einer zweiten Kolonne in einen Abfalleimer befördert wurde. Ich vernahm, die Damen und Herren würden ihre Arbeit freiwillig tun, doch zugelassen wird nur, wer am betreffenden Tag Geburtstag hat.

So ist das bei den Myanmaren. Astrologie bestimmt das Leben von der Geburt bis zum Gong des Todes und weiter in die nächste Runde.

Über die ursprüngliche Entstehung der Shwedagon-Pagode gibt es eine Überlieferung, die tiefer in die Vergangenheit zurückreicht als der Buddhismus. Doch was ist eigentlich dieser Buddhismus?

Buddha bedeutet im Altindischen »der Erwachte«, »der Erleuchtete«. Mit bürgerlichem Namen hieß Buddha Siddhartha, was im Sanskrit »einer, der sein Ziel erreicht hat« bedeutet. Buddhas Geburtsjahr wird ungefähr auf das Jahr 560 v. Chr. datiert. Er entstammte der adeligen Familie der Sakajas und wuchs im fürstlichen Palast seines Vaters im Vorland des nepalesischen Himalaja auf. Entsprechend der Sitte indischer Adelsgeschlechter, sich einen Namen aus den heiligen Schriften (den Veden) zuzulegen, führte er den persönlichen Namen Gotama (Gautama). Im Alter von 29 Jahren hatte er genug von seinem langweiligen, nutzlosen und luxuriösen Dasein. Er verließ die Heimat, wanderte als Bettler umher und übte sich jahrelang in der Kunst der Meditation. Er suchte einen neuen Weg, der dem Leben einen Sinn geben konnte. Wann all dies geschah, weiß niemand genau. Eines Tages, unter dem Bodhibaum in Bodhgaya sitzend, öffnete sich ihm das Universum: Der Tag der Erleuchtung war gekommen. Plötzlich empfand er sich selbst als Inkarnation eines Himmelswesens. Er begann zu predigen, legte sich Jünger zu und pries den Weg der Erkenntnis, den alles Fleisch zu gehen habe. Er gründete den Mönchsorden Sangha, durchzog Nordindien und starb an der nepalesischen Grenze.

Buddha selbst hinterließ – wie Jesus – keine einzige Schrift. Seine Predigten wurden durch seine Jünger notiert und verbreitet. So lehrte Buddha »die vier Wahrheiten«, jenen Weg, auf dem jeder Mensch ein Erleuchteter werden könne. Dabei setzte Buddha die Existenz vergangener *und* zukünftiger Buddhas (Erleuchteter) voraus. In seinen Abschiedsreden, im *Mahaparinibbana-Sutta*, spricht er von den zukünftigen Buddhas. Einer von ihnen, so verkündete er, werde zu einer Zeit kommen, in der Indien mit Menschen übervölkert sein werde. Die Dörfer und Städte würden so dicht besiedelt sein wie Hühnerhöfe. In ganz Indien würde es 84 000 Städte geben. In der Stadt Ketumati (dem heutigen Benares) würde ein König namens Sankha leben, der die ganze Welt beherrsche, und zwar nicht mit Gewalt, sondern ausschließlich durch Gerechtigkeit. Unter seiner Herrschaft würde der erhabene *Metteyya* (auch *Maitreya* genannt) auf der Erde auftauchen. *Metteyya* sei ein außergewöhnlicher und einzigartiger »Wagenlenker und Weltenkenner«, ein Lehrer von Göttern und Menschen. Der perfekte Buddha.

Im Gegensatz zum Christentum, wo der Religionsgründer Jesus zum Gott gemacht wurde, ist Buddha kein Gott. Die Gläubigen beten nicht ihn direkt an, sondern sie möchten über Buddhas Lehre und seinen Geist Erleuchtung und Hilfe erlangen. Im Laufe von 2500 Jahren haben sich die unterschiedlichsten buddhistischen Schulen entwickelt. Jede Schule beruft sich auf Überlieferungen der ursprünglichen Buddha-Jünger und auf Erkenntnisse durch die Erleuchtung. In den Hauptpunkten aber sind sich alle einig.

Die buddhistischen Myanmaren glauben, im Zentrum der Welt stehe der heilige Berg Meru. Um ihn herum liegen sieben Meere, und dort wiederum sind verschiedene Ebenen des Seins angesiedelt. Da gibt es beispielsweise das Reich der Sinne, das Reich der Formlosigkeit oder das Reich des Feinstofflichen. Insgesamt sind es 31 Seinsebenen, die weit über den Berg Meru hinaus ins Universum führen. Da draußen existieren unzählige Welten und Himmel, die in großen Distanzen voneinander entfernt liegen. Selbst die Galaxien kommen und vergehen. Zurzeit soll es 10 100 000 Universen wie das unsere geben. Mit Leben aller Art.

Nach der Vorstellung des Buddhismus in Myanmar

Burritaca (Kolumbien) ist aufgebaut wie eine Hochzeitstorte: eine Terrasse über der anderen.

kommt alle 5000 Jahre ein neuer Buddha. Nun berichtet die Legende zur Shwedagon-Pagode, der Hügel, auf dem später dieses Heiligtum errichtet wurde, sei schon lange Zeit zuvor ein heiliger Platz gewesen, denn an diesem Ort seien die Reliquien eines *noch früheren* Buddhas aufbewahrt worden. Und zwar ein Kleidungsstück, eine Kelle und ein Stab. Als nahezu 5000 Jahre verstrichen waren, wartete ein König namens Okkalapa auf den neuen Buddha. Und dies zu einer Zeit, als der gegenwärtige Buddha noch als Jüngling im luxuriösen Palast seiner Eltern weilte. Das Jahrtausend war fast abgelaufen, als der gegenwärtige Buddha unter dem Bodhibaum in Bodhgaya seine

Erleuchtung erlebte und dem König Okkalapa an jenem
Ort in Myanmar erschien, auf dem heute die Shwedagon-
Pagode steht. Der Platz der Shwedagon-Pagode war demnach von alters her ein heiliger Ort, denn hier wurden bereits Reliquien eines früheren Buddhas verehrt.

Was in der Christenheit der Kirchturm, im Islam das
Minarett, ist im Buddhismus der Stupa: ein glockenför-
miges Bauwerk, das in einem schmalen Turm endet. Für
Buddhisten hat ein Stupa viele Bedeutungen, er kann als
Symbol für das Ende der Lebensreise betrachtet werden,
er kann ein Grab sein oder das Zentrum der schöpferischen Kraft. Der Stupa spiegelt in seiner Dreiteilung – Basis, Dom, Turm – auch die buddhistische Dreieinigkeit
wider. Die Zahl Drei gilt im Buddhismus als die charakte-
ristische Dimension des Raumes. Auch wird der Stupa als
»Beförderungsmittel zur Götterwelt« betrachtet, deshalb
sitzt in so manchen Stupas ein Buddha und vollführt rituelle Handbewegungen. Ursprünglich soll der Stupa nur
die Form eines halben Eies mit einem Mast darauf gehabt
haben. Aus dem Ei stiegen die Lehrmeister, doch gilt der
Stupa auch als Abbild des Kosmos, seine Form symbolisiert den Weltenberg Meru. Beim Studium der Stupas fiel
mir als altem Globetrotter und Arbeiter »im Weinberg der
Götter« sofort eine Parallele aus einem weit entfernten
Kontinent auf. Ein kleiner Umweg wird mich zu den Stupas zurückbringen:

Südamerika. In der Sierra Nevada von Santa Marta in
Kolumbien lebte einst der Stamm der Kogi- (oder Kaga-
ba-)Indianer, die im 16. Jahrhundert von den Spaniern fast
ausgerottet wurden. Nur wenige überlebten. Erst in unserem Jahrhundert wurden ihre vom Dschungel überwach-

Linke Seite: Auf der obersten Terrasse standen einst Strohhäuser in
Form von Stupas.

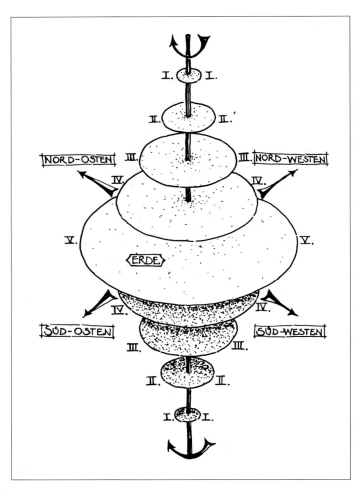

Der kosmologische Aufbau der Kogi-Welt.

Seite 161 oben: Ein rekonstruiertes Kogi-Haus auf der obersten Plattform des Terrassenbaues.

Seite 161 unten: Am 21. März vereinigen sich die Schatten der Pfähle vom Männer- und Frauenhaus. Alles ist Astronomie.

senen Städte wieder entdeckt und wenigstens teilweise freigelegt. Der erste europäische Forscher, der sich um die Kogi-Indianer bemühte, war der österreichische Professor Theodor Preuss.[77] Preuss fand heraus, dass die Kogi die Schöpfung einer Urmutter namens Gauteovan zuschrieben. Von ihr stammten auch die vier Urpriester, die Stammväter des Priestergeschlechts. Diese Urpriester hatten ihre Heimat im Weltall, Gesetze erreichten den Stamm der Kogi »von außen her«. Als die Urpriester auf die Erde kamen, trugen sie Masken, die sie erst viel später ablegten. Die Priester vererbten ihr Amt den Söhnen. Die wurden in neunjähriger Novizenzeit in Tempeln erzogen, damit das Wissen der Väter unbeeinflusst von einer Generation an die andere weitergegeben werden konnte. Diese Erziehung ging in neunjähriger Dunkelheit vonstatten.

In der Kogi-Mythologie wird von Kämpfen der vier Urpriester gegen Dämonen und Tiere berichtet. Blitze wurden geschleudert, in alle Himmelsrichtungen wurde geflogen und Samen verschiedener Pflanzen zur Erde gebracht. Göttermasken wurden getragen, eine davon in einem Berg versteckt. Eine lange Zeit sei vergangen, da habe die Welt Menschen mit naturwidrigen Neigungen hervorgebracht, derart, dass sie alle Arten von Tieren auch zum Beischlaf benutzten. Daraufhin habe der oberste Häuptling die Pforten des Himmels geöffnet und es vier Jahre lang regnen lassen. Die Priester aber hätten ein Zauberschiff gebaut und dort alle Arten von Tieren und Vögeln, aber auch Pflanzen und Samen aufgenommen. Vier Jahre lang habe es rotes und blaues Wasser geregnet, überall auf der ganzen Welt hätten sich Seen ausgebreitet. Schließlich sei das Zauberschiff auf einem Kamm der Sierra Negra (wie sie in der Kogi-Legende noch hieß) gestrandet. »Nun waren alle Bösen zugrunde gegangen, und die Priester, die älteren Brüder, *kamen alle vom Himmel herab*, worauf Mulkuei-

kai [ein Priester] die Tür öffnete und alle Vögel und vier-
füßigen Tiere, alle Bäume und Gewächse hier auf die Erde
setzte. Das vollbrachten die göttlichen, Vater Kalgusiza
genannten Personen. Und in allen Tempeln hinterließen
sie eine Erinnerung als Denkmal.«[77]
Es ist schon seltsam: Die Kogi-Überlieferung spricht
von Sodomie. Dies geschieht auch im ersten Buch Mose,
Kapitel 19 vor der Vernichtung von Sodom und Gomorrha. »Alle kamen vom Himmel herab«, überliefert der
Kogi-Mythos. In der sumerischen Königsliste ist nachzulesen: »Nachdem die Flut darüber hinweggegangen war,
stieg das Königtum abermals vom Himmel hernieder.«
Und wenn jetzt einer denkt, die christlichen Spanier hätten dieses Wissen nach Kolumbien gebracht, so ist er auf
dem Holzweg, denn der Kogi-Mythos existierte bereits,
bevor die Spanier kamen, und die sumerische Königsliste
wurde erst im letzten Jahrhundert entdeckt. Und was hat
das alles mit den Stupas in Asien zu tun?

Professor Dr. Reichel-Dolmatoff war der gründlichste
Kenner der Kogi-Kultur. Er hat sie über Jahre studiert.
Reichel-Dolmatoff fand heraus, dass alle Kogi-Bauten
Stupa-Form hatten und nur mit den Vorgängen im Weltall verstanden werden können. Bei den Kogis galt der
Kosmos als eiförmiger Raum, der durch sieben Punkte bestimmt wird: Norden, Süden, Westen, Osten, Zenit, Na-
dir (der dem Zenit gegenüberliegende Fußpunkt der Him-
melskugel), Mittelpunkt. Innerhalb des so definierten
Raumes liegen neun Schichten, neun Welten, von denen
die mittlere Schicht, die fünfte, unsere Welt darstellt. Nach
diesem Muster sind alle Häuser der Kogis gebaut. Alle
sind gleichzeitig Modelle des Kogi-Kosmos.

Vier Ebenen liegen unterhalb der Erde, auf der fünften
existieren die Menschen, und weitere vier liegen darüber.
Das ergibt die Form eines Eies, wobei die vier Ebenen

über den Menschen den Stupa bilden. Aus dem Dach des Männerhaus-Stupas ragt ein mächtiger Pfahl wie eine Fahnenstange gen Himmel. Schräg gegenüber steht das Frauenhaus, aus dessen Stupa-Dach zwei gekreuzte Balken ragen. Jahr für Jahr am 21. März (Frühjahrsbeginn) wirft der Pfahl vom Dach des Männerhauses einen langen Schatten auf den Schatten der gekreuzten Balken des Frauenhauses. Die beiden Schatten verschmelzen. Der Phallus dringt in die Vagina ein, Symbol des Frühlings, der Same soll in die Erde gelegt werden.

Alle Kogi-Bauten lagen terrassenförmig übereinander wie bei den Pagoden in Myanmar. Die größte Kogi-Stadt, die ich vor 20 Jahren besucht habe[79], heißt Burritaca. Allerdings habe ich noch nirgendwo eine Verbindung zwischen den Bauten und dem Wissen der Kogi in Kolumbien und demjenigen der frühen Völker in Asien gesehen. Doch die Linie ist offensichtlich.

Die Glockenform der Stupas ist viel älter als der gegenwärtige Buddhismus. Wen wundert's, weilten nach buddhistischer Tradition doch bereits mehrere Buddhas *vor* dem letzten Buddha auf der Erde. Schließlich beehrt uns alle 5000 Jahre ein neuer. Jahrhunderte *vor* der Erleuchtung des letzten Buddhas herrschte auf dem gesamten indischen Halbkontinent die Religion der Jainas. In ihren Schriften behaupten die Anhänger des Jainismus, die Gründung ihrer Religion datiere aus einer Zeit, die mehrere hunderttausend Jahre zurückliege, und ihr Wissen stamme ursprünglich von himmlischen Wesen. (Ich habe mich bereits in einem früheren Buch damit auseinander gesetzt.[39])

Übrig bleibt der Stupa, eine glockenförmige, zum Firmament ragende Bauform, die es bereits *vor* dem gegenwärtigen Buddhismus gab. Und Myanmar ist der Kulminationspunkt aller Stupas, ein Land mit »Wäldern von

164

Stupas«. Allein in der Umgebung von Bagan, einer Stadt am Ayeyarwady, gibt es über 2000 davon. Oft stehen sie in unterschiedlichen Größen dicht gedrängt nebeneinander. Einige sind mehr als 2000 Jahre alt. Einige kleinere wirken alt und beginnen zu verfallen, andere stammen aus den letzten Jahrhunderten und werden dauernd renoviert. Während der rund 200 Jahre zwischen 1075 und 1287 wurden in der Ebene von Bagan 13 000 Tempel, Pagoden und Stupas errichtet.»Nirgendwo sonst gibt es eine solch beeindruckende Aussicht, wie man sie beim Anblick der Ebene von Bagan genießt – eine ziegelfarbene Pagode neben der andern, gelegentlich mit einer weißen Spitze, die sich aus der dunstigen Weite an den Ufern des größten myanmarischen Flusses zum Himmel streckt.«[75]

Auf dem Weg zu den grandiosesten Bauwerken Bagans, dem Ananda-Tempel und der Shwesandaw-Pagode, kam ich an einigen Verkaufsständen vorbei, wobei mir immer wieder runde, mit zusammengefalteten grünen Blättern gefüllte Kuchenbleche auffielen. Die Einheimischen stopften die Blätter in den Mund und spuckten anschließend eine rote Flüssigkeit aus. Was kauten sie? Mein erster Gedanke war Kat, eine Droge, die vorwiegend in Jemen konsumiert wird, doch auch die Koka-Blätter aus Peru und Ecuador fielen mir ein. Bei den zusammengefalteten grünen Blättern handelt es sich tatsächlich um die Nationaldroge der Myanmaren, die auf der schlanken Arecapalme wächst. Dort gedeiht die Betelnuss, eine kleine Palmnuss mit einer sehr harten Schale, vergleichbar unserer Muskatnuss, der sie inwendig auch sehr ähnlich sieht. Die Myanmaren zerkleinern die Nüsse, legen sie auf die einem Pfefferblatt ähnlichen Betelblätter und schmieren Kalk und verschiedene Gewürze darunter. Dann wird das Ganze zu einem kleinen Päckchen zusammengefaltet und direkt in den Mund geschoben. Die Gerbstoffe der Areca-

blätter bewirken eine starke Produktion von Speichel, der durch die Betelnuss eine rote Farbe annimmt. Ich hab's probiert, den roten Saft jedoch bald wieder ausgespuckt. Wie zur Shwedagon-Pagode in Yangon führen auch zum Ananda-Tempel in Bagan unzählige Stufen. Der ursprüngliche Bau war noch vom Volk der Mon errichtet und im Jahre 1091 auf heiligem Grund, der – wie könnte es anders sein – mythologische Bedeutung hat, fertig gestellt worden. Die *Glaspalastchronik der Könige von Myanmar* ist ein historisch-mythologisches Geschichtswerk, niedergeschrieben im vorletzten Jahrhundert. Dieser Chronik zufolge sollen eines Tages acht Mönche vor dem Palast des Königs Kyanzitthas erschienen sein. Die Mönche berichteten dem König, aus einem fernen Land zu kommen und einst in der Nandamula-Höhle gewohnt zu haben. In dieser Höhle soll auch ein früherer Buddha gelebt haben. Der König bat die Mönche, ihm die heilige Höhle zu zeigen. Kraft ihrer Meditation ließen die Mönche jene zauberhafte Landschaft mitsamt der Nandamula-Höhle vor den Augen des Königs auftauchen. Der König beschloss, jene heilige Grotte, die irgendwo im schneebedeckten Himalaja liegt, in Myanmar nachzubauen. Und über dieser Höhle erhebt sich heute der Ananda-Tempel. Folgerichtig, um die Unendlichkeit der Zeit zu demonstrieren, stellen die vier hohen, goldenen Buddha-Statuen im Ananda-Tempel die vier letzten Buddhas der Weltzeit dar: Kakusandha, Konagamana, Kassapa und Gautama. Eine dieser Statuen lächelt still vor sich hin, wenn man sie aus einigen Metern Entfernung betrachtet, nimmt optisch jedoch einen ernsten Gesichtszug an, sobald man sich ihr nähert. Clever durchdacht. Der Tempel selbst ist ein

Linke Seite: In den Blättern liegen Betelnüsse, die mit Gewürzen versehen und roh gekaut werden.

schier unfassbares Prunkstück einer Meisterarchitektur mit einem riesigen Stupa im Zentrum. Buddha ist tausendfach vorhanden, und mit ihm sind es die zeitlosen Geister und Dämonen aus vorbuddhistischer Zeit. Dazu die Planetensymbole und Planetenaltäre der myanmarischen Astrologie. Bei leichtem Nebel oder diffusem Licht ragt der zentrale Stupa mit seinem hohen Mast bis in den Himmel. Wie ein Kogi-Haus im fernen Kolumbien aus dem Blätterdach des Dschungels. In Bagan ist der Pagoden-Kosmos mit seiner ewigen Kreisbewegung allgegenwärtig. Jede Pagode weist auf andere Schwergewichte der Mythologie, welche für die gläubigen Myanmaren nicht Mythos, sondern eine ferne Wirklichkeit darstellen. Hier sind Urerinnerungen an etwas, das die westliche Welt nicht versteht, Stein geworden. Auf Schritt und Tritt begegnet der Besucher den unmöglichsten Darstellungen – doch in der Fantasie und der fernen Vergangenheit ist nichts unmöglich. In der Shwesandaw-Pagode sollen als Reliquien einige Haare Buddhas aufbewahrt sein. Die Pagode trägt den Nebennamen Ganesch, eigentlich ein hinduistischer Elefantengott. Was hat der mit Buddha zu tun? Da der Buddhismus zeitlos ist, sind die hinduistischen Götterfiguren mit dem Buddhismus verwoben. Ganesch ist im Hinduismus einer der fünf großen Götter, ein Sohn des Gottes Schiwa. Er war es, der alle Hindernisse auf der Erde beseitigte. Das Wort Ganescha ist ein zusammengesetztes Sanskritwort. Ganas sind »die Scharen«, isa ist »der Herr«. Sinngemäß also »der Herr der Scharen«. Er gilt als Verbindungsmann zwischen Mensch und Allmacht. Im Hinduismus wird geglaubt, Ganescha sei von seinen Eltern – Schiwa und Parvati – nicht gezeugt, sondern als Gehirn erschaffen worden. Die himmlischen Wesen hatten nämlich vor ihrem Erdbesuch beratschlagt, wie sie die Hindernisse auf dem neuen Pla-

168

neten aus dem Wege räumen konnten. Da erdachten Schiwa und Parvati ein Wesen mit Menschenkörper und Elefantenkopf, das in alle Richtungen blicken und mit den Händen, den Füßen und dem Rüssel zupacken konnte. Dieser Götterspross, der oft mit einem Heiligenschein dargestellt wird, war ein synthetisches Produkt, entstanden aus einem genetischen Design.

Mit wissenschaftlichem Eifer wurden in einer Dissertation alle Namen und Eigenschaften zusammengestellt, die Ganescha beigemessen wurden.[80] Lenker, Hindernis-Besieger, Erfolg-Geber, der mit dem Hängebauch, der mit dem gedrehten Rüssel etc. Wie ein Roboter wird er als Wächter vor Türen und Eingänge postiert, wo er jeden zusammenschlägt, dem der Zutritt verboten ist. In Indien begegnet er einem auf Schritt und Tritt. Wenn ein Hindu ein Haus baut, stellt er zuerst ein Ganescha-Bild auf die Baustelle. Der soll die zu erwartenden Hindernisse beseitigen. Wenn er ein Buch schreibt, wird zuerst Ganescha begrüßt. Hallo, Ganescha! Willkommen! Ganescha wird auch zu Beginn einer Reise angerufen und steht deshalb an den Eingangspforten indischer Bahnhöfe. So hat alles seine Regeln, und keiner merkt, dass dahinter eine uralte Wahrheit steckt. Missverstanden durch die Jahrtausende und über die Religionen doch lebendig geblieben.

Bis vor wenigen Jahren war Myanmar dem Tourismus verschlossen. Dann brauchte die Militärregierung Devisen und öffnete das Land. Heute gibt es eine organisierte Tourismusindustrie und Hotels in allen Kategorien. Auf dem Ayeyarwady-Fluss verkehrt ein Luxusschiff mit Air-condition-Kabinen und reichhaltigen Buffets, das den einfachen Bewohnern am Flusslauf wohl wie ein Raumschiff aus einer anderen Welt vorkommen muss. Das Schiff trägt den Namen *Road to Mandalay* und beginnt seine mehrtägige Fahrt immer an einem Sonntag, dem Tag der Sonne, der dem Göttervogel Garuda geweiht ist.

Überall in Myanmar trifft man auf frisch gebadete kleine Mönche und Jünglinge in roten und orangen Gewändern, denn jeder Buddhist in Myanmar muss seine Zeit im Kloster abdienen. Man hat hier nicht den Eindruck, dass die Menschen ganz gewöhnlich umherlaufen, sie scheinen vielmehr zu schweben. Der Oberkörper nahezu bewegungslos, sieht es aus, als ob sie sich auf Rollen fortbewegen. Das gilt im Besonderen für die grazilen Frauen, wenn sie auf ihren Köpfen Lasten tragen. Und jeden Morgen werden die Autos mit neuen Blumen geschmückt – des Duftes wegen.

Der Pagoden- und Stupa-Kosmos geistert durch das ganze Land. Am Sonntag herrscht Garuda, den indischen Überlieferungen zufolge der Fürst aller Vögel. Dargestellt wird er mit den Flügeln und dem Schnabel eines Adlers, der auch eine Drachenfratze haben kann, und mit dem Körper eines Menschen. Er diente dem Gott Wischnu als Reittier und verfügte über bemerkenswerte Eigenschaften. Garuda war hochintelligent, er handelte selbstständig, gewann sogar Schlachten ganz allein. Auch die Namen seiner Eltern sind vertraut: sie hießen Kasyata und Vinata. Einst legte Mutter Vinata ein Ei, aus dem Garuda hervorkroch. Es begann also ganz normal, so scheint es.

Garudas Gesicht war weiß, sein Körper rot und seine Flügel goldfarben. In jedem ornithologischen Werk hätte er eine gute Figur gemacht. Doch wenn Garuda seine Flügel erhob, bebte die Erde. Er unternahm auch Fahrten ins Weltall, und außerdem hasste er Schlangen. Doch für diese Marotte hatte er triftige Gründe:

Seine Mutter Vinata wurde nämlich von Schlangen gefangen gehalten, nachdem sie eine Wette verloren hatte. Die Schlangen versprachen, das Mütterchen freizulassen, wenn der Sohn eine Schale voller Götterspeise, die unsterblich machte, herbeischaffen würde. Der gewiefte Garuda ließ nichts unversucht, um diese Bedingung zu erfüllen, doch ärgerlicherweise gab es die unsterblich machende Götterspeise nur inmitten eines Flammenmeeres. Daraufhin tankte der clevere Garuda seinen goldenen Körper randvoll mit Wasser, das er aus den Flüssen der Umgebung aufsaugte. Anschließend erstickte er das Flammenmeer. Doch – o Schreck! – auf dem Götterberg wimmelte es von weiteren Schlangen, die alle Feuer spuckten. Jetzt wirbelte Garuda Staubwolken auf, sodass die Schlangen ihn nicht mehr orten konnten. Zuletzt schmiss er »göttliche Eier« unter die Schlangenbrut und zerfetzte sie in tausend Stücke. Einigen, die ihm zu nahe kamen, spaltete er die Zunge. Verständlich.

Gleich nach der Befreiung seiner Mutter startete Garuda zum Mond. Der aber war im Besitz fremder Götter, die ihm keine Landeerlaubnis erteilten. Sie schossen glühende Pfeile gegen Garuda, doch der war immun dagegen. Garudas Körper war unverletzlich. Als die Mondgötter dies einsahen, boten sie einen Kompromiss an. Garuda sollte Unsterblichkeit erlangen und zum Reittier des Gottes Wischnu werden. Seither geistert Wischnu (Sanskrit: der Gütige, der Freundliche) auf dem unsterblichen und unangreifbaren Garuda durch das Universum.

Nur eine dumme, unbedeutende Geschichte? Die Geschichte ist sehr alt und enthält geradezu utopische Elemente: Unverletzlichkeit, Bombenabwürfe, ein Flug zum Mond, und selbst Gott Wischnu braucht ein Raumfahrzeug. In Myanmar lernen schon die Kinder diese Geschichten. Nicht wie bei uns als schönes Märchen, sondern als Bestandteil einer unverstandenen Wahrheit, die sich einst irgendwo und irgendwann abspielte. Alle diese Geschichten gehören zur Religion. Die Herkunft unseres

Garuda ist das Reittier des Gottes Schiwa.

Wortes Religion ist umstritten. Man kann es vom lateinischen relegere (gewissenhaft beobachten) oder von religari (an Gott gebunden) ableiten. Die Religion soll das Alte bewahren. Das geschieht im Buddhismus und Hinduismus. Etwas »an Gott Gebundenes gewissenhaft beobachten« und bewahren, auch wenn man es nicht versteht. Dass diese religiösen Geschichten in Tempeln und Figuren verewigt sind, ist nachvollziehbar. In der westlichen Welt geht es nicht anders zu, selbst wenn wir es bestreiten. Wer je eine der wunderbaren gotischen oder Barockkathedralen besuchte, versteht, was ich meine. Da gibt es prächtige Darstellungen des heiligen Michael, der mit dem Drachen kämpft, Darstellungen von Heiligen, die in den Himmel fahren, von Jünglingen, die unverletzt in einem Feuerofen sitzen, von Moses, der mit einem Dornbusch spricht, von Tieren, die andächtig dem heiligen Antonius lauschen, von Engeln, die vom Himmel zur Erde und wieder zurückfliegen, von Flammenschwertern, mit denen Erzengel hantieren, von Gegenständen, aus denen Strahlen schießen (Bundeslade, Monstranz), von einem Teufel mit Hörnern und einem glühenden Dreizack, von Jesus, der über's Wasser läuft, und von himmlischen Heerscharen, die das Weltall bewohnen. *Wir* behaupten, dies alles und mehr seien künstlerische Darstellungen einer einstigen Wirklichkeit. Nichts anderes meinen die Buddhisten und Hinduisten. Der feste Glaube an diese ehemaligen Wirklichkeiten schlägt sich nicht nur im kulturellen Bereich einer Religion nieder, er kann auch ein uraltes *Wissen* (im Gegensatz zu Glauben) enthalten. Ein Beispiel dafür liefert Peter Fiebag in seinem Buch *Geheimnisse der Naturvölker*.[81]

Fiebag, von Haus aus Studienrat, ist Forschungsreisender, Globetrotter und Schriftsteller. Vor einigen Jahren besuchte er auch die Insel Sulawesi (Indonesien) und dort

Die Häuser des Volkes der Toraja auf Sulawesi sind den Himmelsschiffen ihrer Lehrmeister nachempfunden.

das Hochland des Stammes der Toraja. Bald schon stellte er fest, dass sich die Toraja selbst als »Kinder der Sterne« betrachteten. Hellhörig geworden, begann Fiebag, die unglaublichen Überlieferungen dieses Stammes zu studieren. Die Toraja versichern, ihre Ururahnen seien in grauer Vorzeit aus dem Weltall herniedergestiegen, was sie noch heute in ihrer Religion, in bestimmten Worten und ihren Häusern manifestieren. Die Toraja nennen ihre Religion »manurun di langi«, »das, was vom Himmel herabkam« oder »er kam vom Himmel herab«. Selbst ihre Häuser sollen jenen Gebilden nachempfunden sein, mit denen die

Fliegende Paläste und Krieger aus dem Königspalast von Bangkok.

Urväter aus dem Universum kamen. Fiebag: »Das Haus wird kosmologisch interpretiert und nicht als Schiff besungen. Das Dach des Hauses wird mit einem Vogel, mit dem Fliegen, assoziiert. Es steht symbolisch für den Weltraum. Aus dem Büffelkopf über dem Eingangsbereich heraus hängt ein ›katik‹, ein langhalsiger Himmelsvogel aus der Toraja-Mythologie, der diese symbolische Aussage verstärkt. Das Sonnenrad ist ein weiteres Symbol des Alls, ebenso wie der Hahn im Giebelbereich, dessen Kopf mit der Sternengruppe der Plejaden und dessen Körper mit Orion und Sirius in Beziehung steht… Der Sprachwissenschaftler und gebürtige Toraja Armin Achsin formuliert es so: ›Das Tongkonan-Haus symbolisiert das Universum. Das Dach repräsentiert den Himmel und wird gedanklich mit dem All in Verbindung gebracht. Die zentrale Säule… verbindet Erde und Himmel.‹« Die Kogi-Indianer in Kolumbien lassen grüßen.

Fiebag erfuhr, dass der Urvater der Toraja, Tamborolangi, in »einem Bauwerk aus Eisen«, einem »sich herabschwingenden Haus« die Erde erreichte. Hier nahm er sich eine Frau und pendelte mehrmals zwischen der Erde und seinem himmlischen Wohnsitz. Eines Tages sei er wütend geworden und habe die »himmlische Stiege« zerstört. »Da er jedoch noch einmal die Erde besuchen wollte, kam er mit seinem himmlischen Haus von den Sternen zur Erde geflogen. Auf den Bergen von Ullin, in Tana-Toraja unweit von Rantepao, landete er. So also wurden die Häuser der Toraja Nachbauten eines Sternenschiffes, das Tamborolangi einst von den Plejaden zur Erde gebracht hatte.«[81]

Dies ist nicht einfach eine märchenhafte Geschichte, sondern das Wissen eines noch heute lebenden Stammes. Demonstriert in Namen und Bauten.

Häuser am Himmel? Nichts als fantastische Ausschmückungen? Ich empfehle jedem Touristen, der, aus welchen Gründen auch immer, nach Thailand reist, in Bangkok mal den öffentlich zugänglichen Teil des Königspalastes zu besuchen. Dort sind in einer herrlichen Gemäldegalerie Darstellungen aus der Geschichte des thailändischen Königtums wiedergegeben. Darunter ganze Häuser und Paläste, die in den Wolken fliegen. Und im Temple of Emerald Buddha ist die bildliche Darstellung des Ramakian zu bestaunen. Das Ramakian ist die thailändische Version des indischen Ramayana-Epos. Auf 178 Sektionen werden die Geschichten aus dem Ramayana in vollen Farben geschildert, und der Betrachter erfährt von Göttern mit überirdischen Waffen. Nicht wenige der göttlichen Gestalten bewegen sich in der Luft und feuern ihre todbringenden Strahlengeschosse aus den Wolken ab.

Die Götter des asiatischen Raumes setzten grauenhafte Waffen ein. Einige davon kennen wir heute, andere liegen auch für uns noch im Reich der Utopie. Darüber mehr im nächsten Kapitel.

4. Kapitel
DIE WAFFEN DER GÖTTER

Wer auf seinen Rang pocht,
hat ihn schon eingebüßt.

(Max Rychner)

Können Sie sich eine Waffe vorstellen, die wie ein Bumerang zum Angreifer zurückkehrt, aber aus glänzendem Feuer besteht? Eine Waffe, welche alle Gewässer verdampfen lässt und den ganzen Planeten in Wasserdampf hüllt? Eine Waffe, welche die feindliche Armee blitzartig in Schlaf versetzt? Eine Waffe, welche »Illusionen« erzeugt, sodass der Feind sich auf etwas einschießt, das gar nicht existiert? Eine Waffe, die fähig ist, einen ganzen Planeten zu zerreißen? Eine Waffe, die den Angreifer mitsamt seiner Technologie unsichtbar macht? Eine Waffe, die vom Weltall aus ganze Länder verbrennt? Können Sie sich Weltraumhabitate vorstellen, derart groß, dass Abertausende von Menschen darin leben? Mit eigenen Gärten, Äckern, fließendem Wasser und allen nur denkbaren Annehmlichkeiten? Raumschiffe in den unterschiedlichsten Variationen, die nach irgendeinem Antigravitationsprinzip funktionieren und unfassbare Geschwindigkeiten erreichen?

Können Sie sich derart utopische Dinge vorstellen? Vielleicht in 1000 Jahren? Wohlan, alle diese Dinge und noch viel mehr dazu hat es bereits gegeben. Inzwischen weiß man es, wenn man will. Woher? Aus der altindischen Literatur.

Jahrhundertelang, seit der Westen sich in Indien breit machte, betrachteten wir die altindischen Überlieferungen hochnäsig als etwas Versponnenes, der Fantasie Entsprungenes. Kluge Gelehrte übersetzten die großen indischen Epen ins Englische und Französische, stets mit der arroganten Einstellung: Es gibt keine Wissenschaft außer der westlichen. Wie üblich – darüber mag ich schon gar nicht mehr schreiben – machten sich Psychologen und Theologen über die alten Texte her und verfälschten und verdrehten so ziemlich alles. Nicht aus bösem Willen heraus, sondern aus Unverstand. Die Zeit war nicht reif.

Die Zeit hat sich geändert. Die indischen Sanskritgelehrten sind aus ihrem Dornröschenschlaf erwacht und haben begonnen, ihre eigenen Epen, Veden und uralten Texte unter die Lupe zu nehmen und mit dem Wissen unserer Zeit zu betrachten. Immer neue Texte kamen dazu, der Berg aus Informationen wuchs und wuchs – die westlichen Indologen stehen dem Ganzen mittlerweile fassungslos gegenüber. Im alten Indien wurde nicht über Science-Fiction fabuliert, nicht über sagenhafte Waffen spekuliert, nicht über Raumschiffe fantasiert – all das war einst Realität. Es führt kein Weg mehr daran vorbei, und jene Indologen, die's immer noch nicht verstehen, sollten ihre Lehrstühle räumen.

Beginnen wir ganz bescheiden. Im Vymaanika-Shaastra, einer uralten Überlieferung, zusammengesetzt aus verschiedenen Texten, werden folgende Technologien beschrieben:[82]

– eine Art von Spiegel, mit dem man Energie anziehen kann;

– eine Vorrichtung, mit welcher sich ein Flugapparat
während des Fluges vergrößern oder verkleinern
lässt;

– eine Vorrichtung, um Strahlungsenergie zu speichern;

– ein Instrument, das die Intensität der Blitze misst;

– Geräte, um unter der Planetenoberfläche die verschiedensten Schätze präzise zu orten (Mineralien, Erze,
Gold etc.);

– eine Apparatur, die den helllichten Tag in Dunkelheit
verwandeln konnte;

– eine Vorrichtung, die den Druck des Windes neutrali-
sierte;

– eine Schallkanone;

– zwölf verschiedene Sorten von Elektrizität;

– eine Apparatur, die »aus nichts« Energie erzeugt;

– eine Apparatur, mit der man Bilder und Gespräche aus
feindlichen Flugmaschinen erfassen kann;

– eine Maschine, welche die Sonnenenergie anzapft;

– eine Apparatur, um die Bewegung einer feindlichen
Flugmaschine zu stoppen;

– ein Gerät, welches das eigene Flugzeug unsichtbar
macht;

- Kristalle, welche Elektrizität produzierten;

- eine Apparatur, die chemische und biologische Kampf-
  stoffe abwehrt;

- ein Schutzschild um die eigene Maschine;

- mehrere Hitze abweisende Metalle;

- Motoren für Flugapparate, deren Energie aus Quecksilber bezogen wird;

- unbeschreibliche Legierungen, die wir heute noch nicht
  verstehen, weil die Worte aus dem Sanskrit nicht übersetzbar sind.

Der Sanskritgelehrte Professor Dr. Kanjilal nennt folgende alte Quellen, in denen über furchtbare Waffen, verschiedene Flugapparate und Weltraumschiffe berichtet
wird:[83]

1. Das Vymaanika-Shaastra
2. Das Samarangana Sutradhara
3. Das Yuktikalpataru
4. Das Mayamatam
5. Das Rigweda des Yajurveda
6. Das Mahabharata
7. Das Ramayana
8. Die Puranas
9. Das Bhagavata
10. Das Raghuvamsam
11. Das Abimaraka von Bhsa
12. Die Jatakas
13. Die Avadana-Literatur

14. Die Kathasaritsagara
15. Das Yuktikalpataru von Bhoja

Die unaussprechlichen Wörter werden nur von den Sanskritgelehrten verstanden, aber gerade die sollten wissen, wo sie Texte über die Utopien in tiefer Vergangenheit finden. Die ersten Übersetzungen der Texte mit den unglaublichen Begebenheiten erschienen 1968 in Indien unter Leitung von Swami Brahamuni Parivrajaha, 1973 gefolgt von der nächsten Veröffentlichung durch die Academy of Sanskrit Research aus Mysore. Diese Mysore-Ausgabe des Vymaanika-Shaastra enthält eine fortlaufende, englische Übersetzung, aber keinen Kommentar. Die Hindi-Ausgabe hingegen enthält eine Einführung, aus der man erfährt, dass das Original des Vymaanika-Shaastra bereits 1918 in der Baroda Royal Sanskrit Library gefunden worden war. (Eine fotografierte und auf den 19. August 1919 datierte Kopie dieses Textes wird im Poona College aufbewahrt. Stichwort: Venkatachalam Sarma.)

Kapitel XXXI des Samarangana Sutradhara enthält viele Einzelheiten über die Konstruktion von fliegenden Maschinen. Auch wenn einige dieser Werke erst in unserer Zeit erschienen, berufen sie sich ausnahmslos auf uralte, indische Texte. Die Hindi-Ausgabe des Vymaanika-Shaastra verweist auf 97 altindische Texte, die sich mit Flugapparaten auseinander setzen, das Yuktikalpataru von Bhoja erwähnt die fliegenden Fahrzeuge in den Versen 48 bis 50. Die älteste Übersetzung stammt aus dem Jahre 1870, als die westliche Welt keine Ahnung von Flugzeugen, geschweige denn von Weltraumschiffen hatte.

Der erste Hinweis auf fliegende Apparate, die mit lebenden Personen an Bord, doch auch mit Göttern, die das Firmament und den Weltraum befahren, taucht in den

Hymnen an die Zwillinge Asvinas und die Halbgötter Rbhus auf. Dies im Rigweda. Der Weda (altindisch veda, Wissen) umfasst die älteste religiöse Literatur der Inder. Das Altindisch, in dem die Veden abgefasst sind, ist bedeutend älter als die spätere Sanskritliteratur. Die Veden sind eine Sammlung aller Schriften, die man für »übermenschlich« und inspiriert hielt. Insgesamt gibt es vier große Blöcke der Veden. Die 1028 Hymnen des Rigweda sind an einzelne Götter adressiert. Dazu kommt das altindische Nationalepos Mahabharata mit rund 160 000 Versen. Es ist wohl das umfangreichste Gedicht eines Volkes. Schließlich das Ramayana, das nochmals aus 24 000 Schloken (ein aus zwei Verszeilen bestehendes indisches Versmaß) besteht. Und last but not least die Puranas. Ich zähle sie an dieser Stelle einmal auf, damit der Laie eine Vorstellung davon bekommt, welch umfangreiche, schier unglaubliche Literaturmenge zur Verfügung steht:

- Visnu Purana, 23 000 Verse
- Naradiya Purana, 25 000 Verse
- Padma Purana, 55 000 Verse
- Garuda Purana, 19 000 Verse
- Varaha Purana, 18 000 Verse
- Bhagavata Purana, 18 000 Verse
- Brahmanda Purana, 12 000 Verse
- Brahmavaivarta Purana, 18 000 Verse
- Markandeya Purana, 9000 Verse
- Bhavisya Purana, 14 500 Verse
- Vamana Purana, 10 000 Verse
- Brahma Purana, 10 000 Verse
- Matsya Purana, 14 000 Verse
- Kurma Purana, 17 000 Verse
- Linga Purana, 10 000 Verse
- Siva Purana, 24 000 Verse

– Skanda Purana, 81 000 Verse
– Agni Purana, 15 400 Verse

Zählt man das Mahabharata und das Ramayana dazu, ergibt dies runde 560 000 Verse. O ja! Die altindische Literatur ist sehr umfangreich. Kein anderes Volk der Erde besitzt derart gewaltige Überlieferungen – unser Altes Testament wird gegen diesen Strom von Informationen zum Rinnsal. Nun waren die altindischen Texte schon immer da, wenn auch teilweise versteckt in Klöstern und Kellern. Doch weshalb kommt man erst jetzt auf den Gedanken, in diesen Texten nach Flugapparaten und Raumschiffen zu fahnden?

Die Übersetzer des 19. und 20. Jahrhunderts waren von ihrem Zeitgeist eingenebelt. Wurde beispielsweise im Ramayana von einem fliegenden Wagen gesprochen, »der die Berge erzittern lässt, sich mit Donnern erhebt, Wälder, Wiesen und die Spitzen der Gebäude verbrennt«, dann kommentierte der Übersetzer diese Beschreibung so: »Es steht außer Zweifel, dass damit nur ein Tropensturm gemeint sein kann.«[84] Der Gelehrte im Jahre 1884 konnte es nicht anders verstehen, seine Welt war so in Ordnung. Ärgerlicherweise geistert diese Betrachtungsweise quer durch die gesamte westliche Literatur, die sich mit dem alten Indien auseinander setzte. Grauenhaft! 1893 übersetzte der deutsche Professor Hermann Jacobi das Ramayana. Doch nicht etwa fein säuberlich, Vers für Vers, sondern er ließ ganze Komplexe, die ihm überflüssig erschienen, einfach weg. Voller Dünkel versah er die Passagen mit Bemerkungen wie »sinnloses Geschwätz« oder »diese Stelle kann getrost weggelassen werden, sie enthält nur Fantastereien«.[85]

In der hervorragend bestückten Berner Stadt- und Universitätsbibliothek fand ich zahllose Bände *über* altindische Literatur, *über* indische Mystik, *über* indische Mythologie und meterweise Kommentare *zum* Mahabharata, *zum* Ramayana, *zu* den Veden. Nur keine direkten Übersetzungen. Es ist zum Davonlaufen. Sämtliche klugen Geister, die je etwas aus dem alten Indien ins Deutsche übertrugen, müssen Alpha-Männchen gewesen sein. Du sollst nicht anders denken als ich. Sie waren eingelullt in den selig machenden Zeitgeist, betriebsblind und dazu noch von der Bibel geimpft. Also blieb mir nichts anderes übrig, als mich an die großen englischen Übersetzungen zu halten, an die Übersetzung des Mahabharata von Chandra Potrap Roy (Kalkutta 1896) und die des Ramayana von M. Nath Dutt (Kalkutta 1891).[86, 87] Die zusätzlich verwendete Literatur vermerke ich in eckigen Klammern und verweise auf das Literaturverzeichnis am Ende dieses Buches.

Im deutschsprachigen Raum sind mir bislang nur zwei Werke bekannt, die sich mit modernen Augen an die altindischen Texte wagten: der hervorragend recherchierte Band *Die Wirklichkeit der Götter* des Indologen Lutz Gentes[88] und die moderne Interpretation vedischer Texte in dem Buch *Gott und die Götter* des Indologen Armin Risi[89].

Im Samarangana Sutradhara von Bhoja werden in 230 Linien die grundsätzlichen Konstruktionsprinzipien von fliegenden Maschinen erklärt. Ähnlich wie unsere Helikopter werden sie als außergewöhnlich manövrierfähig beschrieben. Sie können in der Luft stillstehen, sich um den Erdball oder darüber hinaus bewegen. Zwar reichen die Beschreibungen nicht aus, um heute eine Kopie eines derartigen Fahrzeugs herzustellen, aber darin steckte – schon damals – Methodik. Denn der unbekannte Autor vermerkte bereits vor Jahrtausenden, er tue dies nicht etwa aus Unwissenheit, sondern um Missbrauch vorzubeugen.

Die Beherrschung des Luft- und Weltraums war auch damals nur einigen Auserwählten vorbehalten. Dort ist zu lesen:

»Stark und haltbar muss der Körper geformt werden ... aus leichtem Material [erwähnt wird Glimmer, EvD]... Durch die im Quecksilber ruhende Kraft, die der treibende Wirbelwind in Bewegung setzt, kann ein Mensch auf wunderbare Weise eine große Entfernung am Firmament zurücklegen. Ebenfalls kann man ein Vimana [altindischer Flugapparat] so groß bauen wie den Tempel für den ›Gott-in-Bewegung‹. Vier starke Quecksilberbehälter müssen eingebaut werden. Wenn diese durch geregeltes Feuer aus den Eisenbehältern erhitzt werden, entwickelt das Vimana durch das Quecksilber die Kraft des Donners und erscheint bald wie eine Perle am Himmel.«[83]

Im Wischnu-Purana ist nachzulesen:

»Während Kalki noch spricht, kommen vom Himmel herab zwei sonnengleich strahlende, aus Edelsteinen aller Art bestehende, sich von selbst bewegende Wagen vor ihnen angefahren, von strahlenden Waffen beschirmt.«[90]

König Rumanvat verfügte gar über ein Vimana von der Größe eines Jumbojets:

»Sowohl der König als auch das Personal des Harems, aber auch die Gruppe von Würdenträgern aus jedem Stadtteil setzten sich nun in den himmlischen Wagen. Sie erreichten die Weite des Firmamentes und folgten der Route der Winde. Der Himmelswagen überflog die Erde über die Ozeane und wurde dann Richtung der Stadt Avantis gesteuert, wo gerade ein Fest abgehalten wurde. Das Vimana stoppte, damit der König dem Fest beiwohnen konnte. Nach dem kurzen Zwischenhalt startete der König wieder unter den Augen von unzähligen Schaulustigen, die den Himmelswagen bestaunten.«[91]

188

In den Hymnen des Rigweda, dort, wo vom Vimana des Brüderpaares Asvinas gesprochen wird, sind auch Einzelheiten über das Fluggerät zu erfahren. Es war dreiwinklig, groß und dreistöckig (»trivrt«) und wurde von drei Piloten geführt (»tri bandhura«). Es verfügte über einziehbare Räder und war aus leichtem Metall gefertigt, das den Anschein von Gold hatte. Der Flugwagen enthielt als Treibstoff Flüssigkeiten, »madhu« und »anna« genannt, von denen die Sanskritgelehrten nicht wissen, wie man sie übersetzen könnte. Das Vimana bewegte sich leichter als ein Vogel am Himmel und konnte mühelos zum Mond und zurückfliegen. Bei den Landungen auf der Erde vollführte es ein großes Getöse. Im Rigweda werden ausdrücklich verschiedene Treibstoffarten erwähnt, die sich in unterschiedlichen Behältern befanden. Jedes Mal, wenn das Fahrzeug aus den Wolken herniederstieg, versammelten sich große Menschenmassen, um dem Schauspiel beizuwohnen. Insgesamt transportierte dieses weltraumtaugliche Gebilde acht Personen. Nicht schlecht.

Im Rigweda-Abschnitt 1.46.4 werden drei Luftfahrzeuge aufgeführt, die alle fähig waren, Befreiungsoperationen aus der Luft durchzuführen. Zumindest eines dieser Vimanas hatte auch amphibische Eigenschaften, denn es bewegte sich im Wasser genauso sicher wie in der Luft. 30 Rettungsoperationen aus dem Meer, aus Höhlen und sogar aus Folterkammern werden erwähnt.

In den Rigweda-Abschnitten 1.166.4 bis 5.9 wird beschrieben, wie Gebäude wackelten, Bäume umgerissen wurden und wie das Echo des Startlärms von den Hügeln zurückgeworfen wurde, wenn das Himmelsschiff abhob. Nicht viel anders als heute. In der gesamten klassischen und puranischen Literatur des alten Indien bezeichnet das Wort Vimana ein fliegendes Fahrzeug, welches das Firmament – nicht den ominösen Himmel! – mit Glanz erleuchtet und flüssige Substanzen als Treibstoff enthält.

Trotz dieser klipp und klaren, Jahrtausende alten Texte benehmen sich europäische Indologen immer noch so, als existiere dies alles nicht. Als seien die Texte nur Dichtungen, wenn auch um einen möglicherweise wahren Kern herum. Diesen Kern glauben die Fachleute in einem Streit um zwei alte Familien entdeckt zu haben. Den mag's gegeben haben, doch erklärt er weder die fürchterlichen Waffen noch die Vimanas, geschweige denn die Weltraumstädte.

Die Grundlage des Mahabharata (umfangreichstes altindisches Epos) ist der Kampf zwischen zwei Königsgeschlechtern. Das Geschlecht der Kurus soll von einem König der Monddynastie abstammen und zwei Brüder hervorgebracht haben, den älteren Dhritaraschtra und den jüngeren Pandu. Der jüngere Pandu beherrschte den Thron, weil sein älterer Bruder blind war. Aber der Blinde hatte immerhin 100 Söhne gezeugt: die Kauravas. Pandu, der jüngere, brachte es nur auf fünf Söhne: die Pandavas. Das Schicksal wollte es, dass Pandu starb, als seine Söhne noch minderjährig waren. Wen wundert's, dass die Kauravas mit verschiedensten Listen versuchten, die minderjährigen Pandavas aus dem Weg zu räumen. Als dies misslang, mussten sie ihren Vettern zumindest einen Teil des Königreiches abtreten. Und damit begann das Familiendrama.

Die Kauravas, immerhin in der Mehrzahl, forderten die Pandavas zu einem Würfelspiel heraus. Die Pandavas verloren und wurden gezwungen, ihren Teil des Königreiches abzugeben und 13 Jahre lang in der Verbannung zu verschwinden. Unvermeidlicherweise forderten die Pandavas ihr Königreich zurück, nachdem die 13-jährige Verbannung abgelaufen war. Aber die Kauravas, inzwischen sehr

190

mächtig geworden, weigerten sich. Und damit begann der fürchterlichste Krieg, der in der antiken Weltliteratur je beschrieben wurde. Im Mahabharata wird sogar gesagt, alle Völker der Erde hätten der einen oder anderen Krieg führenden Partei beigestanden. Die letzte Schlacht sei auf dem Felde von Kurukshetra geschlagen und mit außergewöhnlicher Hartnäckigkeit geführt worden. Dabei kamen grauenhafte »Götterwaffen« zum Einsatz, denen die Menschen nichts entgegenzusetzen hatten. Die ruhmreichen und starken Krieger fielen einer nach dem anderen. Die Pandavas siegten erst am 18. Tag, wobei 18 »große Einheiten« des Heeres niedergemetzelt wurden. Nach heutiger Berechnung wären das rund vier Millionen Menschen. Am Ende blieben von der gewaltigen Masse von Kriegern, die an der Schlacht teilnahmen, nur gerade sechs der auf Seiten der Pandavas Kämpfenden übrig – darunter alle fünf Söhne Pandus. Von den Kauravas erlebten gerade noch drei das Ende des Bruderkrieges.

Dies ist das Gerippe des Mahabharata, sozusagen der rote Faden. Die Helden des Krieges – teilweise selbst göttlichen Ursprungs – erbaten von ihren himmlischen Beschützern immer wieder neue Waffen, wenn einem eine Niederlage in einer Schlacht drohte. Und die Götter – nicht zimperlich – gewährten die Bitten. So kamen unvorstellbare Waffen zum Einsatz, alle aus dem Arsenal der Himmlischen. Die kurvten in ihren Vimanas umher oder genossen das süße Leben in gigantischen Weltraumstädten – während die Menschen auf dem Schlachtfeld verbluteten.

Da erbat etwa der Held Vasudeva von seinem Gott Agni (Gott des Feuers) eine neue Waffe, und der schenkte ihm den Diskus »Charka«. Dieser Diskus hatte in der Mitte einen Griff aus Metall und würde immer wieder zu Vasudeva zurückkehren, auch wenn die Feinde bereits erschlagen wären. So geschieht es dann auch im zweiten Kapitel des Mahabharata: Der Diskus streckt Krieger nieder und säbelt selbst den Kopf eines gut geschützten Königs ab, um anschließend wieder zu Vasudeva zurückzufliegen. Unheimlich. Im Pana Parva (drittes Buch des Mahabharata) erbittet Arjuna eine Waffe von seinem Gott Schiwa. Der überrascht sie ihm mit den Worten:

»Ich will dir meine Lieblingswaffe Pashupata geben. Niemand, auch nicht der höchste unter den Göttern, kennt sie. Du musst dich sehr vorsehen, damit du sie nicht falsch anwendest, denn wenn du sie gegen einen schwachen Feind einsetzt, kann sie die ganze Welt zerstören. Es gibt niemanden, der mit dieser Waffe nicht erschlagen werden könnte. Du kannst sie mit einem Bogen abschießen, aber auch mit dem Auge oder der Kraft deines Verstandes.«

Anschließend wird Arjuna von seinem Gott in die Geheimnisse des Waffengebrauchs eingeweiht. Gleich darauf gesellt sich ein Halbgott dazu, Kuvera. Der schenkt Arjuna die Waffe »Antardhana«. Diese verfügte über die Kraft, alle Feinde blitzartig einzuschläfern. Eine Hypnosewaffe? Schließlich erschien noch Indra, der Herr des Himmels, höchstpersönlich in einem himmlischen Streitwagen und lud Arjuna ein, den fliegenden Wagen zu besteigen und mit ihm die himmlischen Gefilde zu besuchen. Im Vana Parva (Bestandteil des Mahabharata) ist nachzulesen, wie auch Kaurava eingeladen wird, die überirdischen Gegenden zu besuchen:

»Du musst zum Himmel aufsteigen. Deshalb bereite dich vor. Mein eigener Himmelswagen mit Matali als Pilot [charioteer] wird bald zur Erde fliegen. Er wird dich in die himmlischen Gefilde bringen, und ich verspreche dir alle meine himmlischen Waffen [celestial weapons].«[92]

So gut wie möglich versuche ich aus dem Englischen

des 19. Jahrhunderts zu übersetzen, was auf Deutsch nicht zu haben ist. In Zweifelsfällen, die mehrere Möglichkeiten bieten, gebe ich auch den englischen Originaltext an. Die nachfolgende Passage stammt aus der Abteilung XLII des Vana Parva mit dem Titel Indralokagamana Parva (Bestandteil des Mahabharata):

»Und während Gudakesha, ausgestattet mit großer Intelligenz, noch überlegte, erschien der Wagen, versehen mit gewaltiger Überlegenheit und gesteuert durch Matali, aus den Wolken. Er erleuchtete das ganze Firmament und erfüllte die Gegend mit Getöse, dem Donner gleich. Geschosse in schrecklicher Form und … geflügelte Pfeile von himmlischer Pracht [winged darts of celestial splendour] und Lichter in glänzender Pracht sowie Blitze und ›Tutagudas‹ [nicht übersetzbar], versehen mit Rädern, und sie arbeiteten mit der Ausdehnung der Atmosphäre [atmospheric expansion] und verursachten einen Lärm wie das Donnern aus vielen Wolken – all dies war Bestandteil des fliegenden Wagens. Und an dem Himmelswagen waren auch wilde ›Nagas‹ [nicht übersetzbar, wahrscheinlich etwas Schlangenähnliches], mit heißen Öffnungen… Und der Himmelswagen hob ab wie von tausend goldfarbenen Pferden gezogen und erreichte rasch die Geschwindigkeit des Windes. Sehr schnell aber erreichte der Himmelswagen durch seine ihm innewohnende Kraft eine Geschwindigkeit, dass das Auge ihm nicht mehr zu folgen vermochte [that the eye could hardly mark its progress]. Und Arjuna sah an dem himmlischen Wagen auch eine Art ›Fahnenstange‹ [flag-staff], ›Vaijayanta‹ genannt und von strahlendem Glanz, die in der Färbung einem dunklen Smaragd glich und mit golden glänzenden Ornamenten versehen war… Arjuna sagte, o Matali, Wunderbarer, wie du ohne Verlust von Zeit diesen hervorragenden Himmelswagen lenkst, als würden sich Hunderte von Pferden mit ihren Kräften vereinen. Selbst Könige mit großem Reichtum ... sind nicht in der Lage, diesen Himmelswagen zu lenken ... Und Arjuna stieg mit dem Zaubergebilde, dem sonnengleichen Wagen, dem himmlischen, empor, der weise Spross aus Kurus Stamm. Der Himmelswagen bewegte sich mit außerordentlicher Geschwindigkeit und wurde für die Sterblichen auf der Erde rasch unsichtbar.«

Abteilung XLIII: »Und die Himmelsstadt von Indra, welche Arjuna erreichte, war entzückend und auch ein Ort der Erholung für ›Siddhas‹ und ›Charanas‹ ... Und Arjuna erblickte himmlische Gärten, in denen himmlische Musik erklang. Und dann, dort oben, wo die Sonne nicht mehr scheint und auch der Mond nicht, wo das Feuer nicht mehr glänzt, sondern alles im eigenen Glanz leuchtet, sah Arjuna andere Himmelswagen, zu Tausenden, die fähig waren, nach dem Willen überall hinzugehen, aufgereiht an ihren Plätzen [and he beheld there celestial cars by thousands, capable of going everywhere at will, stationed in proper places]. Und dann bemerkte er Zehntausende solcher Wagen, die sich in alle möglichen Richtungen bewegten. Was unten auf der Erde als Sternengestalt gesehen wird, wegen der großen Ferne wie Lampen, sind in Wirklichkeit große Körper.«[92]

In dieser fantastischen Geschichte, die sich vor Jahrtausenden irgendwo im Weltraum ereignete, wird weiter berichtet, wie Arjuna alle Abteilungen dieses Weltraumhabitats besucht und die verschiedensten Waffen der Himmlischen zum Test vorgeführt bekommt. Er selbst muss lernen, die schrecklichen Waffen zu beherrschen. Das Trainingsprogramm, umgeben vom Luxus der Himmlischen, dauerte volle fünf Jahre (he lived for full five years in heaven, surrounded by every comfort and luxury). Arjuna wurde sogar im Gebrauch von Musik-

194

instrumenten unterwiesen, die nur den Himmlischen vorbehalten waren und die »in der Welt der Menschen nicht existieren«.

Das alles klingt märchenhaft, ist es aber nicht. Hier werden Wirklichkeiten beschrieben. Ich erinnere mich an Gespräche, in denen immer wieder angeführt wurde, Menschen hätten nun mal den Wunsch nach einer ultimativen Waffe verspürt, wenn sie in Bedrängnis waren. Mag sein. Doch keine Waffen, die in der Vorstellungswelt von Steinzeitmenschen keinen Platz haben konnten, wie etwa Hypnosewaffen.

Es ist eingewendet worden, Menschen hätten nun mal den Vögeln zugeschaut, wie sie am Firmament ihre friedlichen Runden drehten, und Menschen hätten nun mal den Wunsch verspürt, es den Vögeln gleichzutun. Schön. Aber Vögel verursachen nun mal keinen entsetzlichen Lärm und lassen weder Berge noch Täler erzittern. Vögel benötigen nun mal keine Piloten, die obendrein speziell geschult sein mussten. Vögel verfügen auch über keine Motoren mit irgendeinem Quecksilberantrieb. Und Vögel fliegen schon gar nicht hinaus ins Weltall.

Arjuna, der Held des Mahabharata, war aber eindeutig dort und nicht im Reich der Träume. Schließlich wird beschrieben, dass dort oben weder Sonne noch Mond scheinen, sondern alles nur im eigenen Glanze leuchtet. Man erfährt, dass Tausende von anderen Flugwagen dort oben parkten und dass wegen der großen Entfernung das, was von der Erde aus wie Lampen aussehe, in Wirklichkeit große Körper seien.

Nein, Freunde von der anderen Fakultät, mit Psychologie und faulem Zauber kommen wir hier nicht mehr weiter. Gerade die erdgebundenen Menschen, die zum Himmel starren, müssten eigentlich meinen, die Sonne strahle dort oben viel heller als auf der Erde. Das Gegenteil ist der Fall: Im Weltall ist es dunkel. So etwas träumt man nicht. Wer negiert, dass im Mahabharata Weltraumstädte, Weltraumschiffe, Zubringerschiffe und Tausende von fliegenden Vehikeln beschrieben werden, der will es nicht wahrhaben, weil es nicht in sein Weltbild passt. Die Überlegung, dass es keine Weltraumvehikel in der grauen Vergangenheit gegeben haben kann, widerspricht zudem den Gesetzmäßigkeiten der Evolution, derzufolge auch wir Menschen eine allmähliche Entwicklung durchlaufen. Doch wenn die Evolution tatsächlich ein kontinuierlicher Vorgang ist, bitte ich um eine Erklärung, aus welchem Geist heraus an allen Ecken der Welt plötzlich Beschreibungen von Himmelsfahrzeugen in die alten Bücher geraten. Weshalb unsere Vorfahren stets von Göttern, die vom Himmel kamen, berichteten. Woher bezogen unsere Vorfahren, gerade noch von der Steinzeit geküsst, die Konstruktionszeichnungen für die beschriebenen Himmelswagen? Woher hatten sie die Kenntnisse über die anzuwendenden Legierungen und die Navigationsinstrumente?»Auf Sicht« werden selbst die Götter nicht geflogen sein. Es ging ja nicht um Kinderdrachen oder Heißluftballone. Die Vimanas verfügten über mehrere Stockwerke, waren so groß wie Tempel und legten Geschwindigkeiten hin, von denen selbst Vögel nur träumen konnten.

In der gesamten Sanskritliteratur gibt es keine Zeile, die auf Techniker, Fabriken oder Probeflüge hinweist. Die himmlischen Fahrzeuge waren plötzlich da. Götter schufen und bedienten sie. Innovation, Planung und Ausführung fanden nicht auf unserem Planeten statt. Da gab es keine Evolution. Gar nichts, was Schritt für Schritt entwickelt worden wäre. Hätte es das gegeben, wäre die Menschheit schon vor Jahrtausenden auf dem Mars gelandet! Die in den indischen Texten beschriebenen Fahrzeuge waren unserer gegenwärtigen Technologie weit voraus. Sie konnten um die Erde fliegen, spielend den Mond erreichen, stehen bleiben, wann und wo sie wollten, und sie verfügten über Energien, die wir uns nicht einmal vorstellen können. Schon vor 40 Jahren erkannte der Evolutionsforscher Loren Eiseley, Professor für Anthropologie an der Universität Pennsylvania, dass hier etwas nicht stimmen kann:

»Wir haben jeden Anlass zu glauben, dass unbeschadet der Kräfte, die bei der Bildung des menschlichen Gehirns beteiligt waren, ein zäher und sich lang hinziehender Daseinskampf zwischen mehreren menschlichen Gruppen *unmöglich* so hohe geistige Fähigkeiten hervorgebracht haben kann, wie wir sie heute unter allen Völkern der Erde erkennen. Irgendetwas anderes, ein anderer Bildungsfaktor, muss da der Aufmerksamkeit der Entwicklungstheoretiker entgangen sein.«[93]

So ist es. Professor Eiseley befindet sich heute in bester Gesellschaft. Immer mehr Anthropologen und Genetiker, die Abstammungslehre auf molekularer Basis betreiben, merken es. Der fehlende Bildungsfaktor hat einen Namen: Götter. Das Ärgerliche dabei ist bloß, dass die neuen Erkenntnisse kaum über die Medien verbreitet werden, weil in diesen Anstalten immer noch die alten Zöpfe regieren.

Akzeptiert man jedoch in nur einem einzigen Beispiel den Faktor Götter (Außerirdische), so werden auch die altertümlichen Texte außerhalb Indiens schlagartig klar. Bis zum streitsüchtigen und eifersüchtigen Gott des Alten Testamentes. Und Licht wirft diese simple Erkenntnis auch auf gewisse Bautechnologien der Frühgeschichte. Einmal akzeptiert, geht eine Erleuchtung um die Welt.

Mahabharata, Sektion CLXV, Nivata-Kavacha-yuddha Parva:

»Gesteuert durch Matali, plötzlich das Firmament erleuchtend, anzusehen wie Feuerzungen ohne Rauch oder wie ein leuchtender Meteor in den Wolken, tauchte das Himmelsfahrzeug auf.«[92]

Vögel? Träume? Hokuspokus?

Mahabharata, Sektion CLXXII, Nivata-Kavacha-yuddha Parva:

»Immer noch unsichtbar, begannen die Daityas mithilfe von Illusionen zu kämpfen. Und auch ich kämpfte mit ihnen und verwendete die Energie der unsichtbaren Waffen [the energy of invisible weapons]... Und als die Daityas flohen und alles wieder sichtbar wurde, lagen Hunderttausende von Ermordeten auf der Erde... Ich wurde unsicher, und dies bemerkte Matali. Als er mich erschrocken sah, sagte er: ›O Arjuna, Arjuna! Habe keine Angst. Verwende die Waffe des Donnerblitzes. Als ich diese Worte vernahm, entsicherte ich die bevorzugte Waffe des Königs der Himmlischen [I then discharged that favorite weapon of the king of the celestials].«[92]

Dumme Fantastereien? Wohl kaum, denn als die Waffe zum Einsatz kam, zersplitterte sie ganze Berge und Täler, entzündete Wälder und wütete auf entsetzliche Weise in den Reihen des Feindes.

Am Firmament begann indessen eine andere Schlacht. Da die Himmlischen offenbar Partei für die eine oder andere Seite der Irdischen ergriffen hatten, fingen nun auch die Götter an, sich gegenseitig abzuschießen. Im dritten Kapitel des Buches Sabha-parvan (Bestandteil des Mahabharata) werden Weltraumstädte unterschiedlicher Größe beschrieben. Sie wurden geführt von Indra, Brahma, Rudra, Yama, Kuvera und Varuna. Diese Weltraumstädte trugen den Sammelbegriff Sabha. Sie waren gigantisch im Umfang und glänzten – von der Erde aus betrachtet – wie Kupfer, Gold oder Silber. In den Städten gab es Nahrungsmittel aller Art, Wasser in jeder Menge, Gärten und Bäche,

Wohnräume und Versammlungshallen. Dazu riesige Hangars für die Vimanas und selbstverständlich fürchterliche Waffen. Eine solche um sich selbst drehende Stadt trug den Namen Hiranyaoura (Stadt aus Gold) und war ursprünglich von Brahma gebaut worden. Zwei andere hießen Gaganacara und Khecara. Im Laufe der Zeit wurden diese Städte aber von bösen Wesen – im Mahabharata »Dämonen« genannt – bewohnt. Diese Dämonen hatten Partei für die falsche Seite der Menschen ergriffen. Und das muss dem Obergott Indra wohl sehr sauer aufgestoßen sein, denn er befahl die Vernichtung dieser Himmelsstädte. Diese Aufgabe durfte Arjuna übernehmen, der schließlich fünf Jahre lang von den Himmlischen im Gebrauch der entsetzlichen Waffen geschult worden war und dem obendrein der beste Pilot eines Weltraumschiffes zur Verfügung stand: Matali. Zudem war Arjuna nicht allein, andere Weltraumschiffe mit geschulten Kampfpiloten unterstützten ihn.

Es kam zu einer regelrechten Weltraumschlacht. Die Dämonen verstanden es immer wieder, ihre riesigen Himmelsgebilde unsichtbar zu machen. Zudem verfügten auch sie über heimtückische Waffen, mit denen sie die angreifenden Gegner einige Zeit abwehrten. Die Weltraumstädte der Dämonen wurden weit in den Weltraum hinauskatapultiert, und Arjuna wartete auf eine sichere Schussposition: »Als dann die drei Städte am Firmament zusammentrafen, durchbohrte er sie mit seinem schrecklichen Strahl aus dreifachem Feuer. Die Dämonen waren unfähig, diesem Strahl, der mit Yuga-Feuer beseelt und aus Wischnu und Soma zusammengesetzt war, etwas entgegenzusetzen. Während die drei Städte zu brennen begannen, eilte Parvati dorthin, um sich das Schauspiel anzusehen.«[94]

Ich wies schon in früheren Büchern auf diese Schlacht im Weltraum hin, doch diesmal stand mir eine noch ältere

Übersetzung zur Verfügung. Alle Übersetzer aus dem vorletzten Jahrhundert haben die betreffenden Passagen gleich übersetzt, obschon keiner von ihnen zu ihrer Zeit (zwischen 1860 und 1890) auch nur die blasseste Ahnung von Weltraumstädten haben konnte. Jeder verwendete die Begriffe »celestial cities in the sky« und »the three cities came together on the firmament«.

In heutigen TV-Serien sind mächtige Weltraumstädte, in denen Kämpfe unter den rivalisierenden Rassen ausgefochten werden, nichts Neues. All dies wird bereits in der altindischen Literatur beschrieben. Nur passt es dort nicht hinein, wenn wir dem simplen evolutionären Denkmuster folgen. Diese Logik ist zwingend. Das Gleiche gilt für die Götterwaffen, welche im Mahabharata zum Einsatz kommen. Beispiele:

»Diese Waffe rief Angst und Bestürzung hervor, als Karna sie aus der Rüstkammer holte… Die Vögel in der Luft erhoben ein fürchterliches Geschrei, ein heftiger Sturm erhob sich, Blitze zuckten und Donner grollte. Die Waffe stürzte mit lautem Schall auf das Herz Ghatotkachas, durchbohrte es und verschwand in dem sternenübersäten Nachthimmel.«

»Aswathama schleuderte seine gefährlichste Waffe ›Narayana‹ gegen die Pandava-Truppen. Sie flog in die Luft, und Tausende von Pfeilen kamen gleich zischenden Schlangen daraus hervor und fielen nach allen Seiten auf die Krieger herab. Vasudeva gebot den Truppen, nicht weiterzukämpfen und ihre Waffen fortzuwerfen, denn er wusste, dass die Narayana-Waffe einem Zauber folgte. Sie tötete alle die, welche kämpften oder kämpfen wollten, während sie jene verschonte, die ihre Waffen weggaben.«[95]

Einer der Tapferen, Bhima, wollte seine Waffe nicht wegschmeißen, und bald war er von einem Flammenmeer eingeschlossen. Da trat Arjuna auf das Kampffeld und verwendete die göttliche Waffe »Baruna«. Sie löschte das Feuer, was aber erst möglich war, nachdem Bhima endlich seine Waffe weggeworfen hatte.

Stalinorgeln kennen wir heute, aber keine Geschosse, welche nur diejenigen Gegner angreifen, die Waffen tragen. Wie funktionierte das? Bei den Göttern ist einiges möglich, und im Mahabharata kamen selbst radioaktive Waffen zum Einsatz:

»Seinem Befehl folgend, feuerte Arjuna die Waffen ab, denen die Kraft innewohnte, die Vernichtung abzuwenden... Die Waffen schossen hoch in die Lüfte, und Flammen brachen aus ihnen hervor, die dem großen Feuer glichen, das die Erde am Ende eines Erdzeitalters verschlingt. Tausende von Sternschnuppen fielen vom Himmel, die Tiere in den Gewässern und auf dem Lande zitterten vor Angst. Die Erde erbebte... In diesem Augenblick näherte sich der berühmteste Weise, der damals lebte, Veda Vyasa, ... er riet eindringlich, die Waffe zurückzuziehen, die er entfesselt hatte. Wenn er das nicht tue, werde Arjuna dieser Waffe mit seinem ›Brahmastra‹ begegnen, das unfehlbar sei. Käme es jedoch soweit, würden *zwölf Jahre Dürre das Land befallen*. Arjuna wisse das, und daher habe er zum Wohle der Menschheit immer noch gewartet, sich auf diese Weise zu retten. Aswathama solle daher unverzüglich seine Waffe zurückziehen und sich von seinem Edelstein trennen... Aswathama sprach: ›...*Diese unfehlbare Waffe wird alle noch ungeborenen Kinder töten*...‹ ... Daher waren alle Kinder, die zur Welt kamen, tot.«

Dies ist nicht die einzige Passage im Mahabharata, die auf tödliche Strahlung hinweist. Das bereits 1891 übersetzte nachfolgende Zitat stammt aus dem fünften Buch des Mahabharata:

»Die Sonne schien sich im Kreis zu drehen. Von der Glut der Waffe versengt, taumelte die Erde vor Hitze. Elefanten waren angebrannt und rannten wild hin und her... Das Toben des Feuers ließ die Bäume wie bei einem Waldbrand reihenweise stürzen... Pferde und Streitwagen verbrannten, es sah aus wie nach einem fürchterlichen Brand. Tausende von Wagen wurden vernichtet, dann senkte sich tiefe Stille über die Erde... Es bot sich ein schauerlicher Anblick. Die Leichen der Gefallenen waren von der fürchterlichen Hitze verstümmelt, sie sahen nicht mehr wie Menschen aus. Niemals zuvor haben wir eine derart grauenhafte Waffe gesehen, und niemals zuvor haben wir von einer derartigen Waffe gehört... Sie ist wie ein strahlender Blitz, ein verheerender Todesbote, der alle Angehörigen der Vrischni und der Andhaka zu Asche zerfallen ließ. Die verglühten Körper waren unkenntlich. *Den Davongekommenen fielen Haare und Nägel aus.* Töpferwaren zerbrachen ohne Anlass, die überlebenden Vögel wurden weiß. *In kurzer Zeit war die Nahrung giftig.* Der Blitz senkte sich und wurde feiner Staub.«[96]

Zusätzliche Informationen vermeldet das achte Buch des Mahabharata, das Musala Parva. Dort ist nachzulesen, wie Curkha, einer der Götter, auf die dreifache Stadt ein einziges Geschoss schleuderte, heller als die Sonne. Die Elefanten brüllten und brannten, alle Vögel fielen vom Himmel, die Nahrung wurde giftig, die Krieger, die nicht direkt betroffen waren, stürzten sich in die Bäche und Seen, »*denn alles war vom tödlichen Hauch des Gottes belegt. Auch noch die ungeborenen Kinder im Mutterleib starben.*«

Nein, verehrte Skeptiker, hier muss Farbe bekannt werden. Was die Chronisten vor Jahrtausenden festhielten, entstammte keiner noch so makabren Fantasie. Hier ist eine ehemalige Realität festgehalten worden. Vor Hiroshima und Nagasaki im Zweiten Weltkrieg konnte niemand etwas von derartig entsetzlichen Waffen wissen. Niemand konnte wissen, dass Radioaktivität *jede Nahrung vergiftet*; niemand konnte wissen, dass Radioaktivität im Zusammenhang mit einem Götterblitz, heller als die Sonne, auch noch *die ungeborenen Kinder im Mutterleib tötet*, niemand konnte wissen, dass die radioaktiven Rückstände *Haare und Nägel ausfallen lassen*. Weshalb? *Denn alles war vom tödlichen Hauch des Gottes belegt.*

Spuren dieser Götterwaffen finden sich sogar noch im sumerisch-babylonischen Gilgamesch-Epos, fünfte Tafel: »Es schrie der Himmel, Antwort brüllte die Erde, ein Blitz leuchtete auf, ein Feuer flammte empor, es regnete Tod. Die Helle verschwand, es erlosch das Feuer. Was vom Blitz erschlagen war, wurde zu Asche.« Und auf der achten Tafel fragt Gilgamesch seinen sterbenden Freund Enkidu: »Hat des Himmelstiers giftiger Hauch dich getroffen?«[97]

Weshalb soll in der Fantasie unserer Vorfahren irgendein Vogel einen »giftigen Hauch« hervorbringen, der tödlich wirkt? Weshalb soll Aswathama im Mahabharata sich von seinem »Edelstein« trennen und damit eine schreckliche Waffe zurückziehen? Was war mit dem Edelstein gemeint? Irgendein kleines Kommandogerät, entstanden in der Waffenschmiede der Götter? Diese Götter waren Scheinheilige, aus menschlicher Perspektive könnte man sie getrost Verbrecher nennen. Sie statteten ihre Lieblinge mit grauenhaften Zerstörungswaffen aus und sahen dann zu, wie sie sich gegenseitig ausrotteten. Die Menschen spielten lediglich eine Statistenrolle. Menschliches Leben schien für die Götter keinen Wert zu haben. Die Götter hatten die Menschen schließlich geschaffen, die Götter herrschten über Leben und Tod wie wir über Leben und Tod von Ameisen. Und die Zeit spielte bei diesen Göttern offenbar eine untergeordnete Rolle. Sie wussten, dass die Menschen sich wieder vermehren würden – wie die Ameisen. Ich hege keine Sympathie für diese Art von Göttern.

Keiner, der die altindische Literatur studiert hat, wird bezweifeln können, dass diese Götter die verschiedensten Typen von weltraumtauglichen Flugapparaten benutzten. Der Sanskritexperte Professor Kanjilal verweist allein im Vana Parva (Bestandteil des Mahabharata) auf 41 Textstellen.[98] Hier die wichtigsten Passagen:

– O du, Uparicara Vasu, die geräumige fliegende Maschine wird zu dir kommen. (Kap. 63, 11–16)

– O du, Abkömmling der Kurus, jener böse Mensch kam auf dem selbstständig fliegenden Gefährt, das sich überall fortbewegen kann und als Saubhapura bekannt ist. (Kap. 14, 15–22)

– Als er aus dem Blickwinkel der Sterblichen entschwunden war, hoch oben am Firmament, bemerkte er Tausende seltsamer Luftfahrzeuge. (Kap. 42, 30–34)

– Er betrat Indras göttlichen Lieblingspalast und sah Tausende von fliegenden Fahrzeugen für die Götter, einige nur abgestellt, andere in Bewegung. (Kap. 43, 7–12)

– Die Gruppen von Maruts kamen in göttlichen Luftfahrzeugen, und Matali nahm mich mit in sein fliegendes Gefährt und zeigte mir die anderen Luftfahrzeuge. (Kap. 168, 10-11)

– Die Götter erschienen in ihren eigenen, fliegenden Fahrzeugen, um dem Kampf zwischen Kripacarya und

Arjuna beizuwohnen. Selbst Indra, der Herr des Himmels, erschien mit einem besonderen fliegenden Objekt, und mit ihm 33 göttliche Wesen. (Kap. 274 ff. und 275 ff.)

– Er schenkte ihm ein sich selbst bewegendes Luftfahrzeug, bekannt als Puspaka. (Kap. 207, 6–9)

Im Kathasaritsagara, einer indischen Textsammlung aus alten Zeiten, wird ein Luftfahrzeug erwähnt, das »nie auftanken musste« und Menschen in ferne Länder jenseits der Meere transportierte. Daselbst erfährt der staunende Leser von einem Luftfahrzeug, das, umgerechnet auf unsere Maße, eine Strecke von 3200 Kilometern nonstop zurücklegte, sowie von einem anderen Luftfahrzeug von König Narabahanadutta, in dem 1000 Männer auf einem einzigen Flug nach Kausambi transportiert wurden. (Kap. 43, 21 ff.)

Im 5. Jahrhundert n. Chr. lebte am Hofe der indischen Gupta-Könige der größte Dramatiker und Dichter Indiens, Kalidasa. In seinen Epen und Dramen verwendete er Material aus dem Mahabharata und Ramayana, so auch in dem Werk Raghuwamscha. In anschaulichen Einzelheiten und mit erstaunlicher wissenschaftlicher Genauigkeit werden die verschiedenen Etappen des Fluges von Rama nach Ajodhja beschrieben. Man liest von der phänomenalen Aussicht auf den wogenden Ozean und die Gebirge unter Wasser. Der Flugwagen von Rama erreichte diverse Höhen, mal kurvte er zwischen den Wolken, dann unter den Vögeln und zuweilen auf den Wegen, »die von den Göttern befahren wurden« (Kap. 13, 19). Das Luftfahrzeug überquerte das ganze Dekkan-Plateau, einschließlich des Alyaban-Gebirges, dann einen See und den Fluss Godavari, die Einsiedelei von Agastya wie jene von Sasabhanga und schließlich den Berg Chitrakuta. Weiter ging's über den Zusammenfluss der Ströme Ganges und Jammuna, vorbei an der Hauptstadt des Königs von Nisada Richtung Uttarakosala am Fluss Saraju. Als das Vehikel in Uttarakosala landete, lief eine Menschenmenge zusammen. Rama, gefolgt von seinen Passagieren, verließ das Fahrzeug auf einer glitzernden Treppe aus Metall (Kap. 13, 69). Nach dem Treffen mit dem dortigen Herrscher stiegen Rama und seine Begleitung über dieselbe Metalltreppe in seine fliegende Maschine. Die Flugroute, die heute leicht nachvollzogen werden kann, betrug rund 2500 Kilometer.

Derselbe Dramatiker Kalidasa berichtet auch über eine Flugreise in Indras Himmelsfahrzeug, das – einmal mehr – von Matali pilotiert wurde. Das Fluggerät bewegte sich durch feuchte Wolken, wobei die Räder eingezogen wurden. Es stieg in höhere Gefilde, wo keine Atemluft mehr existierte, flog aber auch derart niedrig über die Dichte des Laubwerkes, dass die Vögel entsetzt flohen. Nach der Landung bemerkte Duhsantra, einer der Passagiere, erstaunt, dass die Räder keinen Staub aufgewirbelt hatten und nicht einmal den Boden berührten. Freundlich erklärte der Pilot Matali, das Schweben über dem Boden sei einer überlegenen Technik von Indra zu verdanken. Besaß Indra eine Vorrichtung, welche die Schwerkraft aufhob?

Kalidasa war ein Poet, der neben seinen Dramen sogar ein Lustspiel verfasste. Er hat die Fantasie sozusagen gepachtet, sie gehört zum Dichter. Doch auch die Fantasie braucht ihre Anreize. Die entnahm Kalidasa aus den viel älteren Epen Mahabharata und Ramayana. Was ist dieses Ramayana?

Das Wort bedeutet »Ramas Leben«. Der Ursprung der Handlung verliert sich irgendwo im alten Indien. Das Ramayana berichtet von einem König der Sonnendynastie, der einst in Ajodhja lebte. Der König hatte vier Söhne von vier verschiedenen Frauen, wobei Rama, der älteste, seine Brüder in allen Belangen weit übertraf. Deshalb erkor ihn sein Vater auch zum Nachfolger. Durch eine mütterliche Intrige wurde dies verhindert, und Rama musste für 14 Jahre das Land verlassen. Rama hatte eine bildhübsche Frau, Sita mit Namen, die von Rawana, dem Herrscher von Lanka (Ceylon), geraubt wurde. (Der gleiche Vorfall bot in Griechenland den Anlass zu den Trojanischen Kriegen.) Der clevere Rama baute eine Brücke, die Indien mit Lanka verband und später von seinen Truppen benutzt wurde. Rama selbst holte sich seine geliebte Sita zurück – mithilfe seiner fliegenden Vimanas. Endlich konnte Rama den Thron seines Vaters besteigen. Happy End.

Das Gerüst der Geschichte ist einfach, die angewendete Technologie hingegen recht dramatisch. Im Ramayana kommen zwei Flugapparat-Typen zum Einsatz: die Vimanas und die Rathas. Erstere bewegten sich außerordentlich schnell, liefen vorne spitz zu und enthielten mehrere luxuriöse Räume. Sogar mit Perlen besetzte Fenster gab es, und alle Innenräume waren mit Teppichen ausgelegt. Die meisten Vimanas, die im Ramayana erwähnt werden, beförderten zwölf Passagiere. Ein Flug zwischen Lanka und Vasisthasrama wird detailliert beschrieben. Dies entspricht heute einer Distanz von 2880 Kilometern, die in den komfortablen Vimanas innerhalb weniger Stunden überwunden wurden. Im Gegensatz zum Mahabharata pilotieren im Ramayana vorwiegend Menschen diese außergewöhnlichen Flugapparate, und zwar geschulte Heerführer oder Könige. Geschult selbstverständlich von den Göttern. Wobei immer wieder darauf hingewiesen wird, dass die Technologie zur Konstruktion der Vimanas von den Göttern stammte. Die Menschen haben nichts erfunden. Auch gibt es klare Unterscheidungen zwischen den

Menschen, die ein Vimana fliegen dürfen, und den Göttern in ihren phänomenalen Himmelsstädten.

Ach ja, was wollten diese Götter ursprünglich eigentlich hier? Sie sollen in sehr frühen Zeiten auf die Erde gekommen sein, um die Menschen zu studieren. Ein schönes Studium angesichts der verheerenden Kriege, die sie anzettelten! Noch früher sollen die Götter da gewesen sein, um die Menschen zu erschaffen, was ihnen nicht besonders gelungen zu sein scheint, sonst hätten sie ihre Geschöpfe später nicht wieder umbringen müssen.

Für die skeptischen Indologen, aber auch für die interessierten Laien, die's kontrollieren möchten, nachfolgend einige Flugszenen aus dem Ramayana:

– Zusammen mit Khara bestieg er das fliegende Fahrzeug, das mit Juwelen geschmückt war. Es vollführte einen Krach, der dem Donner aus den Wolken glich. (Kap. 3, 35, 6–7)

– Du magst hingehen, wohin du willst, ich werde Sita auf dem Luftweg nach Lanka bringen ... so bestiegen Ravana und Maricha das Luftfahrzeug, das einem Palast glich. (Kap. 3, 42, 7–9)

– Glaubst du Schurke, Wohlstand zu erreichen, indem du dieses fliegende Fahrzeug beschaffst? (Kap. 3, 30, 12)

– Das Luftfahrzeug, das die Geschwindigkeit des Gedankens hat, erschien wieder in Lanka. (Kap. 4, 48, 25–37)

– Dies ist das vorzügliche Luftfahrzeug, das Puspaka genannt wird und wie die Sonne glänzt. (Kap. 4, 212, 10–30)

- Das fliegende Objekt ... erhob sich mit lautem Getöse in die Lüfte. (Kap. 4, 123, 1)

- Alle Haremsdamen des Affenkönigs beendeten schleunigst die Dekorationen und bestiegen das himmlische Fahrzeug. (Kap. 4, 123, 1–55)

Die Rahmengeschichte habe ich schon skizziert. Im Abschnitt »Rama und Sita« wird berichtet, wie der Bösewicht Rawana die zauberhafte Sita in einem »Wagen der Lüfte, der der Sonne gleicht« entführt. Der Flug führt über Täler, hohe Berge und Wälder. Weder die Hilferufe noch die Gebete der gekidnappten Sita können den Entführer zur Rückkehr bestimmen. Als Rama von der Entführung erfährt, gibt er das militärisch knappe Kommando: »Man fahre unverzüglich den Wagen der Lüfte heraus!«

In der Zwischenzeit fliegt Rawana, der Böse, bereits über den Ozean Richtung Lanka. Doch Ramas Flugwagen ist schneller. Er holt Rawana ein und stellt ihn zum Luftkampf. Mit einem »himmlischen Pfeil« schießt er das Entführungsvehikel ab, das hinab in den Ozean stürzt. Sita ist gerettet und steigt in den Himmelswagen ihres Gatten um, der mit gewaltigem Getöse zu einem Wolkenberg emporsteigt.

Rama, der Held des Ramayana, hatte geschickte Verbündete. Einer dieser begabten Kameraden war der König der Affen mit seinem Minister Hanuman. Je nach Wunsch konnte sich der König der Affen in einen Riesen oder in einen Zwerg verwandeln. Zudem war er ein waghalsiger Pilot. Wenn er vom Gebirge aus seinen Flug begann, brachen die Felsspitzen, Riesenbäume wurden umgeworfen, und die Berge dröhnten. Vögel und Tiere flohen entsetzt in ihre tiefsten Schlupfwinkel. Manchmal startete der tollkühne Pilot auch von einer Stadt aus. Dann schwappten die Teiche über, und mit »brennendem Schwanz erhob sich das Vimana über die Dächer und entfachte große Brände, sodass die Bauten und alle Türme einstürzten und die Lustgärten verwüstet wurden«.

Fürwahr ein schreckliches Fluggerät. Aber schließlich stammte es aus der Waffenschmiede der Götter, und denen waren zerstörte Behausungen der Menschen ziemlich schnuppe. Und wenn ich in indischen Texten lese, das fliegende Fahrzeug habe große Brände verursacht, Gärten verwüstet und Türme einstürzen lassen, dann muss ich an das Kabra Negest, an das Buch der äthiopischen Könige, denken.[99] Dort hatte Baina-lehem, ein Sohn des Königs Salomon, auf der Route von Jerusalem nach Äthiopien mit einem Himmelsgefährt Ägypten überflogen. Die Ägypter beklagten sich, dass der Flugwagen Götterstatuen und Obelisken zum Umsturz gebracht habe (»…in dem sie auf einem Wagen fuhren wie die Engel, und sie waren schneller als die Adler am Himmel«).

Die (heute weniger) heiligen Schriften Indiens, die Veden, enthalten Beschreibungen, die erst in unserer Zeit verstanden werden können. Darin erkenne ich eine bestimmte Logik. Natürlich wussten die Himmlischen, jene selbstherrlichen Götter, dass die Menschen zur damaligen Zeit nichts von der Technologie begreifen konnten. Dies ist heute mit dem ethnologisch akzeptierten Begriff »Cargo-Kult« nicht anders (mehr dazu: Anmerkung 9). Für die Menschen damals erschien die himmlische Technologie wie aus dem Reich der Zauberei, der Magie. Göttlich eben. Doch geschulte Menschen *sollten* darüber berichten. Dahinter steckt System. Nur dank der Überlieferungen aus jenen sagenhaften Zeiten würden die Menschen der Zukunft – wir! – erfahren, was damals los war. Und erst diese Erkenntnis würde uns Zukünftige auf neue Fragen bringen,

210

welche *ohne* die alten Texte nie gestellt würden. Als ich 1968 mit dem Titel *Erinnerungen an die Zukunft* die provokative Frage aufwarf, ob unsere Vorfahren vor Jahrtausenden vielleicht aus dem Weltall besucht worden seien, da hatte ich die Frage weder aus der Fantasie noch aus dem hohlen Bauch heraus gestellt. Es waren bestimmte Indizien, die mich zu dieser Fragestellung zwangen. Doch erst *nach* der Frage, ob unsere Vorfahren Besuch aus dem Weltall erhielten, waren neue Fragestellungen möglich. Außerirdische? Gibt's die überhaupt? Wie sehen die aus? Weshalb sollten die uns besucht haben? Weshalb ausgerechnet uns? Weshalb ausgerechnet jetzt? Mit welcher Technologie? Wie haben sie die Lichtjahre überbrückt? Woher wussten die überhaupt von unserer Existenz? Weshalb taten sie, was sie taten? Was war ihre Motivation? Haben die irgendeinen Beweis zurückgelassen? Kommen sie eventuell wieder? Wenn ja, wann? Wie würden wir uns verhalten? Etc., etc. Dieser ganze Fragenkatalog ist erst möglich *nach* der Frage, ob unsere Vorfahren Besuch aus dem Weltall erhielten. *Vorher* gab's die Hauptfrage nicht – und damit keine Zusatzfragen. Exakt dahinter erkenne ich ein System. Eine Art von Schnitzeljagd, damit die Menschen der Zukunft gezwungen werden, die richtigen Fragen zu stellen und schließlich zu den richtigen Antworten zu kommen.

Dabei spielt es weder eine Rolle, ob die Menschen damals verstanden, was sie sahen und erlebten, noch, auf welche mystische, nebulöse Art sie ihre Erlebnisse festhielten. Allein der Inhalt, egal in welcher Verpackung, müsste die Menschen der Zukunft stutzig werden lassen. Und genau das tun sie auch. Die Rechnung ist aufgegangen, ihr dort oben! Im Rigweda beispielsweise werden Technologien, aber auch philosophische Gedanken beschrieben, die in der damaligen Zeit hinten und vorne in keine Schublade passten. Hier ein paar Kostproben:

»Alle, die aus dieser Welt *verreisen*, gehen zunächst sämtlich zum Monde ... *der Mond ist die Pforte zur Himmelswelt*, und wer ihm auf seine Fragen antworten kann, den lässt er über sich hinausgelangen.« (Rigw. 1, Adhyana)[100]

Selbstverständlich ist der Mond die Ausgangsbasis für interplanetare und interstellare Reisen. Wegen seiner geringen Anziehungskraft können vom Mond aus Weltraumschiffe von prächtiger Größe gestartet werden. Oder man setzt sie – im Baukastensystem – in einer Mondumlaufbahn zusammen, was hier leichter als in einer Erdumlaufbahn zu bewerkstelligen war. Aber sicher mussten diese Bauteile zuerst einmal von der Erde zum Mond transportiert werden, doch von der Mondoberfläche oder einem Mondorbit aus sind Starts zum im Bau befindlichen Mutterraumschiff lächerlich einfach im Vergleich zu Starts von der Erde aus. Nur konnte dies kein Mensch vor Jahrtausenden wissen.

»Der Weltraum ist größer als die Glut, denn im Weltraum sind beide, die Sonne und der Mond, sind Blitz, Gestirne und Feuer. Vermöge des Weltraums ruft man, hört man, antwortet man; im Weltraum freut man sich und freut man sich nicht; *man wird geboren im Weltraum, man wird geboren für den Weltraum*; den Weltraum mögest du verehren. *Wer den Weltraum verehrt, der erlangt Weltraumreiche, lichtraumreiche Welten, unbeengte, zum weiten Ausschreiten*, und soweit sich der Weltraum erstreckt, soweit wird ihm ein Umherschweifen nach Belieben zuteil.« (Rigw. 7)[101]

Jede dieser Aussagen stimmt. Jetzt geht es nur darum, den ursprünglichen Sinn herauszufiltern. Sätze wie »Wer den Weltraum verehrt, der erlangt Weltraumreiche« kann man ja auch übersetzen mit: »Wer Weltraumforschung *betreibt*, der erlangt Weltraumreiche.« Ich habe mir vom Indologen Professor Kanjilal in Kalkutta sagen lassen, im Sanskrit sei der Wortstamm von »verehren« und »betreiben« derselbe, denn der Mensch betreibe auch seine Verehrung. Und dass man *geboren wird im Weltraum und für den Weltraum,* ist für jeden Astronauten ein alter Hut. Man wird Generationenraumschiffe bauen, an Bord wird man leben, lieben, sterben und gebären. Nur eben: Keiner konnte es vor Jahrtausenden wissen.

Wenn ich im Mahabharata lese, wie Indra, der höchste jener Götter, Arjuna erklärt, *die Zeit sei der Same des Universums*, dann läuten bei mir Glocken – bei anderen wahrscheinlich nicht. Fragen Sie einmal einen modernen Astrophysiker, wann oder wie die Zeit begann: Die Zeit entstand zugleich mit dem Universum. Sie *ist* der Same des Universums. Wenn ich lese, Arjuna sei in der Himmelsstadt in Musikinstrumenten unterwiesen worden, die nur den Himmlischen vorbehalten waren und in der Welt der Menschen nicht existierten, dann könnte ich Luftsprünge machen. Weshalb? Weil hier (wie anderswo) ein klarer Unterschied zwischen den Himmlischen und uns Menschen herausgestellt wird. Das war kein Einheitsbrei.

Wenn ich eine Passage lese wie, *gesteuert durch Matali, plötzlich das Firmament erleuchtend, auszusehen wie Feuerzungen ohne Rauch, oder wie ein leuchtender Meteor in den Wolken*, dann blühn für mich die Rosen. Warum? Matali wird in verschiedenen Passagen explizit als der Pilot von Indras Himmelswagen herausgestellt. Die nach oben starrenden Menschen erkennen die Feuerzungen am Fahrzeug, wundern sich aber, dass dieses Feuer *keinen Rauch* nach sich zieht, und vergleichen das Ding obendrein mit einem Meteor. Ein Meteor ist schließlich ein Objekt am Firmament, das einen Schweif nach sich zieht (in der Augen der Menschen). Indras Flugschiff wurde mit einem *leuchtenden Meteor* verglichen, der *Feuerzungen ohne Rauch* spuckt. Was will man eigentlich noch mehr?

Wenn ich von einer fürchterlichen Waffe lese, welche die Menschheit *niemals zuvor erlebt habe*, einer Waffe, *welche alle Nahrung giftig mache und auch noch die ungeborenen Kinder im Mutterleib töte*, dann weiß ich doch als Weltbürger des 21. Jahrhunderts, was gemeint sein muss. Nur die Menschen vor Jahrtausenden konnten es nicht wissen. Noch Fragen?

Wir heute sind verwirrt, und diese Verwirrung ist die Folge einer jahrtausendelangen Indoktrination durch die Religionen. Jedem Erdenwurm wurde suggeriert, dass er sich überall von Gott umgeben zu fühlen habe und dass er noch am verborgensten Ort von Gott beobachtet werde. Dies erheischt einen Gott-Geist, der allgegenwärtig zu sein hatte. Nur ein Gott-Geist kann alles und jedes durchdringen. Das All ist Gott – Pantheismus, Allgottlehre, ist in allen religionsphilosophischen Lehren dominierend, in denen Gott und Welt identisch sind. Im Sinne dieser Lehre muss Gott unpersönlich sein. Diese Auffassung apostrophierte der große Philosoph Arthur Schopenhauer (1788–1860) als »höflichen Atheismus«. Selbst im Christentum, das den Sohn Gottes als Mensch auftreten lässt, steckt eine Portion Pantheismus, sonst könnte auch der Christengott nicht allgegenwärtig sein. Gott muss Geist sein. Allgegenwärtig, allmächtig und allwissend, besitzt er die omnipotente Gabe, im Voraus zu wissen, was je geschehen wird. Derart über allem stehend, sind ihm menschliche Nöte fremd. Als Gott-Geist braucht er keine objektiven und sichtbaren Vehikel, um sich von einem Ort zum anderen zu bewegen. Geist ist überall. Eben: ES.

Ob Altes Testament oder altindische Religion, *der* Gott oder die Götter, welche sich dort manifestierten, benutzten Fahrzeuge, waren nicht fehlerfrei, setzten schreckliche

Waffen ein, vernichteten unschuldige Kinder und bevorzugten irgendeine Partei. Die Logik daraus? Wer damals auch immer mit den Menschen spielte, Gott war es nicht.

In altindischen Schriften werden Metalllegierungen der Götterfahrzeuge aufgezählt und Flüssigkeiten, die als Treibstoff dienten, erwähnt, darunter Quecksilber. Was ist das eigentlich?

Quecksilber hat den Charakter von Edelmetall, in reinem Zustand ist es sehr beständig. Das silbrige Zeug erstarrt bei einer Temperatur von 38,83 °C zu einer kristallisierenden Masse, die leichter als Blei ist. Bei 357 °C beginnt es zu sieden. Allerdings verdampft es auch schon bei niedrigen Temperaturen still vor sich hin, und dabei wird Quecksilberdampf frei, der sehr giftig ist. Das seltsame Metall löst die meisten anderen Metalle auf, auch Gold, Silber, Kupfer, Blei und sogar Platin – allerdings erst bei erhöhten Temperaturen. Seltsamerweise aber weder Eisen, Nickel, Silizium noch Mangan. Wie kann man dann Quecksilber aufbewahren, wenn es selbst Gold auflöst? Das funktioniert nur in Glas, Eisen oder glasiertem Steinzeug (Krügen). Und woher kommt es? Man gewinnt es sehr leicht aus den Erzen, denn bereits Dampf oder Essig genügt, um das Quecksilber herauszulösen. Im Altertum wurde Quecksilber dem Planeten Merkur zugeschrieben. Viele Völker verarbeiteten es. (Vom Griechen Aristoteles, 384 v. Chr., wird es als »flüssiges Silber« erwähnt, und Theophrastus, 315 v. Chr., beschreibt sogar die Gewinnung des Metalls.) Quecksilber und auch Quecksilberdampf gehen die verschiedensten Verbindungen ein, die in der Industrie alle möglichen Verwendungen finden.

Folgt man den Angaben der altindischen Texte, so wurde Quecksilber als Treibstoff benutzt, der im Vimana entweder in einem Behälter aus Eisen, einem Krug oder in einem Behälter aus Glimmer transportiert wurde.

215

Mich verblüffen immer wieder Tatsachen, auf die Archäologen irgendwo stoßen und die sie nicht einzuordnen in der Lage sind. Im Grab des chinesischen Quin-Kaisers Shihuangdi, dessen Lebensdaten umstritten sind, wurde Quecksilber gefunden. Und wie! Im März 1974 stießen Bauern, die nach Wasser bohrten, in der Nähe von Lingtong (Provinz Shaanxi) auf einen Grabhügel, in dem später rund 7000 tönerne Soldaten des Kaisers entdeckt wurden. Aufgereiht in Marschformation. (Am Rande: Allein die 7000 Figuren weisen auf eine industrielle Herstellung hin.) Wasserdicht abgeschottet durch Lehmschichten, tauchten nach und nach mehrere Flüsse auf, der Yangzi, der Huanghe und das Meer – alle aus Quecksilber. Und darüber ein prächtiges Firmament mit vielen Himmelskörpern. Große Mengen von Quecksilber im Grab eines mystischen Kaisers aus China, ein einzigartiger Fund? Nein: 25 000 Kilometer Luftlinie entfernt davon, in Mittelamerika, gab es eine noch verblüffendere Entdeckung mit Quecksilber.

Copan im heutigen Honduras gilt als das »Paris der Mayawelt«. Mit seinen Pyramiden und Tempeln wirkt Copan gigantisch. Die Bedeutung vieler rätselhafter Skulpturen und so genannter »anthropomorpher Darstellungen« ist bis heute nicht geklärt. Die Stadt Copan kontrollierte einst ein wichtiges Jadevorkommen im Motagua-Tal. Für die Maya war Jade wichtiger als Gold. Bekannt ist in Copan auch die »Hieroglyphentreppe«, auf der in 56 Stufen die Königsliste von Copan in Stein gemeißelt wurde. Sinnigerweise geschah dies durch einen König mit Namen Butz'Yip, was soviel wie »Rauch ist seine Kraft« bedeutet. Welcher Rauch?

Linke Seite: Anthropomorphe Skulpturen aus Copan (Honduras), die kein Mensch versteht.

Götter oder Menschengestalten? Niemand weiß es. Die Figur bedient mit den Fingern eine Tastatur vor der Brust. (Copan)

219

Sowohl bei den anthropomorphen Skulpturen als auch bei den Figuren tauchte im Zentrum eine undefinierbare Kugel auf. Symbolische Energie?

Ricardo Agurcia, der Direktor der Ausgrabungen des Copan-Projektes, entdeckte im Jahre 1992 einen unterirdischen Tempel. Den oberirdischen Teil nennt man Tempel 16, den unterirdischen Rosalia. Natürlich ist Rosalia viel älter als Tempel 16, denn der wurde *über* Rosalia errichtet. »Man kommt aus einem niedrigen Tunnel heraus – und steht plötzlich vor einer riesigen Wand: zwölf Meter hoch, der Frontseite des alten Tempels, leuchtend blau, rot und ocker«, schrieb der Ausgräber Nikolai Grube.[102] An der farbigen Tempelwand hingen die Masken von Götter- oder Menschengesichtern sowie die »über zwei

Meter große Maske des obersten Vogelgottes mit zahlreichen, bestens erhaltenen Ornamenten«.[102] Von dort aus führte ein Schacht noch tiefer hinunter, auf der Treppe einige Maya-Hieroglyphen, die selbst von den besten Spezialisten (L. Schele und N. Grube) nicht entziffert werden konnten. Erst später, mithilfe des Computers, meinten die Entzifferer, herausgefunden zu haben, der Tempel sei von einem König namens Mond-Jaguar eingeweiht worden. Schließlich gelang es den Fachleuten, den Unterbau von Rosalia freizulegen, und dort glaubten sie, auf das Grab des Dynastiegründers Yax K' uk' Mo gestoßen zu sein.

Doch kein Ausgräber konnte das Grab betreten: Es war randvoll mit hochgiftigem Quecksilber! Dämmert's?

Inzwischen soll ein Fachmann in einem Schutzanzug in die mit Quecksilber gefüllte Gruft gestiegen sein. Dabei wurde festgestellt, dass nicht der Gründer der Dynastie im Grab lag, sondern eine Frau. Etwas tiefer unten befand sich eine weitere Kammer. Durch einen Schacht will man ein männliches Grab »mit hochwertigen Beigaben« gesehen haben.[102] Um welche hochwertigen Beigaben es sich handelt, darüber schweigt die Fachwelt – wie immer, wenn's unverständlich oder gar geheimnisvoll wird.

Übrigens: Touristen können im neuen Museum von Copan eine perfekte Kopie von Rosalia mit ihren Furcht erregenden Masken bestaunen. Bei der Betrachtung fühlt man sich in das alte Indien versetzt, aber dies ist in Mittelamerika häufig der Fall. Man vergleiche nur die Ornamentik oder die Gebärden der Skulpturen hüben wie drüben, oder die Tempelpyramiden in Mittelamerika mit denjenigen in Indien. Wie hieß es doch im Kathasaritsagar, der indischen Textsammlung aus alten Zeiten? »Das Luftfahrzeug musste nie auftanken und brachte Menschen in ferne Länder jenseits der Meere.«

Unseren Archäologen fehlt die Fantasie – weil sie keine haben dürfen. Archäologie ist ein durch und durch konservativer Forschungszweig, betrieben von geistreichen, humorvollen und in der großen Mehrheit auch integren Wissenschaftlern. Unvermeidlicherweise mussten sie an ihren Hochschulen alle den gleichen Einheitsbrei einer Lehre büffeln, die sich stur am evolutionären Prinzip orientiert. Alles hat sich langsam, stetig eines nach dem anderen entwickelt. Der Spezialist für Mittelamerika weiß nichts über indische Mythen, er interessiert sich auch nicht dafür. Der Spezialist für Ägypten hat kaum einen Schimmer von den phänomenalen vorgeschichtlichen Bauten im Hochland von Peru. Der Indologe hat das Alte Testament nie studiert, weiß nichts von den technischen Beschreibungen eines Raumfahrzeuges im Buche des Propheten Hesekiel. Wüsste er davon, so würde er vermutlich Querverbindungen entdecken. Doch halt! Das darf nicht sein, denn es gehört zu den Dogmen dieser Altertumswissenschaft, dass es vor Jahrtausenden keine Verbindungen zwischen dem einen und dem anderen Kontinent gab.

Außerirdische? Reale Götter vor Jahrtausenden? Unmöglich! Her mit dem Büßerhemd! Und ein Experte, der noch über einen Rest freier Kombinationsgabe verfügt, wird sich hüten, diejenigen Funde, die sich nicht ins Bild fügen, mit Fachkollegen zu diskutieren, geschweige denn darüber zu schreiben. Er würde sofort der Lächerlichkeit preisgegeben. Was nicht sein darf, das nicht sein kann. So wundert es nicht, wenn hochinteressante Entdeckungen unter den Tisch fallen und der Öffentlichkeit gar nicht erst vorgestellt werden. Noch schlimmer: Nicht einmal die Fachwelt erfährt etwas von den geheimnisvollen Funden.

Dasselbe System gilt für unsere Medien. Bis es ein Journalist mal geschafft hat, Kulturredakteur oder gar Chefredakteur zu werden, muss er Fachwissen und Seriosität bewiesen haben. Beides entspringt dem alten Einheitsbrei. Genauso wie ein Archäologe mit einem sensationellen Fund, der in kein Schema passt, nicht an die Öffentlichkeit treten *kann*, kann auch kein ernst zu nehmender Journalist eine wirklich sensationelle Meldung bringen, ohne sich vorher bei den Fachleuten abgesichert zu haben. Genau dies aber tun diese nicht – siehe oben. Bei diesem gut funktionierenden System darf es nicht verwundern, wenn die Gesellschaft in einem vorgestrigen Wissen verharrt und ihr obendrein noch suggeriert wird, das Gegenwartswissen sei der Kulminationspunkt allen Wissens.

Nun bin ich einer von denen, die hie und da von einem Fachmann etwas Ungewöhnliches erfahren dürfen. Aber natürlich stets unter dem Siegel der Verschwiegenheit, und die Fairness gebietet, das vereinbarte Stillschweigen einzuhalten. Das gilt auch für mich. Ich möchte keinen Vertrauten bloßstellen und ihn damit ans Messer seiner Kollegen liefern. Zudem würde ich die zwischenmenschliche Beziehung zerstören, und der Informationsfluss würde versiegen. Was ist gegen diesen Teufelskreis zu tun? Ich helfe mir, indem ich die Person, die mich ins Vertrauen zieht, frage, ob ich die eine oder andere Information weitergeben darf. Manchmal gelingt's, doch immer mit der Bitte, keine Namen zu nennen. Also halte ich mich daran mit einem guten und einem unguten Gefühl. Das gute Gefühl ist: Ich habe den Informanten nicht blamiert, ihn nicht preisgegeben. Das schlechte Gefühl: Ich behalte wertvolle Informationen zurück. Was hat Vorrecht? Bei mir das gegebene Wort. Im Medienwesen ist dieses Verhalten gesetzlich geschützt. Kein Journalist kann gezwungen werden, seine Informanten namentlich zu nennen.

Zu dieser Zwickmühle, in die jeder gerät, der tut, was ich tue, gesellt sich das Problem der eigenen Glaubwürdigkeit. Ich bin es gewöhnt, die Quellen meiner Informationen präzise aufzulisten, damit sie kontrollierbar sind. Ich möchte nicht an den Glauben appellieren, denn Glaube ist eine Domäne der Religion. Wenn ich nachfolgend trotzdem etwas aus der Schule plaudere, ohne es belegen zu dürfen, bleibt dem Leser nichts anderes übrig, als es mir abzunehmen oder nicht.

In Copan wurde das älteste Grab mit Quecksilber entdeckt. Ich weiß, dass man auch anderswo im Maya-Land ähnliche Entdeckungen machte, in Tikal und Palenque. Quecksilber, so die alten Inder, diente als Treibstoff, und Quecksilberdämpfe, so wissen wir heute, sind hochgiftig. Weshalb tragen so viele der obersten Maya-Priester Masken? In Indien sogar Masken mit Schläuchen, ähnlich unseren Gasmasken? Quecksilber, so erfuhren wir aus den altindischen Texten, wurde unter anderem in Behältern aus Glimmer transportiert. Wieso fand man in Zentralamerika sowohl bei den Maya als auch bei den Teotihuacanos im Hochland von Mexiko unterirdische Glimmerkammern? Selbst wenn in diesen Kammern *kein* Quecksilber entdeckt wurde – wobei ich nicht sicher bin, ob von Seiten der Ausgräber nicht hier schon geschummelt wurde –, sagt dies wenig. Ist eine Glimmerkammer nicht dicht abgeschottet, so kann im Laufe der Jahrtausende das Quecksilber verdampft sein. Was nebenbei die seltsamen Todesfälle von Oberpriestern – den Wissenden – und Herrschern erklären würde. Was ist eigentlich Glimmer?

Glimmer ist ein Mineral, das über Jahrmillionen im Gebirge entsteht. Granit – Gneis – Glimmer. Er ist aus Silikon-, Aluminium- und Sauerstoffionen zusammengesetzt. Glimmer lässt sich aufblättern wie die Seiten eines Buches und kann verschiedene Farben annehmen. Dünne Glimmerschichten finden seit jeher Verwendung als Fens-

Die lange geheim gehaltene Glimmerkammer in Teotihuacan.

ter in den Hochöfen, denn Glimmer ist hitzefest. Man findet Glimmer auch in der Elektroindustrie und beim Antennenbau, denn Glimmer erwies sich als extremer elektrischer Isolator. Selbst säurefest ist das Zeug, zumindest gegen alle organischen Säuren.

In alten Gräbern von nordamerikanischen Fürsten – abwertend Häuptlinge genannt – ist Glimmer gefunden worden. Wussten die von den Multifunktionen des Glimmers? Und woher stammt er? Schon vor 20 Jahren wurde in Teotihuacan, jener gigantischen Anlage am Stadtrand von Mexiko, eine unterirdische Glimmerkammer entdeckt. (Ich habe bereits früher darüber berichtet. Siehe

Anmerkung 103.) Die ersten Jahre nach der Entdeckung machte die zuständige Direktion für Archäologie und Anthropologie in Mexiko-Stadt daraus ein heiliges Geheimnis. Warum? Und niemand kann's bestreiten: *Nach* meiner Veröffentlichung im Jahre 1984 bröckelte das Geheimnis, und seit drei Jahren dürfen Touristen, wenn sie darauf beharren, die Decke der Glimmerkammer bestaunen. Ein Wärter hebt die Metallplatte, welche seit der Entdeckung angebracht und mit Vorhängeschlössern gesichert wurde. Kann mir ein Archäologe einen überzeugenden Grund für dieses Geheimhaltungstheater nennen? Üblicherweise wird in solchen Beispielen von »Schutz« geredet. Irgendetwas müsse vor der dummen Öffentlichkeit geschützt werden. Sorry! Aber Glimmer rostet nicht, ist unverwüstlich, und sowohl Blitzeinschläge als auch Säuren, die etwa durch abgestorbene Pflanzen entstehen, können ihm nichts anhaben.

Nun meint der gutgläubige Tourist, jetzt, wo das Geheimnis keines mehr ist, spiele die zuständige Behörde mit offenen Karten. Denkste! In die Sonnenpyramide von Teotihuacan führt ein Tunnel – verboten für Touristen. Im Zentrum unter der Pyramide liegen einige Räume – verboten für Touristen und Forscher. Nie hat man öffentlich erfahren, was eigentlich in diesen Räumen entdeckt wurde. Und zwar hätte ich gerne *alles* gesehen, nicht nur die paar Gegenstände, die genehm sind. Und was die Öffentlichkeit schon gar nicht erfährt – ich weiß es aus zuverlässiger Quelle: Aus einem dieser unterirdischen Räume verläuft ein mit Glimmer isoliertes Rohr. Irgendwohin. Es wäre wichtig, diesem Rohrverlauf zu folgen, um herauszufinden, wohin das Rohr führt und was dort zu finden ist. Es ist mir noch nicht zu Ohren gekommen, ob dies im Geheimen nicht längst geschehen sei.

Im Frühjahr 2001 entdeckten amerikanische Archäologen auf dem Berg Nabta – 1350 Kilometer südlich von Kairo – zwei Gräber mit vorgeschichtlichen Skeletten. Beide Gräber waren nicht nur mit Malereien der Himmelsgöttin Hathor geschmückt, sondern auch massiv mit Glimmer isoliert. Da in jenem Gebiet kein Glimmer vorkommt, muss er aus den sudanesischen Bergen importiert worden sein. Wozu und von wem? 4000 Jahre vor Christus?

Die Geheimnistuerei stinkt zum Himmel, und was mich am meisten auf die Palme bringt, ist das scheinheilige Getue der zuständigen Stellen, die sich jedes Mal so benehmen, als gebe es keine Geheimniskrämerei. Und ob es sie gibt! Vor nahezu acht Jahren entdeckte der deutsche Ingenieur Rudolf Gantenbrink im Innern der Cheopspyramide einen 20 mal 20 Zentimeter breiten Schacht von über 60 Meter Länge. Am Ende des Schachtes befand sich ein Türchen mit zwei Kupferbeschlägen. Auch darüber habe ich berichtet.[39] Es fehlt weder am Geld noch an der Technologie, das Türchen vor den Augen der Weltöffentlichkeit zu öffnen. Doch was geschieht? Geheimniskrämerei. Mit unsagbar fadenscheinigen Argumenten verhindert die Altertumsverwaltung in Kairo eine Öffnung. Und wenn die Öffnung im Stillen erfolgt oder vielleicht schon erfolgt ist, haben die für die Große Pyramide zuständigen Archäologen jeden Anspruch auf Glaubwürdigkeit verloren. Sie sitzen in ihrem Elfenbeinturm und meinen immer noch entrüstet, die Öffentlichkeit habe gefälligst ihren Verlautbarungen zu glauben. Sie können nicht fassen, dass die Öffentlichkeit kritisch und skeptisch geworden ist – als ob es in den vergangenen Jahrzehnten keine politischen und wissenschaftlichen Desinformationen gegeben hätte.

Und da ich schon beim Aufräumen bin – hier noch einige Sätze zur gegenwärtigen Desinformation: Nach der Veröffentlichung meines Buchs *Chariots of the Gods*

(*Erinnerungen an die Zukunft*) gründete sich in den USA eine neue Organisation mit dem Zweck, ein für alle Mal diesen »Unsinn« à la Däniken und Uri Geller zu entlarven und die Öffentlichkeit sachlich über die Wahrheit zu informieren. CSICOP (Committee for Scientific Investigation of Claims of the Paranormal) heißt der Verein in Amerika (in Deutschland »Skeptiker«-Organisation).

Nun steht es selbstverständlich jedem Skeptiker und Kritiker frei, seine Gegenmeinung laut zu äußern, und wenn er will, sich auch zu entrüsten. Doch bitte nicht unter Vorspiegelung falscher Tatsachen. Genau dies geschieht aber öfters im Namen der CSICOP. Robert Wilson, der Autor eines aufschlussreichen Buches über die CSICOP, meint in seinem Vorwort:

»Mit dem Terminus ›neue Inquisition‹ möchte ich bestimmte, eingeschliffene Unterdrückungs- und Einschüchterungsverfahren bezeichnen, die sich im Wissenschaftsbetrieb von heute immer fester etablieren.«[104]

Wie geht das? Man schart einige Wissenschaftler um sich, die selbstverständlich überzeugt davon sind, dass sie keine Belehrungen brauchen, und exakt wissen, was möglich und was unmöglich ist. Mit diesem guten Namen bringt man ein Magazin heraus, bei der CSICOP ist es *The Sceptical Inquirer*. Der nächste Schritt besteht darin, dass TV-Macher, die sich auf die guten Namen der Wissenschaftler verlassen, eine TV-Serie auf die Beine stellen. Im englischsprachigen Raum ist dies *Horizon*, produziert von der BBC. Da sowohl die BBC als auch die zu Wort kommenden Gelehrten einen guten Ruf haben, werden die *Horizon*-Programme bald weltweit ausgestrahlt. Na und? Was ist falsch daran? Durch Weglassungen, aus dem Zusammenhang gerissene Interviews, Unterstellungen und eine zielgerichtete Manipulation wird dem Zuschauer ein objektives und anscheinend wahres Bild vermittelt –

während die Wirklichkeit ganz anders aussieht. Zuletzt geschehen im Oktober und November 1999.[105] Da hatten die beiden Briten Robert Bauval und Adrian Gilbert ein Buch mit dem Titel *Das Geheimnis des Orion* herausgegeben und sogar in einer TV-Dokumentation darüber referiert.[106] In Zusammenarbeit mit Ägyptologen und Astronomen konnten die beiden Autoren belegen, dass die großen Pyramiden von Gizeh nach dem Sternbild Orion ausgerichtet sind und damit erheblich älter sein müssten, als die archäologische Lehrmeinung anerkennt. Das *Horizon*-Programm der BBC zerfetzte diese Meinung, verfälschte die Aussagen von Robert Bauval, verdrehte das Orion-Bild und ließ den Astronomen, der die entscheidenden Berechnungen für die neue Theorie erstellt hatte, gar nicht erst zu Wort kommen. Im Namen der wissenschaftlichen Wahrheit! Eine tolle Aufklärung. Vermutlich wissen einige der guten Wissenschaftler, die für CISCOP tätig werden, nicht einmal, wer im Hintergrund dieser Organisation die Fäden zieht.

Heute weiß jeder Gymnasiast, was ein DNA-Test ist, und dass man damit Verbrecher überführen und Blutsverwandtschaften aufdecken kann. Nun wollten japanische Experten an einigen Mumien DNA-Tests durchführen, unter anderem sollte geklärt werden, ob Tutanchamuns Vater von königlichem Blut war. Der Supreme Council of Antiquities in Kairo (Oberster Rat der Altertumsverwaltung) verbot diese Tests kurzfristig. Professor Dr. Zahi Hawas, der Chef der Altertumsverwaltung, erklärte der News-Agentur Associated Press auch gleich, weshalb: »Die Ergebnisse der Untersuchungen könnten dazu benutzt werden, die ägyptische Geschichte neu zu schreiben.« Und: »Es gibt einige Leute, die die ägyptische Geschichte ändern wollen.«[107] Und einige, die offensichtlich verhindern wollen, dass dies geschieht.

Bei den altindischen Schriften stellt sich die Frage der Glaubwürdigkeit nicht. Niemand muss an diese Texte *glauben*, denn hier spricht der Inhalt für sich. Und der kümmert sich nicht um den Glauben. Die Aussage allein, auch wenn sie mythologisch verpackt ist, reicht. Die alten Inder konnten nun mal nichts wissen von den grauenhaften Waffensystemen, die zum Einsatz kamen, und noch weniger von Vimanas unterschiedlicher Arten, geschweige denn von Weltraumhabitaten. In den Schriften sind sie trotzdem – ob wir's so haben wollen oder nicht.

Seit den Fünfzigerjahren des letzten Jahrhunderts haben indische Gelehrte – manchmal auch Weise oder Meister (Swami) – altindisches Schrifttum mit modernen Augen betrachtet. Da gibt es Texte, die haben einen religiösen Anstrich, etwa diejenigen der Krishna-Bewegung. Dies ändert nichts am Inhalt, denn das Alter des Textes ist verbrieft. Die nachfolgende Geschichte stammt aus dem zehnten Gesang des Srimad-Bhagavatam:[108]

Erzählt wird die Story von der Schlacht zwischen der Yadu-Dynastie und einem Dämon namens Salva, dem es gelungen war, in den Besitz eines wundervollen Himmelsflugzeuges zu gelangen, das den Namen Saubha trug. Salva wandte sich an den Halbgott Siva, um zusätzliche Kräfte gegen Krishna zu erlangen, den er hasste und töten wollte. So bat Salva den Siva um ein Luftfahrzeug, das so gewaltig sein sollte, dass es von keinem Halbgott, Dämon, Mensch, Gandharva oder Naga, nicht einmal von einem Raksasa, zerstört werden könne. Dazu wünschte er, dass die Luftstadt in der Lage sei, überall hinzufliegen. Siva, der Halbgott, willigte ein und mithilfe des phänomenalen Konstrukteurs Maya – der in derselben Funktion auch in den Epen und Puranas erwähnt wird – entstand ein Furcht erregendes und stabiles Fluggebilde, das niemand zerstören konnte. Es war so groß wie eine Stadt und konnte derart hoch und schnell fliegen, dass es praktisch unmöglich war, es zu sehen. Nachdem Salva dieses wundervolle Luftfahrzeug übernommen hatte, flog er damit sogleich nach Dvaraka, um die Stadt der Yadus anzugreifen, gegen die er einen nie versiegenden Hass hegte.

Bevor Salva die Stadt Dvaraka aus der Luft angriff, ließ er sie von einem Riesenheer von Fußtruppen umstellen. Die strategisch wichtigsten Stellen der Stadt, aber auch alle Bereiche, wo die Bewohner zusammenkamen, wurden überfallen. Dies hatte seinen Grund. Salva hätte die Stadt aus der Luft zerstören können, doch vorher wollte er einige ausgesuchte Menschen haben. Zudem waren unter der Stadt die Abwehrkräfte gegen Luftangriffe installiert, und die galt es auszuschalten. Nachdem die Bodentruppen erfolgreich waren, bombardierte Salva die Stadt mit Blitzen, Felsbrocken, Giftschlangen und anderen gefährlichen Objekten. Es gelang ihm auch, einen Orkan zu erzeugen, der so stark war, dass ganz Dvaraka in Dunkelheit gehüllt wurde, weil Staub den Himmel verfinsterte.

Da versammelten sich die großen Helden von Dvaraka und beschlossen einen Gegenangriff. Ihr Anführer hieß Pradyumna, und der verfügte ebenfalls über Zauberwaffen. Unverzüglich wirkte er der mystischen Zauberkraft entgegen, die von Salvas Luftgefährt ausging. Pradyumna und seine Helden fügten den gegnerischen Streitkräften schreckliche Verluste zu. Tausende von Kampfwagen wurden zerstört und Tausende von Elefanten getötet. Aber da war immer noch das fürchterliche Luftfahrzeug, von dem aus Salva seine Angriffe führte. Dieses Luftfahrzeug war derart geheimnisvoll, dass man manchmal meinte, mehrere Flugzeuge am Firmament fliegen zu sehen, und manchmal glaubte, dass überhaupt keines vorhanden sei. Mitunter war es sichtbar, dann wieder unsichtbar. Die Krieger der Yadu-Dynastie waren sehr verwirrt, weil sie das sonderbare Luftfahrzeug immer wieder an einer anderen Stelle auftauchen sahen. Manchmal schien es am Boden zu stehen, dann tauchte es am Firmament auf, dann verharrte es kurz auf dem Gipfel eines Berges, um gleich wieder auf der Oberfläche des Wassers zu erscheinen. Das wundersame Gefährt bewegte sich am Firmament wie ein Glühwürmchen im Wind, blieb immer nur kurze Zeit am selben Ort. Trotz dieser Manöver stürzten sich die Krieger der Yadu-Dynastie sofort auf das Fluggerät, sowie sie es erblickten. Die Pfeile der Krieger waren strahlend wie die Sonne und gefährlich wie Schlangenzungen.

27 Tage dauerte die Schlacht. Zu jener Zeit befand sich Krishna, der oberste Gott, der gerade Menschengestalt angenommen hatte, bei einem König. Dort erfuhr er von der Schlacht, und er wusste auch, dass Salva ihn umbringen wollte. Mit seinem eigenen Himmelsgefährt, strahlend wie die Sonne, flog Krishna zur Stadt Dvaraka und sah die angerichtete Katastrophe. Augenblicklich wandte er sich an seinen eigenen Wagenlenker Daruka und befahl: »Bringe mich schnell zu Salva. Der ist zwar sehr mächtig und geheimnisvoll, doch brauchst du ihn nicht im Geringsten zu fürchten.« Krishnas Streitwagen trug eine Fahne mit dem Bild Garudas. Salva bemerkte das Herannahen von Krishna und feuerte ein mächtiges Geschoss gegen ihn ab, das mit donnerndem Getöse durch die Luft flog. Es strahlte derart gleißend, dass der ganze Himmel erhellt wurde. Doch Krishna feuerte ein Gegengeschoss ab, welches das Geschoss von Salva in tausend Stücke zersplittern ließ. Dann überschüttete er Salvas Himmelsstadt mit einer wahren Flut von Pfeilen, so wie die Sonne an einem klaren Tag den gesamten Himmel mit zahllosen Lichtpartikeln überflutet.

Salva gab sich noch nicht geschlagen und projizierte

verschiedene Illusionen in den Himmel, doch Krishna durchschaute diese Taktik. Unbeirrt durch die Zaubereien, ortete er das Himmelsgebilde von Salva und feuerte Salven von Feuerzungen gegen ihn. Salvas Kampfeseifer glich der Leidenschaft von Fliegern, die sich geradewegs in das gegnerische Feuer stürzen. Krishna schoss zahlreiche Pfeile mit solch unfassbarer Kraft, dass Salvas Rüstung zerfetzt wurde und sein juwelenbesetzter Helm in tausend Stücke zersprang. Mit einem gewaltigen Schlag zerschmetterte Krishna daraufhin Salvas wunderbares Luftfahrzeug, das in vielen Trümmern ins Meer abstürzte. Salva gelang es noch, das Land zu erreichen, ehe sein Luftfahrzeug gänzlich auf dem Wasser aufschlug, doch jetzt erhob Krishna sein wunderbares Feuerrad, das leuchtete wie die gleißende Sonne. Als dies geschah, sah Krishna aus wie die rote Sonne, die über einem Berg aufgeht. Im gleichen Augenblick war Salva durch das Feuerrad schon enthauptet, und sein Kopf stürzte mitsamt den Ohrringen und dem Rest des Helmes zu Boden. Jetzt erhoben die Soldaten Salvas ein markerschütterndes Wehklagen und Jammern. Da tauchten die Halbgötter in ihren fliegenden Fahrzeugen auf und ließen Blumen von verschiedenen himmlischen Planeten auf das Schlachtfeld regnen. Etwas später besuchte Krishna den Planeten Sutala, und der dortige Herrscher »versank in einem Ozean der Freude«.

Es ist gespenstisch. Da werden Strahlenwaffen, Illusionswaffen, Anti-Raketen-Raketen und klimaverändernde Waffen beschrieben, sowie Weltraumgebilde, die innerhalb kürzester Frist ihre Positionen verändern. Nach derartigen Texten frage ich mich immer, was unsere Science-Fiction-Autoren eigentlich noch Neues ersinnen.

Unvermeidlich muss die Frage nach den Überresten derartiger Waffensysteme auftauchen. Wenn einige der in den indischen Texten behaupteten Kriege stattgefunden haben, wo sind die Rückstände? Wo die Teile der abgestürzten Weltraumstädte, wo die zurückgebliebenen Bunker der Verteidiger, wo die Reste der Strahlenkanonen, die leuchtende Pfeile von unglaublicher Gewalt ins Weltall gefeuert haben?

Gegenfrage: Wo sind die Überreste der Tausende von Panzern und Flugzeugen aus dem Zweiten Weltkrieg? Der ist keine 60 Jahre vorbei, und außer in Museen ist kaum noch etwas zu finden. Die Schlachten im alten Indien fanden vor Jahrtausenden statt – wann genau, weiß niemand. Zudem wird eindrücklich beschrieben, wie ganze Länder in Schutt und Asche gelegt wurden, wie sogar Strahlenwaffen zum Einsatz kamen und zersplitterte Weltraumstädte in die Ozeane stürzten. Wer will da erfolgreich nach Spuren suchen? Und wenn tatsächlich einmal unerklärliche Objekte gefunden werden – ich kenne einige –, dann deponieren sie die Wichtigtuer würdevoll unter ihrem Mantel der Geheimniskrämerei. Dennoch bin ich überzeugt, dass wir die Spuren von Weltraumschlachten sehr bald entdecken werden. Mit Sicherheit auf dem Mond, im Asteroidengürtel und auf dem Mars. Doch wenn wir danach suchen, auch auf der Erde. Diese Suche hat bereits begonnen – erfolgreich.

In der oben erzählten Geschichte ging es um die Stadt Dvaraka, die vom bösen Salva aus der Luft angegriffen wurde. Die gleiche Geschichte kommt in leicht veränderter Form auch im Mahabharata vor (in den Kapiteln Sabha Parva, Bhishma Parva und Mausala Parva). Immer geht es um die Zerstörung der Stadt Dvaraka. Gab es diesen Ort?

Seit 50 Jahren stellen sich indische Archäologen dieselbe Frage – und sind fündig geworden. Genauso wie Heinrich Schlieman an die Erzählungen des Homer glaubte, glauben indische Gelehrte an die Berichte im Mahabharata. Dort werden recht brauchbare Hinweise auf die geographische Lage von Dvaraka geliefert, und die führten in einer 30-jährigen Kleinarbeit zum Ziel. Die beschriebene Stadt lag einst am (heutigen) Golf von Kutsch (zwischen Bombay und Karachi, exakte Position: 22. Breitengrad, 14 Minuten Ost, 68. Längengrad, 58 Minuten Nord). Wie in Troja (heutige Türkei) fanden die Ausgräber in Dvaraka insgesamt acht übereinander liegende Schichten, bis zum heutigen Städtchen, das im 16. Jahrhundert über den älteren Ruinen entstand. Bei Ebbe führten Mauern ins Wasser, was die Fachleute veranlasste, auch mithilfe der Unterwasserarchäologie zu forschen. Zuerst wurden Unterwasserkameras eingesetzt, dann begannen Magnetometer-Messungen, als Nächstes kamen Unterwasser-Metalldetektoren zum Einsatz und schließlich Taucher. Während die westlichen Medien über Unterwasserfunde im Mittelmeer vor Alexandria berichteten, entdeckten die Inder – fernab von jedem Medienrummel – die im Mahabharata beschriebene Stadt Dvaraka. Zuerst erfassten die Objektive der Kameras künstlich bearbeitete Steinblöcke, »die wegen ihrer Größe jede Möglichkeit eines natürlichen Transports ausschlossen«[109], etwa durch Unterwasserströme oder die Gezeiten. Dann tauchten Mauern auf, die im rechten Winkel zueinander standen, Straßen und die Umrisse ehemaliger Gebäude, von Tempeln und Palästen einer einstmals »hohen Zivilisation«, so die Aussage im wissenschaftlichen Bericht über Dvaraka.[109] Schließlich eisenhaltige Nägel mit Silizium- und Magnesiumbestandteilen. »Es besteht kein Zweifel darüber, dass im Seebett von Dvaraka noch mehr Metalllegierungen liegen müssen.« Das vermutet man aufgrund der Anzeigen der Metalldetektoren. Der wissenschaftliche Bericht über die Funde, die bis zu mehreren hundert Metern von der Küste entfernt liegen, schließt mit den Worten: »Die Hinweise im Mahabharata auf Dvaraka als Stadt waren weder Übertreibungen noch Mythen. Es war im wahrsten Sinne des Wortes Wirklichkeit.«

Indische Geologen, die an den Untersuchungen der Unterwasserruinen von Dvaraka mitwirkten, stießen auf Mauerreste, die Spuren von Gesteinsverglasungen aufwiesen. Stein schmilzt erst bei hohen Temperaturen. Solche Gesteinsverglasungen gibt es nicht nur in Dvaraka, sondern auch anderswo, doch bis heute gibt es keine vernünftige Erklärung für die Ursachen. Bereits 1932 fand Patrick Clayton, ein Geologe, der damals für die ägyptische Regierung tätig war, in den Dünen des »Großen Sandsees« (Saad-Plateau nördlich des südwestlichsten Zipfels Ägyptens) rätselhafte, grünlich schimmernde Sandverglasungen. Im Juli 1999 berichtete das britische Wissenschaftsmagazin *New Scientist* über Sandverglasungen in der Libyschen Wüste.[110] Dort existieren jedoch keine Vulkane, die man als Ursache anführen könnte. Die Beduinen fertigen seit jeher aus diesem »Wüstenglas« Messer und Äxte. Bislang sind über 1000 Tonnen dieses Wüstenglases lokalisiert worden – ohne überzeugende Erklärung für seine Entstehung. Bereits im vorletzten Jahrhundert geisterten Meldungen über unverständliche Gesteinsverglasungen durch die Presse. 1881 berichtete das *American Journal of Science* über verglaste Granitblöcke[111], die vereinzelt in französischen Burgen der Orte Châteauvieux und Puy de Gaude (Nordküste) entdeckt worden waren. Der amerikanische Autor David Hatcher Childres verweist in seinem neuesten Buch[112] auf 22 Stellen unseres Globus, wo unerklärliche Sand- und Gesteinsverglasungen zu bestaunen sind. Ich selbst kenne einige Verglasungsorte oberhalb der peruanischen Stadt Cuzco. Das Rätsel ist nie gelöst, sondern immer nur beiseite geschoben worden.

Und jetzt? Dies ist gerade einmal der Beginn einer Suche mit modernen Instrumenten. Seit Jahrzehnten ist bekannt, dass in der Region um Jodhpur (Rajasthan, Indien) die Rate der Krebserkrankungen weit höher liegt als im indischen Durchschnitt. Bei den Vögeln der Gegend wurden unnatürliche Mutationen beobachtet. Erst 1999 kamen indische Wissenschaftler auf die an sich absurde Idee, einmal Detektoren für Radioaktivität einzusetzen, obschon in der Gegend weit und breit weder ein Kernkraftwerk am Netz war, noch je Atomwaffenversuche stattgefunden hatten. Die Geigerzähler lieferten ein unerwartetes Resultat. Ascheschichten unter dem Sand und den Gesteinen wiesen eine klar messbare, erhöhte Radioaktivität auf. Woher?

Die russische Zeitschrift *Trud* berichtete am 24. Juni 2000 über die Expedition von Professor Ernest Muldaschew, der sich im tibetisch-nepalesischen Grenzgebiet aufhielt. Dort sollen ihm tibetische Mönche über die Ruinen einer Stadt berichtet haben, die von den Göttern erbaut worden sei. Der Ort liege am heiligen Berg Kailas. Ich gebe die Meldung nur mit Vorbehalt weiter, weil ich sie nicht prüfen konnte. Vielleicht macht sich mal eine Expedition auf den Weg in jene Gebirgsregion, in der es – das wenigstens kann ich bestätigen – wunderbare Überlieferungen über jene Götter gibt, die vor vielen Jahrtausenden als Lehrmeister der Menschen wirkten.

Wohin führt unser Weg? In die tiefe Vergangenheit des Menschen. In eine vorgeschichtliche Zeit, die wir nicht wahrhaben wollen, weil uns die heilig gesprochene Evolution die Augen und den Verstand verklebte.

Obschon in den letzten Jahrzehnten einige Fortschritte in der chinesischen Archäologie zu vermelden sind, bleibt Chinas Urgeschichte nach wie vor ein einziges Geheimnis. Das Wenige, was herausgefunden wurde, weist aber sternenklar auf jene mystischen »Urkaiser«, die einst mit fliegenden Drachen vom Himmel stiegen. Herrscher und Priester im Reich der Mitte betrachteten sich über Jahrtausende als Vertreter der einzigen und höchsten Zivilisation der Erde, weil sie ihre Lehren, ihre Technologien und ihre astronomischen Kenntnisse ursprünglich direkt von den Göttern empfangen haben wollten. Berichte in chinesischen Klöstern erzählen von den »san huang«, den »drei Erhabenen«, und den »wu di«, den »fünf Urkaisern«. Diese Gestalten sind historisch nicht fassbar. Die Geschichtsschreibung startet erst mit Yu, denn mit ihm begann die erbliche Thronfolge in China. Yu soll irgendwann zwischen dem 21. und 16. Jahrhundert v. Chr. gewirkt haben. Natürlich wurde er als göttliches Wesen betrachtet, und dies galt auch lange Zeit für die Nachfolger von Yu. Noch 1000 Jahre später betrachteten die Chinesen ihren Herrscher, »den großen Yu« (Zhou-Zeit, 11. Jahrhundert bis 771 v. Chr.), als göttliches Wesen, welches das Land aus den Wasserfluten gehoben habe. Lange vor dem großen Yu gab es die Xia- und Shang-Dynastien, die von den Archäologen stets als mystisch und nicht real eingestuft wurden, bis plötzlich auf so genannten Orakelknochen die Namen von 23 Herrschern entziffert werden konnten, die eindeutig zur Shang-Dynastie gehörten. Insgesamt tauchten in unterirdischen Anlagen bei Xiaotun (im Norden der Provinz Henan) 100 000 beschriftete Knochen auf. Doch ursprünglich müssen es weit mehr gewesen sein, denn seit Jahrhunderten hatten die ansässigen Bewohner die Knochen als Heilmittel zu Pulver zermahlen. Eine Bibliothek in Knochen. Zurzeit ist gerade einmal ein Drittel davon lesbar, denn die Gravuren auf den Knochen umfassen ein Alphabet von 3000 Zeichen. Damals schon!

Im 11. Jahrhundert v. Chr. wurde der letzte Herrscher der Shang von den Zhou besiegt, und eigentlich sollte man denken, damit höre der Kult um die himmlischen Herrscher auf. Falsch, jetzt begann er erst recht. Die Zhou-Herrscher lebten nach den Regeln des »tianming«, des Mandates des Himmels. Der Himmel, chinesisch »tian«, wurde fest in den Köpfen der Priester und Herrscher verankert. Jeder Herrscher wurde »tianzi«, Sohn des Himmels, genannt. Herrscher, die nicht im Sinne des »tianming« lebten und regierten, konnten keine echten Himmelssöhne sein und wurden deshalb abgesetzt oder getötet.

Wen wundert's, dass alle chinesischen Herrscher seit Urbeginn (niemand weiß, wie weit das zurückreicht) auf einem »Altar des Himmels« bestimmte Zeremonien durchzuführen und mit den alten Göttern zu sprechen hatten? Die Herrscher wurden als Verbindungsglied zwischen der Erde und den himmlischen Mächten angesehen, sie selbst sahen sich ausnahmslos als »Himmelssöhne«. Heute noch kennt man zwei dieser »Altäre des Himmels«: einen in Peking und einen zweiten, erst kürzlich ausgegrabenen, in der Stadt Xian. Dieser »Altar des Himmels« ist ein rundes Gebilde aus vier übereinander liegenden Plattformen, mit einer fünften Plattform im Zentrum. Jede dieser Plattformen liegt rund einen Meter höher als die darunter liegende. Durch Quermauern, die von oben nach unten führen, werden die Plattformen in zwölf verschiedene Stufen unterteilt, denn die Zahl Zwölf bedeutete für die alten chinesischen Astronomen die Aufteilung des Himmels in zwölf Teile.

Und was hat das alles mit Indien und Mittelamerika oder mit von Quecksilber betriebenen Vimanas zu tun? In Peru betrachteten sich die Inka-Herrscher und selbstverständlich erst recht ihre Vorfahren ebenfalls als »Söhne des Himmels«, »Söhne der Sonne« (wie auch das japanische, persische und äthiopische Kaiserhaus). Auch die »Söhne

Oberhalb der Inka-Festung Sacsayhuaman (Peru) findet man immer wieder Gesteinsverglasungen.

des Himmels« in Peru vollzogen ihre Zeremonien und Gespräche mit den göttlichen Vorfahren auf einem »Altar des Himmels«. Einer dieser Altäre liegt oberhalb der peruanischen Stadt Cuzco, ziemlich genau über den rätselhaften Ruinen der Festung Sacsayhuaman. Er zeigt den gleichen Aufbau wie die »Altäre des Himmels« in China. Doch dazwischen liegt der halbe Globus! Wer hat von wem was übernommen, oder wer hat wen beeinflusst?

Wann immer ich archäologische, ethnologische oder religionsphilosophische Bücher studiere – und dies geschieht beruflich jede Woche –, werde ich das Gefühl nie

los, im Dunkeln zu tappen, weil nie etwas grundsätzlich Neues in diesen Werken auftaucht. Es ist eine grauenhaft langweilige Literatur, geschrieben für Gleichgesinnte unter Gleichgesinnten. Sie benehmen sich alle wie gleichgeschaltet, als ob Bewusstlose im Takt zucken. Wundern kann ich mich darüber nicht, denn ich weiß ja, wie das System funktioniert. Querverbindungen außerhalb der erlernten Wissenschaft werden keine gezogen – man kennt sie ja nicht.

Ich behaupte, dass zumindest einige der in den altindischen Überlieferungen beschriebenen Waffen tatsächlich existierten und zum Einsatz gekommen sind, genauso wie die Vimanas und sogar die Weltraumstädte. Es kann jedoch nicht an mir allein und den wenigen Mitstreitern liegen, für diese Behauptungen Beweise zu liefern. Weder ich noch meine Kollegen verfügen über eine Institution, die finanziell in der Lage wäre, bestimmte Fachleute mit den erforderlichen Mitteln zu versorgen, um ganz besondere Fragen abzuklären. Unterwasserarchäologie ist sehr teuer, Luftarchäologie nicht weniger. Mithilfe des Synthetic Aperture Radar (SAR) können inzwischen Ruinen in einer hohen Bildauswertung lokalisiert werden, die noch 25 Meter tief im Boden liegen. Dabei werden aus rund 3000 Meter Höhe Mikrowellen des P-Bandes ausgestrahlt. Das sind Frequenzbereiche zwischen 380 und 450 Megahertz. Die Mikrowellen dringen tief in den Boden ein und werden reflektiert. Sogar Objekte von nur 30 Zentimeter Größe können mit dem SAR-System sichtbar gemacht werden. Doch diese Art von archäologischer Sondierung ist sehr teuer. Indien kann sich das nicht leisten. Und anschließend müsste den Befunden nachgegan-

Linke Seite: »Altäre des Himmels«, 25000 Kilometer Luftlinie voneinander entfernt.

gen werden, die Fundstücke müssten analysiert werden. Würde eine derartige Technik zur Erforschung der uralten Stadt Dvaraka eingesetzt, wir würden wohl bald auf Spuren ehemaliger Waffensysteme, wie sie im Mahabharata erwähnt sind, stoßen.

Was kann man tun? Immerhin kann ich auf die Querverbindungen hinweisen und die Gelehrten bitten, mal in

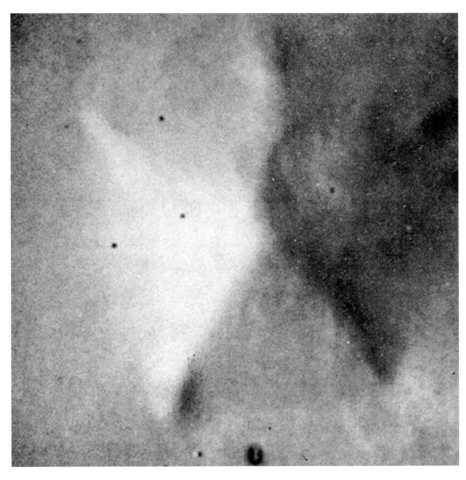

Rechteckige Strukturen und eine Pyramidenform auf dem Mars.

dieser oder jener Richtung tätig zu werden. Denn wenn Weltraumkriege stattfanden, müssten auch heute noch Spuren davon zu finden sein: irgendwo auf der Erde, begraben unter dicken Sand- und Erdschichten, irgendwo in den Ozeanen, überwuchert von Korallenbergen. Es fehlt uns nicht an technischen Mitteln, in einem ersten Schritt derartige Untersuchungen durchzuführen. Die Feinarbeit könnte später angegangen werden – präzise Fragen über ausgesuchte geographische Räume hätte ich genug. Zum Mond kann ich nicht und zum Mars noch weniger, obschon auch dort bereits mit den heutigen Messresultaten von Weltraumsonden so manche Ungeklärtheit ans Licht kam.

Schon am 31. Juli 1976 hatten die Marssonden der Amerikaner (Viking-Projekt) kuriose Gebilde auf der Marsoberfläche fotografiert, die Ausgangspunkt für Theorien und Spekulationen wurden.[113] Da sah man in der Cydonia-Region des Mars ein Gesicht (Viking-Foto 35A72), dann rechteckige Strukturen wie von künstlichen Mauern (Viking-Foto Nr. 86A10) und sogar Strukturen von Pyramiden auf der Marsoberfläche (Mariner-9-Fotos Nr. 4205-78 und, noch präziser, Viking-Fotos 35A72, 70A13 und 70A11). Selbstverständlich wurden die seltsamen Formationen der Natur zugeschrieben, und 20 Jahre später lieferten die neuesten NASA-Bilder kein Gesicht mehr auf dem Mars. Das Rätsel wurde ad acta gelegt. Zu früh, meine ich. Obschon auf den letzten Bildern kein Marsgesicht mehr existierte, erkannte man an der Stelle, wo das Gesicht einst war, eine riesige Ellipse aus Stein. Die mauerähnlichen, rechteckigen Strukturen sind immer noch da, auch die Dreiecksform einer Pyramide ist erhalten. Inzwischen sind die ersten organischen Spuren im Marsgestein aufgetaucht, und die NASA gab bekannt, unter der Marsoberfläche müsste sich Wasser, wenn auch in gefrorener Form, befinden.[114] Dies deutet auf eine ehemalige Aktivität auf dem Mars hin.

Offen ist auch immer noch die alte Frage, was mit den beiden Marsmonden nicht stimmt. Sie heißen Phobos und Deimos (Angst und Schrecken). Bevor der amerikanische Astronom Asaph Hall die Monde im Jahre 1877 entdeckte, waren sie bereits bekannt. Johannes Kepler vermutete schon 1610, dass der Mars von zwei Trabanten begleitet werde. Verblüffend ist allerdings die Schilderung, die Jonathan Swift 1727 in seinem Buch *Reise nach Laputa* (das ist eine von Gullivers Reisen) gibt: Er beschreibt nicht nur die beiden Monde, sondern kennt sogar ihre Größe und ihre Umlaufbahn. Im dritten Kapitel liest sich das so: »Die laputanischen Astronomen bringen viel Zeit ihres Lebens damit zu, die Himmelskörper zu beobachten, und sie benutzen hierzu Gläser, die den unsrigen weit überlegen sind. Dieser Vorteil versetzt sie in die Lage, den Bereich ihrer Sichtungen viel weiter auszudehnen als die Astronomen in Europa, und sie haben einen Katalog von 10 000 Fixsternen, während unsere größten Kataloge nur ein Drittel davon enthalten. Sie entdeckten unter anderem zwei kleine Sterne oder Satelliten, welche um den Mars laufen. Hiervon ist der innerste vom Mittelpunkt des Planeten genau drei, der äußerste fünf seiner Durchmesser entfernt. Ersterer vollendet seinen Umlauf im Zeitraum von zehn, letzterer in einem Zeitraum von 21,5 Stunden, wodurch die Quadrate ihrer Umlaufzeit sich stark der dritten Potenz ihrer Entfernung vom Mittelpunkt des Mars nähern.«

Wie konnte Jonathan Swift diese Monde beschreiben, da sie doch erst 150 Jahre später entdeckt wurden? Tatsächlich handelt es sich bei diesen Satelliten um die kleinsten und seltsamsten Trabanten unseres Sonnensystems: Sie rotieren in fast kreisrunden Umlaufbahnen über dem Äquator des Mars. Phobos und Deimos sind die einzigen bisher bekannten Monde unseres Sonnensystems, die schneller um ihren Mutterplaneten laufen, als dieser sich selbst dreht. Unter Berücksichtigung der Marsrotation vollendet Phobos an einem Marstag zwei Umläufe, während Deimos sich nur wenig schneller um den Mars bewegt, als dieser sich um seine eigene Achse dreht. Die Eigenarten der Umlaufbahn des Phobos stehen in keinem Verhältnis zu seiner scheinbaren Masse.

Natürlich vermutet man bei den Marsmonden die gleiche Entstehungsart wie bei allen anderen Monden um andere Planeten. Es handle sich um Bruchstücke aus dem Weltall, die vom Mars eingefangen wurden. Doch die Überlegung hat einen Haken: Beide Marsmonde drehen sich nämlich in fast derselben Ebene über dem Marsäquator. *Ein* Bruchstück mag das zufällig tun, bei zweien wird der Zufall arg bemüht. Inzwischen haben verschiedene Satelliten diese Marsmonde angesteuert und gute Bilder zur Erde gefunkt. Es handelt sich um kartoffelähnliche Bruchstücke mit diversen Kratereinschlägen. Zweimal ist sogar versucht worden, die Marsmonde in relativ niedriger Höhe zu überfliegen. Kein Satellit von der Erde erreichte sein Ziel. Unsere irdischen Sonden »erblindeten«, bevor sie ihre Bilder zur Erde funken konnten. Das Problem der Marsmonde ist mit den Fotos, die von früheren Satelliten zur Erde geschickt wurden, nicht vom Tisch. Zwar haben wir jetzt »Kartoffeln mit Kratern«, doch über das Innenleben dieser winzigen Himmelskörper wissen wir so wenig wie über ihre seltsamen Umlaufbahnen.

Und auch die Frage um die Krater, von denen alle Monde und Planeten unseres Sonnensystems überschüttet sind, wurde nie zufriedenstellend gelöst. Aber sicher schlagen Trümmerstücke aus dem Weltall immer wieder auf Planetenoberflächen auf, die keine schützende Lufthülle aufweisen, in der zumindest die kleineren Brocken verglühen würden. Doch weshalb derart viele? Und weshalb auf Winzlingen wie Phobos und Deimos? Die beiden haben nun weiß Gott nicht die Anziehungskraft von großen Planeten. Man wird den Eindruck nicht los, als sei einst ein unglaubliches Trommelfeuer von Asteoriden

248

durch unser Sonnensystem geflogen. Woher? Was war die Ursache? Dass sich zwischen dem Mars und dem Jupiter – im Planetoidengürtel – Hunderttausende dieser Trümmer unterschiedlicher Größe versammelt haben, ist bekannt. Die Ursache dafür kennt keiner. Ein Krieg der Sterne?

Auch hier gilt: Die Menschheit hätte sehr wohl die technischen Mittel, um diesen Rätseln nachzugehen – aber man tut es nicht. Weshalb? Weil »das System« es als lächerlich einstuft, finanzielle Mittel für derartige Projekte freizugeben.

Nicht anders auf dem nur 384 000 Kilometer entfernten Mond. Dort fotografierten mehrere NASA-Sonden »ungeklärte tektonische Anomalien«. Eine davon im Mare Crisium erinnerte an eine Art Brücke. Der unendlich fleißige Luc Bürgin, inzwischen Chefredakteur bei einer Basler Zeitung, berichtete darüber.[115] Ein anderes Phänomen, das sich von der Erde aus selbst mit einem anständigen Teleskop beobachten lässt, liegt im Mare Vaporum (für Astronomen: 16,5° Nord und 4–6° Ost). Mitten durch das Mondgeröll zieht sich eine pistenähnliche Linie, die – so scheint es – sogar Felspartien durchschneidet und an beiden Enden mit einer geraden Linie und zwei rechten Winkeln aufhört. Solche Linien pflegt die Natur nicht zu produzieren, schon gar nicht auf einer Länge von knapp 30 Kilometern. Irgendetwas ist uns bislang entgangen, weil wir es nicht genauer wissen wollen. Das wird sich ändern, denn der Mensch wird sich auf dem Mond – und später auf dem Mars – einrichten. So sicher wie das Amen in der Kirche. Deshalb plädiere ich für die Vernunft und für eine Entkrampfung: Lasst uns die Rätsel erforschen, und hört auf mit dieser kindischen Geheimnistuerei.

Datierungen auf dem Mond oder dem Mars allein aufgrund der Fotos machen zu wollen, halte ich für ziemlich

Eine pistenähnliche Linie auf der Mondoberfläche zieht sich quer durch das Geröll.

abenteuerlich. Natürlich wissen Geologen von den Fels-
schichtungen der Erde, wie viele Millionen Jahre es etwa
dauerte, bis bestimmte Formationen ihre gegenwärtige
Strukturen annahmen, und natürlich lassen sich irdische
Erkenntnisse auf andere Planeten übertragen. Doch all das
reicht nicht, um mauerähnliche rechteckige Formen auf
der Marsoberfläche aus der Distanz datieren zu können,
denn die umliegenden Felsen mögen Jahrmillionen alt
sein, die künstlichen Bearbeitungen müssen es nicht. Es ist
etwa so, als würden wir vom Mars aus die Erdoberfläche
fotografieren und in einem Bergtal etwas wie eine Mauer
entdecken. Geologen stellen fest, wann das Bergtal entstand, und verstehen nicht, dass die Mauer in Wirklichkeit
eine Staumauer ist oder war. Die Schlüsse werden zu vor-
eilig gezogen. Was den Mond und den Mars betrifft, werden wir erst dann verlässliche Daten haben, wenn ein
Mensch oder ein Roboter davor steht. Wobei der Mensch
zuverlässiger ist als der Roboter, denn der Mensch kann
kombinieren und bemerkt auch Einzelheiten, die dem Ro-
boterprogramm entgehen.

Auf der Erde gibt es die verschiedensten Datierungs-
methoden, alle haben ihre Macken. Und der Ursprung
der alten Texte lässt sich selbst dann nicht datieren, wenn
wir das älteste Manuskript aufgestöbert haben. Warum
nicht? Weil wir nicht wissen, wie alt die Geschichte bereits
war, als ein Schreiber sie erstmals schriftlich fixierte. Indische Astronomen versuchten, aufgrund von Erwähnun-
gen astronomischer Art ein Datum des Mahabharata zu
rekonstruieren. Zwischen 6000 und 3000 v. Chr. ist alles
möglich.[116] Vielleicht auch mehr.

Ein weiteres Problem resultiert aus den unterschiedlichen Datierungen der verschiedenen Kalender. Ich wies
bereits früher darauf hin, dass der Kalender der Maya –
umgerechnet auf unseren Kalender – am 11. August 3114

Diese ineinander verwobene Linie auf dem Mond konnte bislang nicht gedeutet werden.

v. Chr. begann.[103] Weshalb? Weil an jenem Tag »die Götter von der Straße der Sterne herniederstiegen. Sie sprachen die magische Sprache der Sterne des Himmels«.[117] Das liegt 5000 Jahre zurück in einer Zeit, von der wir nichts wissen, was uns aber nicht daran hindert, so zu tun, als wären wir dabeigewesen. Am 21. März 2000 feierten die Aymara-Indianer in den Ruinen von Tiahuanaco (Bolivien) den Startschuss ihres Kalenders. Der war exakt vor 5008 Jahren. Die Inder verwenden offiziell den westlichen Kalender, doch in ihren religiösen Bräuchen kommen 20 verschiedene Kalender vor, alle mit anderen, weit in der Vergangenheit liegenden Starttagen. Den alten Ägyptern wurde ein Sirius-Kalender untergeschoben, den es nie gab, und die jüdische Weltreligion beginnt ihren Kalender mit der Erschaffung der Welt. Das war am 7. Oktober des Jahres 3761 v. Chr. Nun zählen nach jüdischer Überlieferung für Gott 1000 Jahre nur als ein Tag. Wenn also das siebte Jahrtausend des jüdischen Kalenders beginnt, so beginnt für Gott der siebte Tag, und das ist der Sabbat. Dann soll nach jüdischer Vorstellung der Messias wiederkommen.

Dass alle Volksgemeinschaften – ob ausgestorben oder nicht – den Gedanken der Wiederkunft irgendeines Heilsbringers kennen, habe ich bereits früher behandelt.[39] Irgendetwas daraus gelernt haben wir nicht. Wie formulierte es der geistreiche Spötter unter den Naturwissenschaftlern, Professor Dr. Erwin Chargaff?

»Das Einzige, was man aus der Geschichte lernen kann, ist, dass man nichts aus ihr lernt – aber dies gleich auf Tausenden von Seiten.«[118]

Unsere Erkenntnisse über die Vergangenheit des Menschen sind lausig. In früheren Jahrhunderten wurden von Politikern und Religionen Bücherverbrennungen organisiert, weil nur noch eine Wahrheit zu gelten hatte. Solche Vernichtungsaktionen gibt's heute nicht mehr – im Gegenteil: Der Planet ist voll von Büchern, und über's Internet geistern Millionen von Botschaften um die Welt. Nützen tut's nichts, denn der Mensch pickt sich nur das heraus, was ihm dient. Und selbst das kann sich nur eine mikroskopisch kleine Anzahl von Menschen leisten – bezogen auf die sechs Milliarden Seelen auf unserer blauen Kugel. Quo vadis, Homo sapiens?

In den vergangenen Jahren machte die französische Astronomin Chantal Jègues-Wolkiewiez eine höchst verblüffende Feststellung, die etliche Prähistoriker in Wut versetzte. Über Jahre hatte Madame Jègues Felszeichnungen studiert, darunter ausführlich jene in der Höhle von Lascaux in der französischen Dordogne. Die Höhlenzeichnungen werden auf eine Zeit vor 17 000 Jahren datiert. Logischerweise – das Dogma der Evolution lässt nichts anderes zu – können damals nur primitive Steinzeitmenschen existiert haben. Tatsächlich zeigen die Felsmalereien Pferde, Hirsche, Stiere, kuriose Linien und Punkte, alle angefertigt aus den Farben, die in der Steinzeit zur Verfügung standen. Die Archäologie sah in diesen Felszeichnungen nie etwas anderes als das Bedürfnis der damaligen Großwildjäger, ihre Höhlen zu verschönern. Aber die schönsten der geschmückten Höhlen liegen nicht an den Orten, an welchen unsere Steinzeitjäger siedelten, sondern kilometerweit davon entfernt und immer in schwer zugänglichen Regionen. Daraus schlossen die Prähistoriker, die Höhlen hätten als Versammlungshallen gedient, an denen bestimmte Zeremonien durchgeführt wurden. Vermutlich Orte der Geister oder Schamanen, die ohnehin für jeden Unsinn herhalten dürfen. Die Steinzeitler hätten also ein vorgeschichtliches Heiligtum geschaffen – die Kirchen der Steinzeit.

Madame Jègues stieß auf ganz andere Zusammenhänge. Als Astronomin fielen ihr Dinge auf, die den Archäologen nicht im Entferntesten in den Sinn hätten kommen können. Die Felsbilder zeigen in Wirklichkeit Sterne und ganze Sternbilder, von denen wir stets geglaubt hatten, die Babylonier und Chaldäer hätten sie – viel später! – entdeckt. Da tauchten die Sternbilder des Skorpions auf, des Widders, des Stiers, des Steinbocks etc.

All dies konnte kein Zufall sein, denn die Erkenntnisse von Madame Jègues werden von der Astronomie und der Position der Höhlenanlage jährlich wiederkehrend bestätigt. Jedes Jahr bei der Sommersonnenwende erreichen die Strahlen der untergehenden Sonne durch den Höhleneingang exakt die Malereien in der Halle der Stiere. Madame Jègues: »Dieser Ort wurde nicht zufällig gewählt. Die Malereien entstanden als Teil eines fantastischen Schauspiels,

254

wenn die Sonne die gesamte Halle der Stiere erhellt und beleuchtet.«[119]

Zuerst hatte die Astronomin eine Karte des Sternenhimmels erstellt, wie er sich vor 17 000 Jahren dem Betrachter darbot. Dann wurden alle Punkte und Striche der Tierfiguren exakt vermessen und die gewonnenen Resultate mit dem Computerprogramm des Sternenhimmels vor 17 000 Jahren verglichen. Die Übereinstimmung war perfekt. Dazu der Astronom Gérald Jasniewicz (Universität Montpellier, Frankreich), der Madame Jègues' Daten überprüfte: »Mehrere Elemente sind über jeden Zweifel erhaben. Die Ausrichtung der Höhle gemäß der Sonnenwende, die Positionierung von Steinbock, Skorpion und Stier in der Halle entsprechen dem damaligen Sternenhimmel.«[119] Was meint die Altertumswissenschaft dazu? »Reine Spekulation«, so Dr. Harald Floss von der Universität Tübingen.

Nichts Neues unter der Sonne. Es kann nicht sein, was nicht sein darf. Die Astronomen der Steinzeit passen nun mal nicht ins Schema der glücklich machenden Evolution. Höhlenmenschen haben primitiv zu sein, sie mögen Großwild jagen, Felle schaben, Beeren suchen und Speere schnitzen, sie dürfen urtümlich sein und simple Felsmalereien an ihre Höhlenwände schmieren, aber sie dürfen nicht abstrakt denken und schon gar keine exakten Astronomen sein. Schließlich regnete es vor 17 000 Jahren reichlich, und der Himmel war nicht das ganze Jahr zu beobachten, wie also sollten Steinzeitler Astronomie betreiben? Zudem hatten die fellbehangenen Dummerchen ohnehin keine Zeit dazu. Sie mussten Mammuts jagen, Bären abwehren, ihre Familien beschützen und Feuer machen. Für Astronomie der gehobenen Art blieb da kein Raum.

Wie wär's andersherum? Nehmen wir an, die im Mahabharata geschilderten Schlachten mitsamt den

Weltraumwaffen der Götter (Radioaktivität! Sand- und Gesteinsverglasungen!) hätten stattgefunden, und die Überlebenden jener fürchterlichen Epoche wären wieder in die Steinzeit zurückgeschleudert worden. Sie hatten nichts mehr. Keine Bibliothek, keine Metallwerkzeuge, weder Lustgärten noch Swimmingpools, nicht einmal Stoffe oder Schreibzeug, selbst das Allernötigste zum Überleben musste neu hergestellt werden. Die Waffen der Götter hatten gründliche Arbeit geleistet. Kein absurdes Szenario, man kann es wiederholt beim Philosophen Plato nachlesen.[4] Trotz der Katastrophe blieb den Überlebenden etwas: Ihr Wissen. Dies gaben sie mündlich an die nächste Generation weiter und versuchten mit ihren Mitteln darzustellen, was ihnen wichtig schien. Die Heimat der Götter, die Orte am Firmament.

Heutzutage kann keiner, der die Materie kennt, bestreiten, dass alle steinzeitlichen Stämme geradezu astronomieverrückt waren. Allein im Gebiet des Golfes von Morbihan (Bretagne, Frankreich) sind 135 von insgesamt 156 Dolmen auf die Sommer- oder Wintersonnenwende hin ausgerichtet.[120] Stonehenge in England erwies sich als große Sternwarte, mit deren Hilfe sich ganze Ketten von astronomischen Voraussagen machen ließen. Die vorgeschichtlichen Baumeister hatten die Bahnen vieler Sterne wie Kapella, Kastor, Pollux, Wega, Antares, Atair oder Denep im Visier.[121] Mit etwas Verspätung haben sogar deutsche Astronomen herausgefunden, dass die Steinzeitler von Stonehenge jede Sonnen- und Mondfinsternis vorhersagen konnten.[122] Und – glaubt man den offiziellen Datierungen (an welchen ich aus guten Gründen meine Zweifel habe) – lange vor Stonehenge (vor 5143 Jahren) bauten unsere fellbehangenen Steinzeitbrüder ihr gigantisches Gesellenstück Newgrange in Irland. Astronomisch ausgerichtet, was sonst?[123,124]

Nur: *Weshalb* die Steinzeitmenschen, kaum von den Bäumen gestiegen, derart astronomiebesessen waren, darüber streiten sich die Geister.

Alle diese seltsamen Dinge, die ich hier streife, *existieren*. Die Einzelheiten darüber sind öffentlich zugänglich, sei's in Büchern, sei's im Internet oder in Fachzeitschriften. Nur Konsequenzen daraus werden nicht gezogen. Ist die menschliche Gesellschaft träge geworden? Hat der innere Drang zur Neugierde nachgelassen? Sind wir ganz einfach mit Informationen übersättigt? Hocken wir lieber vor dem Fernseher oder dem Computerbildschirm, anstatt im Gelände herumzukriechen? Was hilft denn die Vervielfachung des Wissens im elektronischen Zeitalter, wenn nichts damit geschieht? Die Jugend in den westlichen Ländern fummelt an ihren Internet-Tastaturen herum, Farbbildschirme spucken Bilder und Daten in die Netzhaut, die gleich wieder vergessen werden. Wir »surfen« über die Informationen, tauchen aber nicht in sie ein. Da habe ich vor zehn Jahren über eine 5000 Jahre alte Werkzeugfabrik berichtet, die unweit des holländischen Ortes Rijckholt zwischen Aachen und Maastricht existierte, aber nicht ins Bild unserer Vorstellung der Steinzeitmenschen passt. Als ich den Ort im Sommer 1998 besuchte, konnte ich nur in Erfahrung bringen, dass sich die zuständige Wissenschaft für das vorgeschichtliche Feuersteinbergwerk nicht interessierte. Verdrängt und vergessen. Das Fernsehen, das bei jeder dummen Demonstration dabei ist, hat sich nie um das spannende Rätsel bemüht, und die Fachleute zupfen bestenfalls an ihrem Bart aus der Woodstock-Zeit – und wissen nichts. Mir ist schleierhaft, was die lesen.

Um was ging es? Hier eine kurze Zusammenfassung, über die ich ausführlicher im Buch *Die Steinzeit war ganz anders*[120] schrieb:

In den Zwanzigerjahren entdeckten Mönche des Dominikanerklosters von Rijckholt Schächte im Boden, aus denen sie schließlich 1200 Feuersteinäxte an die Oberfläche beförderten. Idealisten der Holländischen Geologischen Gesellschaft stöberten in den Siebzigerjahren 66 Bergwerksschächte auf, doch werden noch ein paar tausend mehr vermutet. Aus der Anzahl und der Größe der Stollen ließ sich errechnen, dass in der Steinzeit rund 41 250 Kubikmeter Feuersteinknollen gefördert wurden. Daraus ließen sich 153 Millionen Äxte herstellen! 15 000 Werkzeuge wurden in den Stollen lokalisiert, und bescheidene Hochrechnungen ergaben, dass noch etwa zweieinhalb Millionen dieser Steinzeitwerkzeuge im Boden liegen müssten. Angenommen, das Bergwerk sei 500 Jahre lang genutzt worden, müssten Tag für Tag etwa 1500 Äxte hergestellt worden sein. All dies vor ziemlich genau 5160 Jahren.

Nun ist allgemein bekannt, dass die steinzeitlichen Jäger Feuerstein für alles Mögliche verwendeten. Feuersteinknollen findet man in Kalksteinschichten aus der Kreidezeit. Die Natur gibt Feuersteinklumpen frei, wenn sich der Kalksteinmantel durch Verwitterung auflöst. So weit, so gut. Diese Auflösung vollzieht sich aber selten an der Oberfläche, in Rijckholt schon gar nicht. Wer instruierte eigentlich unsere Steinzeitler, die gewerkschaftlich nicht organisiert waren, dass tief im Boden, unter einer Schicht von Sand, Kies und Kalk, eine Feuersteinschicht lag? Wer organisierte den Stollenbau? Um einen lächerlichen Kubikmeter Kalkstein abzuräumen, gingen etwa sieben Steinbeile kaputt. Wer »verkaufte« das Zeug in diesen Unmengen? Wohin ging die Ware? Auf welchen Wegen? Welcher Chef organisierte das Ganze? Liegt irgendetwas Verborgenes im näheren Umkreis, für das man Abertausende von Feuersteinäxten benötigte? Mindestens 1500 Äxte pro Tag sind schließlich kein Pappenstiel.

Ich kenne die Antworten nicht, aber die Fachwelt sollte sich dafür interessieren. Es ist ihr egal. Vom Internet verwöhnte Jungarchäologen gehen nicht auf Buddeltour. Das Steinzeitbergwerk mit dem ganzen Drum und Dran passt nicht in die Vorstellung vom steinzeitlichen Menschen, welche uns Frühgeschichtler seit Jahrzehnten einlöffeln. So ist das in der westlichen Welt. Aber nicht in der asiatischen. Dort ist der Grundgedanke der Evolution zwar auch wissenschaftlich verankert (eines ergibt sich aus dem anderen), doch denkt man hier in ganz anderen Zeitabläufen als im dominierenden Westen. Diese Zeitabläufe sind zudem Bestandteil der Religion, weshalb sich kein indischer Gelehrter an den Yugas (riesigen Zeitaltern) stört. Der Mensch mag durchaus auf evolutionärem Weg vom Affen zu Homo sapiens geworden sein, aber irgendwelche Umstände, etwa Kriege mit Götterwaffen, haben ihn wieder in die Steinzeit zurückgeworfen, und er musste sich von neuem aufrappeln. Oder genetische Eingriffe der Götter (die antike Literatur ist voll von künstlich gezeugten Menschen) gaben ihm einen Evolutionsschub Richtung Zukunft. Die asiatische Welt denkt in völlig anderen Zeitabläufen, weil die religiösen Überlieferungen zum Bestandteil des gesellschaftlichen Denkens gehören. Diese Überlieferungen wurden – wenn auch immer wieder neu – in Tempeln und Skulpturen zu Stein. Alle indischen Tempel sind Abbilder jener himmlischen Behausungen der Götter, die einst am Firmament ihre Bahnen zogen. Steingewordene Götterfahrzeuge. Der Tempel von Konarak im Unionsstaat Orissa, der inzwischen auf der UNESCO-Liste der geschützten Denkmale der Welt steht, diente den Seeleuten, die Kalkutta ansteuerten, jahrhundertelang als Landmarke. Rabenschwarz ragte die Pagode gegen den Himmel. Erst an Land merkten die Seefahrer, dass die gesamte Tempelanlage ein riesiges Götterfahrzeug darstellte, mit insgesamt 24 Rädern ringsherum. Natürlich ist das Bauwerk astronomisch ausgerichtet, und selbstverständlich ist es mit dem Kalender verwoben. Der Tempel soll ein Abbild des Fahrzeuges sein, mit dem Indra einst das Firmament durchflog. Aber das ist nichts Außergewöhnliches in Indien. Sämtliche Tempel sind Götterfahrzeuge, und an der Spitze jedes Tempels thront irgendeine Form eines Vimanas, jener kleineren fliegenden Kisten, mit denen auserwählte Menschen und Götter damals im Luft- und Weltraum herumkurvten. Sie und/oder ihre Nachfahren könnten genauso gut über der peruanischen Wüste von Nazca aufgetaucht sein oder ließen, aus welchen Gründen auch immer, im heutigen Rijckholt Unmengen von Feuerstein aus der Erde kratzen. Nichts hinderte sie daran. Götter und Halbgötter waren mächtig, und der geneppte Mensch tat alles für sie.

Die Götter sollen bestimmte Waffen verwendet haben? Also versuchten die Steinmetze und Stuckateure, diese Waffen nachzuempfinden. (Was ihnen nie gelingen konnte!) Darüber liegen wissenschaftliche Studien vor[125], die niemanden im Westen interessieren. Die Götter und ausgesuchte Menschen hätten über ein Geheimwissen verfügt, steht in den altindischen Texten. Hat sich denn daran etwas geändert? Seit Francis Bacon im 16. Jahrhundert verkündete: Wissen ist Macht, versucht jede Gruppierung ihr Wissen geheim zu halten – solange es geht. Verschlüsselte Botschaften, geheime Technologien, Insider-Wissen etc. gab es nicht nur in der Vergangenheit. Es gibt sie heute – mehr denn je. »Geheimwissen ist Macht.«[126] Klimaverändernde Waffen werden in den indischen Texten erwähnt. Unmöglich? Zurzeit forscht das amerikanische Militär an einer derartigen Waffe. Wo? Nördlich des Städtchens Gakona (Alaska, USA). Das Projekt heißt HAARP (High Frequency Active Auroral Re-

260

search Program). Einmal voll entwickelt, kann man mit HAARP regelrechte Löcher ins Firmament schneiden und das Klima gezielt verändern. Nichts Neues auf Gottes Erde.

Indiens Götter sollen einzelne Menschen und kleinere Gruppen zu ihren Dienern auserkoren haben, aus denen dann wiederum Königshäuser wuchsen? Nichts als eine verkappte Form von Rassismus? Wie ist es denn mit den alten Israeliten, die sich als das auserwählte Volk betrachteten? Das gilt heute noch, und unter der großen jüdischen Glaubensfamilie sehen sich einige auserwählter als andere. Vielleicht sind sie's auch. Die Nachfahren der jüdischen Hohenpriester, jene aus dem Stammhaus der Leviten, welche besonders geschult wurden und die Bundeslade betreuten, sind die heutigen Kohanim. Etwa fünf Prozent der männlichen jüdischen Weltbevölkerung gehören ihnen an, und tatsächlich tragen alle an bestimmten Stellen ihres Y-Chromosoms die gleichen Merkmale. Dazu der Jerusalemer Rabbi Jakob Kleinman: »Die Gene zeigen, dass Gott sein Versprechen hält: Wir gehen nicht verloren.«[127]

Nichts geht verloren, und die alten Wahrheiten kommen peu à peu wieder ans Tageslicht. Soweit sie veröffentlicht werden dürfen.

Noch bis vor kurzem dozierten die Astronomen, unsere Erde nehme im Universum eine einzigartige Position ein. Schließlich sei der »Zufall Erde« ein Glücksfall, denn die Erde umkreise die Sonne in der idealen Distanz: nicht zu warm und nicht zu kalt. Nur so könne sich Leben entwickeln. Diese Vorstellung hat sich erledigt. Der britische Astronom Sir Martin Rees, Professor am King's College in Cambridge, bekannte es öffentlich: »Planetensysteme sind in unserer Galaxie etwas so Alltägliches, dass erdähnliche Planeten wahrscheinlich millionenfach vorkommen.«[128]

Ich könnte wetten, dass mindestens zehn Jahre verstreichen, bis diese Einsicht in die Lehrbücher dringt, und 40 Jahre, bis die Gläubigen der totalitären Religionsgemeinschaften davon erfahren dürfen. »Das Endziel jeder Zensur ist es, nur solche Bücher zu erlauben, die ohnehin niemand liest« (Giovanni Guareschi).

NACHGEDANKEN

> Kluge Leute können sich dumm
> stellen, das Gegenteil ist schwie-
> riger.
>
> *(Kurt Tucholsky)*

Seit ich Bücher schreibe, spotte ich über die Evolution. Und dies, obwohl ich genau weiß, dass alle Lebensformen den Gesetzen der Evolution unterliegen. Es ging mir nie darum, die Grundrichtung der Evolution infrage zu stellen. Nur verlief diese Evolution nicht in einer geraden Linie, sondern sie vollführte Bocksprünge in zwei Richtungen. Einerseits werden ständig neue genetische Botschaften ins »System Erde« eingeschleust. Die gelangen über den kosmischen Staub zu uns. Andererseits griffen Außerirdische gezielt in das menschliche Genom ein. Exakt so, wie in den Menschheitsüberlieferungen behauptet wird, schufen die Götter den Menschen »nach ihrem Ebenbilde«. Genetisches Material ist künstlich in unseren evolutionären Ablauf eingefügt worden. Weshalb ich diese Gedanken seit mehr als 35 Jahren vertrete, soll hier nicht wiederholt werden.

Jahr für Jahr serviert uns die Anthropologie widersprüchliche Daten über unsere Vorfahren. Kaum tauchte irgendwo ein Schädel auf, wurde der allerneueste Vormensch präsentiert. Ein dauerndes Hickhack. Da hatten wir uns gerade an die Out-of-Africa-Theorie gewöhnt, wonach die ersten Vertreter des Homo sapiens vor gut

100 000 Jahren aus Afrika aufgebrochen seien, um die Erde zu bevölkern, da wird Out of Africa schon wieder relativiert. »Je mehr wir wissen, desto verwirrender wird das Bild«, sagte der amerikanische Wissenschaftler David Mann.[129] Die Verwirrung wird sich steigern.

1973 gelang es, das erste Virus-Gen in eine Bakterie zu schleusen. 1978 wurde die synthetische Variante des menschlichen Insulin-Gens in eine Choli-Bakterie verpflanzt. 1981 folgten die ersten transgenen Säugetiere: sieben Mäuse. 1988 wurde der verdatterten Menschheit die Harvard-Krebsmaus präsentiert, und ein Jahr darauf folgten transgene Schafe und Ziegen, kurz darauf das transgene Rind. Zwischendurch wurden menschliche Sperma-Abgaben und künstliche Befruchtungen zur Routine, und die ersten Retortenbabys erblickten das Licht der Welt. Die Botaniker, auch nicht untätig, begannen Pflanzen mit Genen zu manipulieren. Es folgten geklonte Mäuse, Schafe und neuerdings auch Rinder. Als Nächstes entstanden nach genetischem Design Mischwesen, und während ich diese Daten niederschreibe, lese ich über den neuesten Streich der Genetiker, den ersten gentechnisch veränderten Primaten.[130] Die Wissenschaftler an der Universität Portland (USA) verpassten dem Äffchen auch einen süßen Namen: ANDi (die umgekehrte Schreibweise für DNA plus ein angehängtes i).

Wie üblich werden alle diese Entwicklungen in Magazinen und TV-Shows kommentiert, und Menschengruppen, die keinen blassen Schimmer haben, um was es eigentlich geht, mischen sich ein. Das ist grundsätzlich gut so in einer Demokratie. Da wird viel von Ethik und Moral gesprochen und davon, dass der Mensch nicht Gott spielen dürfe. Es gebe eine letzte Grenze, die sich Gott nicht gefallen lasse, vernahm ich von besonnenen Theologen. Nur einer hat's wieder einmal begriffen und sogar

264

laut ausgesprochen: der britische Physiker Stephen Hawking. Vor einem großen Auditorium in Bombay meinte er, die Gentechnik werde eines Tages neue Menschen erschaffen, die klüger und widerstandsfähiger seien als der bisherige Mensch.[131]

Alle Anstrengungen, alle Gesetze werden daran nichts ändern können. Doch Hawkings Aussage ist nicht originell. Denn was von genetischer Seite auf die Menschheit zukommt, ist ein alter Hut. Das gab's schon vor Jahrtausenden, und in der Literatur unserer Vorväter ist es nachzulesen. Viele Überlieferungen berichten von genetischen Eingriffen in das menschliche Genom, von gezielten künstlichen Mutationen und selbstverständlich auch von Chimären, den Mischwesen der Mythologie. Die damaligen Eingriffe wurden ausnahmslos von den Göttern vorgenommen. Sie waren die Weichensteller. Über die Gründe ihres Tuns wird man streiten, aber darüber, *dass* es geschah, bald nicht mehr. Weshalb nicht? Die DNA (Desoxyribonucleic acid, deutsch: Desoxyribonukleinsäure), das Stammmaterial unseres Erbguts, ist entschlüsselt worden, der gläserne Mensch hat angeklopft. Trotz der Entzifferung des kompletten menschlichen Genoms ist die Aufgabe noch nicht abgeschlossen. Zwar kennen wir jetzt die Buchseiten, aber noch nicht die einzelnen Sätze und Wörter. Als ich vor 20 Jahren über die Entschlüsselung des menschlichen Genoms schrieb, erntete ich Spott und Ablehnung. Niemals würde dies bei den Milliarden von Möglichkeiten, die in der DNA liegen, möglich sein – wenn überhaupt, dann erst in 1000 Jahren. Und jetzt? Der Stammbaum des Menschen steckt in der genetischen Botschaft, und unsere Genetiker mit ihren unglaublichen technologischen Möglichkeiten sind zu clever, um dies zu übersehen. In wenigen Jahren werden sie feststellen, dass bestimmte Abschnitte des Bauplans nicht das Ergebnis eines evolutionären Ablaufs sein können. Dass es zwar so etwas wie Ureltern (Adam und Eva) gab, aber nicht nur ein einziges Paar. Sie werden feststellen, dass an unseren Genen herummanipuliert wurde, und sie werden sich – gewollt oder ungewollt – fragen müssen, wer dafür verantwortlich ist. Die Antwort liegt schon vor der Frage auf dem Tisch: Die Götter. Der nächste Streit wird um die Frage geführt, *was* für Götter, und anschließend folgt der ganze Fragenkatalog, den meine Mitstreiter und ich seit Jahrzehnten behandeln. Ist dann das Ende der Wissenschaft, das Ende der Geschichte oder das Ende der Religionen angesagt? Nein.

Zwei Mächte beherrschen das menschliche Denken: Wissenschaft und Religion. Beide gehen andere Wege, aber beide haben dieselbe Ursache und dasselbe Ziel. Die Ursache? Neugierde. Das Ziel? Erkenntnis. Unser ganzes Denken und Handeln dreht sich um Wissenschaft und Religion. Was hat Glaube mit Forschung zu tun? Was wissenschaftliche Erkenntnis mit Glaube? Eine Kirche, welche die gesicherten wissenschaftlichen Erkenntnisse ignoriert, ist dogmatisch und wird in der planetaren Gesellschaft nicht überleben können. Rechthaberei lässt sich mit Wissenschaft nicht vereinbaren. Und eine Wissenschaft, welche die Ehrfurcht, die innere Stimme des religiösen Gefühls missachtet, wird es sehr schwer haben zu bestehen, denn wir leben nun mal alle in derselben Welt. Die Religiösen und die Wissenschaftlichen. Die religiöse Seite kann wissenschaftliche Forschung verzögern. In der Vergangenheit ist dies oft geschehen. Sind die Fragen des Glaubens und der Theologie fundamental unterschiedlich zu den Fragen der Wissenschaft? Am Ende nicht – beide suchen nach der endgültigen Wahrheit. Die Wege der Erkenntnis sind unterschiedlich. So mag der Mönch in seinem Kloster zu den gleichen Resultaten über Gott und die

Entstehung des Universums gelangen wie der Astrophysiker. Mit dem Unterschied, dass der Astrophysiker seine Erkenntnis beweisen kann – dem Mönch ist sie gegeben. Seine Erkenntnisse müsste man glauben. Neuerdings zeigen Forschungen einen Zusammenhang zwischenmenschlicher Gesundheit und geistiger Einstellung. Statistiken belegen, dass optimistische Menschen seltener an Krebs erkranken als Depressive. Der Mensch ist eine psychosomatische Einheit. Nun erklären zwar neurologische Studien, was in unserem »Neurotransmitter«, dem Gehirn, stattfindet, und wir können die elektrischen Impulse sogar sichtbar machen. Aber wir wissen nicht, wie sie entstehen. Wissenschaft und Religion laufen in ein und demselben Menschen ab. Was ist der Geist in uns, der Fantasie ermöglicht, Neugierde und gar Heilungen auslöst?

Menschen versuchten mit allerlei Drogen, ihren Horizont zu erweitern. Im LSD-Rausch erlebten sie eine andere Welt. Aber diese andere Welt war dieselbe wie vorher, nur die Sinne und damit die Wahrnehmung hatten sich verändert. Bislang kam keine einzige wissenschaftliche Erkenntnis aus der Pille. Woher also kommt der Geist? Dies ist eine wissenschaftliche *und* eine theologische Frage. Wissenschaft gibt zwar Antworten auf die Frage nach dem Urknall oder den Urknallen, über schwarze Löcher und die Expansion es Universums. Die Fragen nach dem Ursprung hinter dem Ursprung stellt die Religion. Antworten gibt die Wissenschaft. Religionsphilosophen möchten wissen, ob wir allein im Universum seien und ob die Schöpfung nur wegen uns Menschen stattgefunden habe. Antworten darauf kann nur die Wissenschaft liefern. Und wenn sie herausfindet, dass wir nicht allein im Universum leben, wird dies keineswegs das Ende der Religion sein, sondern ihre Fortsetzung. Zu welchen theologischen Erkenntnissen gelangten die Außerirdischen? Aufgrund welcher wissenschaftlicher Daten? Wissenschaft und Religion sind durchaus kompatibel, sofern die Religion nicht dogmatisch ist. Steckt hinter dem Kosmos ein intelligenter Designer? Ist Gott die erste (und letzte) Quelle für unser gesamtes Verhalten? Auch für die wissenschaftliche Neugier?

Eines ist gewiss: Die Religion kann sich von den wissenschaftlichen Erkenntnissen nicht abkoppeln. Die Gesetze der Gravitation halten sich weder an religiöse noch an kulturelle Grenzen. Und Kreuzzüge im Namen der Religion sind nicht mehr durchführbar. (Mit beschränkten Rechthabereien werden wir noch einige Zeit leben müssen.) Übrig bleibt eine respektvolle Koexistenz der beiden Kräfte Wissenschaft und Religion. Noch hängen die Schatten des Fundamentalismus über der Menschheit. Sie in friedlicher Weise mit den Waffen des Geistes einzudämmen, ist Aufgabe der Religion und der Wissenschaft.

ANHANG

Liebe Leserin,
Lieber Leser,

sind Sie an der Thematik, die ich behandle, interessiert?
Dann möchte ich Ihnen die *Gesellschaft für Archäologie,
Astronautik und SETI* (AAS) vorstellen (SETI steht in der
Astronomie für Search for Extraterrestrial Intelligence,
Suche nach außerirdischer Intelligenz).

Die AAS sammelt und publiziert Informationen, welche die Theorie unterstützen, die ich seit über 40 Jahren
behandle. Gab es vor unbekannten Jahrtausenden einen
Besuch von Außerirdischen? Wie kann eine derartig faszi-
nierende Theorie bewiesen werden? Was spricht dafür?
Was dagegen?

Die AAS organisiert Kongresse, Tagungen, Seminare
und Studienreisen. Die AAS gibt alle zwei Monate das
reich bebilderte Magazin *Sagenhafte Zeiten* heraus. Dort
finden Sie die aktuellsten Beiträge zur Thematik sowie alle
Informationen über unsere Aktivitäten. Besuchen Sie uns
auf der Homepage:

Privat: www.daniken.com

AAS: www.aas-fg.org
USA e-mail: info@legendarytimes.com

Die Mitgliedschaft in der AAS steht jedermann offen. Wir sind eine Organisation von Laien und Wissenschaftlern aus allen Fachbereichen. Der Jahresbeitrag beträgt 65.– CHF (Stand 2001). Im deutschsprachigen Raum sind wir zurzeit rund 8000 Mitglieder.

Schicken Sie eine Postkarte mit Ihrem Absender an folgende Adresse:

AAS, CH-3803 Beatenberg

Sie werden binnen vier Wochen einen Gratisprospekt der AAS erhalten.

Mit freundlichen Grüßen
Erich von Däniken

ANMERKUNGEN

[1] Alle Bibelzitate stammen aus: Die Heilige Schrift des Alten und des Neuen Testamentes. Zwingli-Bibel. Zürich 1961

[2] Ruegg, Walter (Hrsg.): Die Ägyptische Götterwelt. Zürich und Stuttgart 1959

[3] Blavatsky, Helena P.: Die Geheimlehre, Band I. London 1888

[4] von Däniken, Erich: Im Namen von Zeus. München 1999

[5] White, John: Ancient History of the Maori. Band I– II. Wellington 1887

[6] Roy, Potrap Chandra: The Mahabharata, Drona Parva. Calcutta 1888

[7] Berdyczewski, M.J. (Bin Gorion): Die Sagen der Juden von der Urzeit. Frankfurt a.m. 1913

[8] Gundert, Wilhelm: Japanische Religionsgeschichte. Stuttgart 1936

[9] von Däniken, Erich: Der Götter-Schock. München 1992

[10] Kautzsch, Emil: Die Apokryphen und Pseudepigraphen des Alten Testaments. Viertes Buch Esra. Hildesheim 1962

[11] Rahner, Karl: Herders Theologisches Lexikon, Band I. Freiburg, Basel, Wien 1972

[12] Pritchard, James B.: Near Eastern Texts related to the Old Testament. London 1972

[13] Burckhardt, Georg: Gilgamesch. Eine Erzählung aus dem alten Orient. Wiesbaden 1958

[14] Lambert, Wilfried G., und Millard, Alan R.: Atra Haris. The Babylonian Story of the Flood. Oxford 1970

[15] Der Midrasch Bereschit Rabba, übersetzt von A. Wünsche. Leipzig 1881

[16] Der Midrasch Schemit Rabba, übersetzt von A. Wünsche. Leipzig 1882

[17] Roy, Chandra Protap: The Mahabharata, Musala Parva. Vol IIX. Calcutta 1896

[18] The Jewish Encyclopedia: Aaron. New York, London 1906

[19] Ginzberg, Louis: The Legends of the Jews, Vol. III. Philadelphia 1968

[20] Sassoon, George, und Rodney, Dale: Deus est machina? In: New Scientist, April l976

[21] Sassoon, George, und Rodney, Dale: The Manna Machine. London 1976

[22] Kebra Negest, 1. Abt.: Die Herrlichkeit der Könige. Abhandlungen der Philosophisch-Philologischen Klasse der Königlich Bayrischen Akademie der Wissenschaften, Bd. 23

[23] Schmitt, Reiner: Zelt und Lade als Thema alttestamentlicher Wissenschaft. Gütersloh 1972

[24] Dibelius, Martin: Die Lade Jahves – eine religionsgeschichtliche Untersuchung. Göttingen 1906

[25] Vatke, R.: Die biblische Theologie – wissenschaftlich dargestellt. Berlin 1835

[26] Torczyner, Harry: Die Bundeslade und die Anfänge der Religion Israels. O. O. 1930

[27] Eissfeldt, Otto: Einleitung in das Alte Testament. Tübingen 1964

[28] Bendavid, Lazarus, in: Neues Theologisches Journal. Nürnberg 1898

[29] Der Große Brockhaus. Wiesbaden 1954

[30] Salibi, Kamal: Die Bibel kam aus dem Lande Asir. Reinbek bei Hamburg 1985

[31] Der Spiegel Nr. 39/1985: Hat die Bibel doch nicht Recht?

[32] Wüstenfeld, Ferdinand: Geschichte der Stadt Medina. Göttingen 1860

[33] von Däniken, Erich: Wir alle sind Kinder der Götter. München 1987

[34] Enzyklopädie des Islam, Band II. Leiden, Leipzig 1927

[35] Janssen, Enno: Testament Abrahams. In: Unterweisung in lehrhafter Form. Jüdische Schriften, Band II. Gütersloh 1975

[36] Falk-Ronne, Arne: Auf Abrahams Spuren. Graz 1971

[37] Lury, Joseph: Geschichte der Edomiter im biblischen Zeitalter. Inaugural-Dissertation der philosophischen Fakultät der Universität Bern. Berlin 1896

[38] Becker, Jürgen: Die Testamente der zwölf Patriarchen In: Unterweisung in lehrhafter Form. Jüdische Schriften, Band III. Gütersloh 1974

[39] von Däniken, Erich: Der jüngste Tag hat längst begonnen. München 1995

[40] Krassa, Peter: Gott kam von den Sternen. Wien 1969

[41] Davies, Paul: Die letzten drei Minuten. München 1996

[42] De Chardin, P. Th.: Der Mensch im Kosmos. München 1965

[43] Puccetti, Roland: Außerirdische Intelligenz. Düsseldorf 1970

[44] Bertone, Tarcisio: Die Botschaft von Fátima. Herausgegeben von der Kongregation für die Glaubenslehre. Vatikanstadt, 29. Juni 2000

[45] Fiebag, Johannes und Peter: Die geheime Botschaft von Fátima. Tübingen 1986

[46] Delitzsch, Fr.: Die große Täuschung. Stuttgart, Berlin 1921

[47] Kehl, Robert: Die Religion des modernen Menschen. In: Stiftung für universelle Religion, Heft 6a, Zürich o.J.

[48] Der Koran. Das heilige Buch des Islam. München 1964

[49] Die Welt, Nr. 208-36, 6. September 2000: Katholische Kirche erklärt sich für einzigartig – EKD empört.

[50] Focus, Nr. 37/2000: Ganze Größe von Gottes Wort.

[51] Algermassen, Konrad (u.a.): Lexikon der Marienkunde. Regensburg 1957

[52] Apio, Garcia: Bodas de ouro de Fátime. Lissabon o.J.

[53] Renault, Gilbert: Fátima, esperanca do mundo. Paris 1957

[54] Welt am Sonntag, Nr. 30, 25. Juli 1999: Der Papst verkündet das Paradies neu.

[55] Aus dem Tagebuch von Johannes XXIII. vom 17. August 1959. Audienzen P. Philippe, Kommissar des Hl. Offiziums

[56] Generalaudienz vom 14. Oktober 1981 über »das Ereignis vom Mai«. In: Insegnamenti di Giovanni Paolo II, IV, 2, Città del Vaticano 1981

[57] Der Spiegel, Nr. 51/1983: Dir, o Mutter, ganz zu eigen.

[58] Tengg, Franz: Ich bin die geheimnisvolle Rose. Wien 1973

[59] N.N.: Marienerscheinungen in Montichiari und Fontanelle. (Immaculata). Luzern 1967

[60] Speelmann, E.: Belgium Marianum. Paris 1859

[61] Haesle, Maria: Eucharistische Wunder aus aller Welt. Zürich 1968

[62] Mensching, Gustav: Die Söhne Gottes aus den heiligen Schriften der Menschheit. Wiesbaden o.J.

[63] Welt am Sonntag, Nr. 36, 3. September 2000: Marienerscheinungen am Nil

[64] Küng, Hans: Unfehlbar? Eine unerledigte Anfrage. München, Zürich 1989

[65] Drewermann, Eugen: Der sechste Tag. Die Herkunft des Menschen und die Frage nach Gott. Zürich, Düsseldorf 1998

[66] Drewermann, Eugen, und Biser, Eugen: Welches Credo? Basel, Wien 1993

[67] Fiebag, Johannes: Die Anderen. Begegnungen mit einer außerirdischen Intelligenz. München 1993

[68] Augstein, Rudolf: Jesus Menschensohn. München 1972

[69] Lehmann, Johannes: Jesus Report. Düsseldorf 1970

[70] Carmichael, Joel: Leben und Tod des Jesus von Nazareth. München 1965

[71] Ludu, Hla: Folk Tales of Burma. Mandalay 1978

[72] Krassa, Peter: Als die gelben Götter kamen. München 1973

[73] Gould, Charles: Mythical Monsters. London 1886

[74] Kohlenberg, Karl F.: Enträtselte Vorzeit. München 1970

[75] Klein, Wilhelm, und Pfannmüller, Günter: Birma. München 1996

[76] Aung, Htin: Burmese Monk's Tales. London 1966

275

[77] Preuss, Theodor Konrad: Forschungsreise zu den Kagaba. Wien 1926

[78] Reichel-Dolmatoff, Gerardo: Die Kogi in Kolumbien. In: Bild der Völker, Band 5. Wiesbaden o.J.

[79] von Däniken, Erich: Die Strategie der Götter. Düsseldorf 1982

[80] Rassat, Hans-Joachim: Ganesa – Eine Untersuchung über Herkunft, Wesen und Kult der elefantenköpfigen Gottheit Indiens. (Dissertation) Tübingen 1955

[81] Fiebag, Peter: Geheimnisse der Naturvölker. München 1999

[82] Bharadwaaja, Maharshi: Vymaanika-Shaastra. Translated by Josyer, G.R. Mysore 1973

[83] Kanjilal, Dileep Kumar: Vimana in Ancient India. Calcutta 1991

[84] Ludwig, A.: Abhandlungen über das Ramanyana und die Beziehungen desselben zum Mahabharata. Prag 1894

[85] Hermann, Jacobi: Das Ramayana. Bonn 1893

[86] Roy, Potrap Chanda: The Mahabharata. Calcutta 1896

[87] Dutt, Nazh, M.: The Ramayana. Calcutta 1891

[88] Gentes, Lutz: Die Wirklichkeit der Götter. München 1996

[89] Risi, Armin: Gott und die Götter. Das vedische Weltbild revolutioniert die moderne Wissenschaft, Esoterik und Theologie. Zürich 1995

[90] Mani, Vaidhyanathan, Raja: The cult of weapons. Delhi 1985

[91] Laufer, Berthold: The Prehistory of Aviation. In: Field Museum of Natural History, Anthropological Series Vol. XVIII, No. 1. Chicago 1928

[92] Roy, Potrap Chandra: The Mahabharata, Section Vana Parva. Calcutta 1884

[93] Eiseley, Loren: Von der Entstehung des Lebens und der Naturgeschichte des Menschen. München 1959

[94] Roy, Potrap Chandra: The Mahabharata. Vol. VI, Drona Parva. Calcutta 1893

[95] Biren, Roy: Das Mahabharata – ein altindisches Epos. Aus dem Englischen übertragen von E. Roemer. Düsseldorf 1961

[96] Roy, Potrap Chandra: The Mahabharata. Calcutta 1891

[97] Burckhardt, Georg: Gilgamesch – eine Erzählung aus dem alten Orient. Wiesbaden 1958

[98] Bhandarkar Oriental Research Institute: Vana Parva. Calcutta 1981

[99] Abhandlungen der Philosophisch-Philologischen Klasse der Königlich Bayrischen Akademie der Wissenschaften. 23. Band, 1. Abt., Kebra Negest, die Herrlichkeit der Könige. München o.J.

[100] Grassmann, Hermann: Rig-Veda. Leipzig 1876

[101] Deussen, Paul: Sechzig Upanishad's des Veda. Leipzig 1905

[102] Zick, Michael: Das Geheimnis des begrabenen Tempels. In: Bild der Wissenschaft, Nr. 1, 1997

[103] von Däniken, Erich: Der Tag, an dem die Götter kamen. 11. August 3114 v. Chr. München 1984

[104] Wilson, Robert Anton: Die neue Inquisition. Irrationaler Rationalismus und die Zitadelle der Wissenschaft. Frankfurt 1992

[105] BBC, London. Horizon-Programme vom 28. Oktober und 4. November: Atlantis uncovered und Atlantis reborn

[106] Bauval, Robert, und Gilbert, Adrian: Das Geheimnis des Orion. München, Leipzig 1994

[107] Bild der Wissenschaft online, Newsticker vom 2. Dezember 2000: Ägyptische Behörden verhindern in

letzter Minute Gentests an den Mumien von Tutenchamun und Amenhotep III.

[108] Vyasadevas, Srila: Srimad-Bhagavatam. Übersetzt von A.C. Bhaktivedanta Swami Prabhupada. In: Krsna, die Quelle aller Freude, Band 2. Wien 1987

[109] Rao, S.R.: The Lost City of Dvaraka. New Delhi 1999

[110] Wright, Giles: The Riddle of the Sands. In: New Scientist, 10. Juli 1999

[111] Daubree, M.: On the Substances Obtained from Some »Forts Vitrifiés in France«. In: American Journal of Sience, Vol. 3, No. 22, 1881

[112] Childress, David Hatcher: Technology of the Gods: The Incredible Science of the Ancients. Kempton, Illinois, 2000

[113] DiPiettro, Vincent, und Molenaar, Gregory: Unusual Mars Surface Features. Fourth Edition. Glenndale, Maryland, 1988

[114] Welt am Sonntag, Nr. 41, 1966: Wieder Spuren von Leben in Stein von Mars entdeckt

[115] Bürgin, Luc: Mondblitze. Unterdrückte Entdeckungen in Raumfahrt und Wissenschaft. München 1994

[116] Raghavan, Srinivasa. The Date of the Maha Bharata War. Madras. o.J.

[117] Makemson, Worcester M.: The Book of the Jaguar Priest. A Translation of the Book of Chilam Balam of Tizimin with Commentary. New York 1951

[118] Chargaff, Erwin: Warnungstafeln. Die Vergangenheit spricht zur Gegenwart. Stuttgart 1982

[119] Focus, Nr. 50, 2000: Sternstunde der Steinzeit

[120] von Däniken, Erich: Die Steinzeit war ganz anders. München 1991

[121] Hawkins, Gerald S.: Stonehenge Decoded. New York 1965

[122] Meisenheimer, Klaus: Stonehenge, eine steinerne Finsternisuhr? In: Sterne und Weltraum, SuW-Special Nr. 4. Heidelberg 1999

[123] O'Kelly, M.: Newgrange. London 1983

[124] Ray, I.P.: The Winter Solstice Phenomenon at New-Grange, Ireland. In: Nature, Jan. 1989, Bd. 337

[125] Mani, V.R.: The Cult of Weapons. The Iconography of the Ayudhapurusas. Delhi 1985

[126] Singh, Simon: Geheime Botschaften. Frankfurt a. M. 2000

[127] Der Spiegel, Nr. 50, 1999: Ahnenpass aus dem Labor

[128] Rees, Martin: Hallo, hier Erde – hört da draußen jemand zu? In: Die Welt, 9. Januar 2001

[129] Die Welt, 10. Januar 2001: Neue Erkenntnisse zur Evolution des Menschen

[130] Lossau, Norbert: Von Bruder zu Bruder. In: Die Welt, 12. Januar 2001

[131] Bostanci, Adam: Evolution durch genetisches Design. In: Die Welt, 16. Januar 2001

PERSONENREGISTER

Aaron 32ff., 43, 47, 57ff., 65f., 73
Abraham 29, 59ff., 74
Abrosius von Mailand (Bischof) 94
Achsin, Armin 178
Aeneas 120
Agca, Ali 84
Agurcia, Ricardo 220
Anati, Emmanuel 55
Aristoteles 215
Arius von Alexandria 93
Ascanius 120
Assurbanipal 30

Bacon, Francis 260
Baibars (Sultan) 57
Bauval, Robert 230
Bendavid, Lazarus 46
Bertone, Tarcisio 110
Bischof von Leiria 106ff.
Brahamuni Parivrajaha 184
Buckle, Henry T. 13
Buddha 98, 140, 143, 154f.
Bürgin, Luc 249

Chardin, Teilhard de 81
Chargaff, Erwin 253
Childres, David Hatcher 237

Chuen (Kaiser) 145
Clayton, Patrick 237
Cruspus 94

Dale, Rodney 38, 41, 43, 44
Darwin, Charles 125
David 45
Davies, Paul 78
Dell'Acqua, Angelo 108
Dibelius, Martin 46
Diego, Juan 123ff.
Drewermann, Eugen 127f.
Dutt, M. Nath 187

Einstein, Albert 16f., 77f.
Eiseley, Loren 197
Eißfeldt, Otto 46
Esau 64
Esra (Prophet) 17f.

Fausta 94
Fiebag, Johannes 128, 130
Fiebag, Peter 174f., 178
Floss, Harald 255

Galilei, Galileo 125
Galla Placidia 95
Gamow, George 77
Gantenbrink, Rudolf 228

Geller, Uri 229
Gentes, Lutz 187
Gilbert, Adrian 230
Gilli, Pierina 113 ff.
Grube, Nikolai 220, 222
Guareschi, Giovanni 262
Guillet, Jacques 21 f.

Hall, Asaph 246
Hawas, Zahi 230
Hawking, Stephen 265
Heisenberg, Werner 16
Herodot 55
Hesekiel (Prophet) 223
Hiob 56
Hubble, Edwin Powell 77
Hud (Prophet) 56

Jacobi, Hermann 186
Jasniewiez, Gérald 255
Jègues-Wolkiewiez, Chantal 253 ff.
Jesus Christus 21 f., 85, 90 ff., 155
Jochai, Simon Bar 38
Johannes (Evangelist) 76, 81 f.
Johannes Paul II. (Papst) 84 f., 103 f., 109 ff., 133, 135 f.
Johannes XXIII. (Papst) 107 f., 133, 135
Josua (Prophet) 43, 56

Kalidasa 206
Kanjilal 183, 204, 213
Kehl, Robert 92
Kepler, Johannes 247
Kipling, Rudyard 144
Klein, Oskar 78
Klein, Wilhelm 147
Kleinman, Jakob 261
Konstantin (Kaiser) 92 ff.
Krassa, Peter 75
Kraus, Karl 139
Küng, Hans 125, 127 f.

Kyanzittha (König) 167
Kyle, Lawrence 55

Lehmann, Karl 100
Linde, Andrei 78
Lykurgos (Gesetzgeber) 120

Mann, David 264
Marcuse, Ludwig 48
Maria (Muttergottes) 95 ff., 101
Markus (Evangelist) 92
Melchisedek (König) 64 f.
Mindon (König) 143
Minos (König) 120
Mohammed (Prophet) 97, 120, 132
Moses 14, 19, 30 ff., 42 f., 47, 49 ff., 57 f., 65 ff., 74 ff., 96
Muldaschew, Ernest 238

Narabahandadutta (König) 205

Okkalapa (König) 157, 159
Olivier, Bernard 118

Paul IV. (Papst) 65
Paul VI. (Papst) 65, 98 f., 108, 133
Pfannmüller, Günter 147
Pius IX. (Papst) 98
Pius XII. (Papst) 98, 105 f., 135
Plato 256
Platon 17
Preuss, Theodor 162
Puccetti 82
Pulcheria 95

Qualtinger, Helmut 84

Rahner, Karl 21 f., 25, 76
Ratzinger, Joseph (Kardinal) 84, 87 f., 99 f., 108, 134, 136
Rees, Martin 261
Reichel-Dolmatoff 163
Riches, Martin 41

281

Risi, Armin 187
Romulus 120
Ronne, Arne Falk 61
Roy, Chandra Potrap 187
Rumanvat (König) 188
Ryhner, Max 180

Saladin (Sultan) 57
Salibi, Kamal S. 55, 62
Salomon der Weise 45
Santos, Francisco 103
Santos, Jacinta Martos 103
Santos, Lucia 103, 109, 111 f.,
  133 ff.
Sargon I. 30
Sassoon, George 38, 41, 43,
  44
Schele, L. 222
Schemtob de Leon, Moses Ben
  38
Schliemann, Heinrich 235
Schmitt, Reiner 46
Schopenhauer, Arthur 214
Seper, Franjo 109
Sergius IV. (Papst) 118
Servius Tullius 120

Shihuangdi (Kaiser) 217
Smith, George 30
Smith, Joseph 130
Solomon 64
Somalo, Eduardo 109
Sousa Ferreira e Silva,
  Serafim de 110
Swift, Jonathan 247

Theodosius I. (Kaiser) 94
Theodosius II. (Kaiser) 95
Thierry 118
Thophrastus 215
Titus (Kaiser) 92
Torczyner, Harry 46
Tucholsky, Kurt 263

Valentianus III. (Kaiser) 95

Wilson, Robert 229
Witten, Edward 78

Yax K'uk'Mo 222
Yü (Baumeister) 145, 239

Zarathustra 120

ORTS- UND SACHREGISTER

Abha 57
Adi Parva 30
Ägypten 54f. 122, 223, 237, 252
Al Suleiman 56
Alexandria 236
Altes Testament 14ff., 48f., 53f., 56f., 60, 63, 68, 71, 73ff., 79, 90, 145, 197, 214, 223
Amalekiter 49
Ananda-Tempel 165, 167
Asien 146, 164
Asir 55ff., 62
Aspicilia esculenta (Flechte) 38
Assiut 122f.
Außerirdische 82f., 128, 136, 197
Avesta 120
Axum 45
Ayeyarwady-Fluss 140, 142, 144, 146, 165, 169
Aymara 252
Azteken 123

Bagan 165, 167f.
Bangkok 177, 179
Beduinen 37
Bolivien 252

Brabant 118
Brescia 113
Bretagne 256
Buddhismus 146, 149, 154f., 157, 159, 164, 168, 174
Bundeslade 40, 43, 45f., 48, 66, 70
Burritaca 157, 164
Byzanz 93

Cargo-Kult 210
Châteauvieux 237
Cheopspyramide 228
China 145f., 217, 238ff.
Christentum 24f., 60, 90, 159, 214
Coccus manniparus (Schildlaus) 37
Codex Sinaiticus 91
Codex Vaticanus 91
Codol 119
Coimbra (Kloster) 110f.
Copan 217, 217, 219, 220, 222, 225
Cremona Codes 38
Cuzco 237, 241

Daroca (Kirche) 120
Dogma 93, 98, 123, 125

283

Dordogne 253
Drachen 144 ff., 149
Dreieinigkeit 95
Dvaraka 232 f., 235 ff., 244

Elohim 24, 53
England 256
Enuma elis 23
Ephesus 95
Epidauros 120
Estremadura 101
Evangelien 97, 132
Exodus 49

Fátima 90, 92, 101, 103, 109 f.,
  112, 116, 121 f., 128, 133 ff.
– Basilika von 103
– drittes Geheimnis von 84 ff.,
  104, 106, 109 ff., 133, 135
– erstes Geheimnis von 104
– Kinder von 90, 92, 101, 102,
  105, 112
– Sonnenwunder von 102 f.,
  112, 133, 136
– zweites Geheimnis von
  103 ff.
Felsenzeichnungen 253 f.
Felszeichnungen 255
Flugapparate 186, 188 f., 195,
  204 ff, 207, 209 f., 222, 232
Fontanelle 115 f.
Frankreich 112, 256

Gaganacara 199
Ganescha 168 f.
Garuda (Göttervogel) 151,
  170 f., 172
Gilgamesch-Epos 22 ff., 67,
  203
Golf von Kutsch 236
Golf von Morbihan 256
Griechenland 120, 207
Guadalupe 122, 125
– Basilika von 125
– farbiges Tuch von 126

Hadid (Berg) 56
Hadra Zuta Odisha 40
Hadramaut (Gebirge) 57
Hallat-al-Bedr 55
Har Karkom 55
Haram-al-Ibrahimi (Moschee)
  60
Harun (Berg) 56 f.
Hebron 59 ff., 64
Henan 239
Himalaja 154
Hinduismus 168, 174
Hiranyaoura 199
Honduras 217, 217
Hor (Berg) 58
Horeb (Berg) 31
Huanghe 217
Hygiene 72 ff.

Iborra 118
Ibrahim (Berg) 56
Index librorum prohibitorum
  65
Indien 30, 154 f., 269, 181,
  184 ff., 189 f., 197, 204 ff.,
  210, 214 f., 222 f., 225, 231,
  235, 237 f., 243, 252, 260 f.
Indonesien 174
Irland 256
Islam 24, 57, 59 ff., 97 f., 120,
  159
Israel 45, 49, 55, 57 ff., 63
Italien 113

Jainismus 164
Javita 119
Jemen 56
Jericho 43
Jerusalem 48, 64, 91, 94
Jodhpur 238
Jordanien 58
Judentum 24, 38, 60, 62, 252 f.,
  261
Jüdische Legenden 32, 34,
  58

284

Jungfrauengeburt 96f.
Jupiter 249

Kabbala 38, 40f., 45
Kabbala Denudata 38
Kabbala Unveiled 38
Kabra Negest 210
Kailas (Berg) 238
Kairo 228
Kalidasa 205
Kalkutta 213
Kathasaritsagara 205
Kauravas 190ff.
Khecara 199
Kirche, katholische 97ff., 123,
  125
Kirche, koptische 122f.
Kogi 159, 160, 162ff.
Kolumbien 157, 159, 164
Konarak, Tempel von 259
Konstantinopel 93
Konzil in Ephesus 95, 113
Konzil in Konstantinopel 94
Konzil in Nicäa 92f.
Koran 36, 96f., 120, 132
Krankheiten 72f.
Kuru 190
Kuyunjik 30

Lascaux 253
Leviten 40f., 43, 65, 70
Lingtong 217
Lourdes 112f., 122

Machpela (Höhle) 61ff.
Mahabharata 28ff., 185ff.,
  190ff., 195ff., 205ff., 213,
  235f., 244, 251, 255
Mahaparinibbana-Sutta 154
Mambre 59, 62
Mamelucken 57
Mandalay 143f.
Manna 37f., 43
Manna-Maschine 43, 44, 45
Maqfala 63

Marienerscheinung 101, 121ff.,
  132
Mars 246ff., 251
Marsmonde 246ff.
Maya 123, 149, 217, 222, 225,
  251
Medina 57
Meru (Berg) 155, 159
Metteyya 155
Mexiko 122ff., 225ff.
Midraschim 25, 38
Mimikry-Hypothese 128,
  130f., 138
Mittelamerika 217, 222f.
Mon 146, 167
Mond 246, 250, 251, 252
Montichiari 113ff.
Moseroth 57
Mosesberg s. Sinai (Berg)
Motagua-Tal 217
Musala Parva 202
Muttergottes 92, 95, 98, 101,
  107f., 110f., 113f., 117, 121,
  123f., 128, 131, 133f.
Myanmar 140, 43ff., 149, 152f.,
  155, 159, 164, 167ff.

Nabta (Berg) 228
Nandamula-Höhle 167
Nazca 260
Neues Testament 21f., 76, 90,
  92, 145
Newgrange 256
Nicänische
  Glaubensbekenntnis 93f.
Nicänisch-
  Konstantinopolinisches
  Glaubensbekenntnis 94
Ninive 30

Offenbarung 84f.
Ohod (Berg) 57

Palästina 56f.
Palenqu 225

Pana Parva 192
Pandavas 190 f.
Pantheismus 214
Pay de Gaude 237
Peking 240
Peru 223, 240 f., 241, 260
Petra 58
Philister 43, 45
Pirlemont 118
Portugal 101
Puranas 185

Quecksilber 217, 219, 222, 225

Radioaktivität 238, 256
Raghuwamscha 205
Rajasthan 238
Ramakian 179
Ramayana 185 ff., 205 ff.
Rat der Evangelischen Kirchen
   Deutschlands (EKD) 100
Ratha 207
Rigweda 185, 189, 211
Rijckholt 257 f., 260
Rom 120, 122
Rosalia 220, 222
Russland 105

Sabha 198
Sacsayhuaman 241, 241
Salem 64
Saloniki 94
Samarangana Sutradhara 184,
   187
Sanskrit 154, 181, 184, 196, 213
Santa Marta 159
Saudi-Arabien 55 ff., 62
Schlangen 144 f.
Seuchen 73
Shaanxi 217
Shada (Berg) 56
Shang-Dynastie 239
Shwedagon-Pagode 146 f., 149,
   149, 151 ff., 157, 159
Shwesandaw-Pagode 165, 168

Si'ir, Moschee von 64
Sierra Nevada 159
Silo 43
Sinai (Berg) 54
Sintflut-Geschichte 22 ff.
Sirius-Kalender 252
Sodom und Gemorrha 25 ff.,
   71, 163
Spanien 118 f.
Srimad-Bhagavatam 231
Steinzeit 146, 254 ff.
Stonehenge 256
Stupas 139 ff., 142
Südamerika 159
Sulawesi 174, 175
Sule-Pagode 140, 141, 143
Sumer 163
Sure 97

Taif 56
Tamarix mannifera (Tamariske)
   37
Tamboro 178
Tarim 57
Teotihuacan 225 ff. 226
Tepeyac (Hügel) 123 f.
Thailand 179
Thessalonike 94
Thora 38, 97
Tiahuanaco 252
Tikal 225
Tipitaka-Kanon 143
Toraja 175, 175, 178

Uralter der Tage 40 ff., 66, 70
Urknall 16, 77, 79 f.
Urtexte 91 f.
USA 229

Valencia 119
Vana Parva 192 ff.
Vatikan 84, 86 f., 100, 109, 134,
   136
Veden 154, 185, 187, 210
Viking-Projekt 246

286

Vimana 188f., 191, 196, 199, 207f., 215, 231, 243, 260
Vymaanika-Shaastra 181, 184

Waffen 191f., 194, 199f., 214, 234, 243, 260
– radioaktive 201, 203
Wallfahrtsort 109, 135f.
Weltraumschiffe 184, 186, 212
Weltraumstädte 200, 235, 243
Wischnu-Purana 188

Xia-Dynastie 239
Xian 240
Xiaotun 239

Yangon 140, 141, 146
Yangzi 217
Yugas 259
Yuktikalpataru 184

Zehn Gebote 52, 65
Zhou-Dynastie 239f.
Zohar (Buch) 38, 39, 40f.

BILDNACHWEIS

Seite 44: © Rodney Dale und George Sassoon, England
Seite 175: © Peter Fiebag, Northeim
Seite 244 f., 250 und 252: © NASA, Washington

Alle anderen Bilder: © Erich von Däniken,
CH 3803 Beatenberg